"十二五"职业教育国家规划教材
经全国职业教育教材审定委员会审定

"十二五"江苏省高等学校重点教材（编号：2013-1-056）

品牌服装产品策划

施 静◎主编

赵 恺　蔡怡惠◎副主编

第二版

U0359714

化学工业出版社
·北 京·

内容简介

本书从服装产品市场分析开始，到成熟品牌产品策划，再到创新品牌产品策划与开发，逐步递进地设置学习情景，便于学习者掌握品牌策划的知识，从而更好地适应品牌策划工作。本书情景一服装产品市场调研与资讯收集主要介绍了产品定位调研、竞争产品市场调研、咨询收集与整理；情景二成熟品牌产品策划主要介绍了架构系列产品主题、产品开发数据策划、系列产品设计与整合、产品物料选配技术策划、产品采买数据分析；情景三创新品牌产品策划与开发主要介绍了消费群体需求调研、创新品牌定位与VI方案制定、艺术面料开发策划、品牌产品策划与系列开发、产品推广方案策划；情景四品牌服装产品陈列策划主要介绍了服装陈列市场调研、服装卖场空间规划、服装产品陈列策划、橱窗展示设计等内容。

本书作者收集了部分品牌设计的案例和相关资料，同时配套了电子教案和习题等相关电子资源，订购本书的读者可通过E-mail: 53624002@qq.com 免费索取。

本书可作为高职高专服装类专业学生的教学用书，也可作为中等职业学校、职业培训的教材，还可供服装品牌策划工作者阅读参考。

图书在版编目（CIP）数据

品牌服装产品策划/施静主编. —2版. —北京：化学工业
出版社，2015.8（2024.8重印）
"十二五"职业教育国家规划教材
ISBN 978-7-122-23453-7

Ⅰ.①品… Ⅱ.①施… Ⅲ.①服装工业-品牌战略-高等
职业教育-教材 Ⅳ.①F407.866.11

中国版本图书馆CIP数据核字（2015）第061773号

责任编辑：蔡洪伟 陈有华　　　　　　　　文字编辑：谢蓉蓉
责任校对：蒋 宇　　　　　　　　　　　　装帧设计：韩 飞

出版发行：化学工业出版社（北京市东城区青年湖南街13号 邮政编码100011）
印　　装：北京天宇星印刷厂
787mm×1092mm 1/16 印张15½ 字数364千字 2024年8月北京第2版第6次印刷

购书咨询：010-64518888　　　　　　　　售后服务：010-64518899
网　　址：http://www.cip.com.cn
凡购买本书，如有缺损质量问题，本社销售中心负责调换。

定　　价：58.00元

前 言

本教材编写结合高职高专教学方法特点，强调对教学理论知识内容的整合，以培养学生技能为主线，联系生产实际，配套适应项目导向和任务驱动，六步教学授课模式教学法。

教材按照"理论够用，重在应用"的原则，为面向21世纪应用型服装设计专业及其他服装设计专业专科生编写的必修课程的教材，属专业核心课程配套教材。

教材的设计体现培养学生为品牌服装产品策划这一核心能力。通过调研分析，得出学习领域包括市场调研、品牌服装产品策划、品牌服装产品设计、服装品牌策划。学习情境设计是在对品牌服装公司设计部经理与品牌设计总监的岗位分析的基础上，依据品牌公司进行新产品开发的典型工作任务而确定的。服装产品策划课程设计三个能力递进层次情景：品牌服装产品市场分析、成熟品牌产品策划与创新品牌产品策划与开发。在情景四品牌服装产品陈列策划中针对品牌服装产品展示策划能力进行了相关工作任务进行编写。通过四个情景的设计，形成对"服装产品策划"工作由了解工作→会工作→熟练工作的学习与掌握过程。

本教材通过与上海乐获公司台湾设计总监蔡怡惠老师合作，引入了企业的实际工作案例，以培养学生的实践工作能力，包括分析、设计策划能力等。案例一方面要注意可行性与实用性，贴近教学实际；另一方面要体现现代电脑技术在工作中的应用。

本教材在编写过程中得到了南京"劲草时装有限公司"、"圣迪奥时装有限公司"、"上海乐获服装有限公司"、"西曼色彩文化发展有限公司"等多家服装与专业机构的支持，在这里表示特别感谢！同时感谢在本教材编写过程中为教材收集与整理许多素材的魏红与朱松岩老师，以及提供相关资料的魏佳、何俊等老师与同学。

本教材情景一由施静老师编写；情景二中任务一、二由施静老师编写，任务三由施静、高星老师合力编写，任务四由李熠老师编写，任务五由张怡怡老师编写；情景三中任务一、四由施静老师编写，任务二由王秋蕾、施静老师编写，任务三由伍岭、李熠老师编写，任务五由高星老师编写，情景四中的四个任务由赵恺老师编写，部分案例分析由施静编写。其中教材里的

JORDON与TUYA的等案例来源于蔡怡惠老师与企业里真实的合作项目。产品策划流程分析等来源于西曼色彩真实的工作流程设计。

　　本书适合高职高专《服装产品策划》课程配套使用，同时也适合在企业里从事品牌与服装新产品开发工作的专业人员阅读。

施　静

2015年2月

第一版前言

　　本书的编写结合高职高专教学方法及特点，强调对教学理论知识的整合，以培养学生技能为主线，联系生产实际，配套适应项目导向和任务驱动、六步教学授课模式教学法。

　　本书按照"理论够用，重在应用"的原则，为面向21世纪应用型服装设计专业及其他服装设计专业专科生编写的必修课程的教材，属专业核心课程配套教材。

　　教材的设计体现培养学生为品牌服装产品策划这一核心能力。通过调研分析，得出学习领域包括市场调研、品牌服装产品策划、品牌服装产品设计、服装品牌策划。学习情境设计是在对品牌服装公司设计部经理与品牌设计总监的岗位分析的基础上，依据品牌公司进行新产品开发的典型工作任务而确定的。服装产品策划课程设计三个能力递进层次情景：品牌服装产品市场分析、成熟品牌产品策划与创新品牌产品策划与开发。通过三个情景的设计，形成对"服装产品策划"工作由"了解工作→会工作→熟练工作"的学习与掌握过程。

　　本教材通过与上海乐获公司台湾设计总监蔡怡惠老师合作，引入了企业的实际工作案例，以培养学生实践工作能力，包括分析、设计和策划能力等；案例一方面要注意可行性与实用性，贴近教学实际；另一方面要体现现代电脑技术在工作中的应用。

　　本教材在编写过程中得到了南京"劲草时装有限公司"、"圣迪奥时装有限公司"、"上海乐获服装有限公司"、"西曼色彩文化发展有限公司"等多家服装与专业机构的支持，在这里表示特别感谢！同时感谢在本教材编写过程中为教材收集与整理许多素材的魏红与朱松岩老师，以及提供相关资料的魏佳、何俊等老师与同学。

　　本教材情景一由施静老师编写；情景二中任务一和任务二由施静与高星老师合力编写，任务三由李熠老师编写，任务四由季小霞老师编写；情景三中任务一、四由施静老师编写，任务二由王秋蕾、施静老师编写，任务三由伍岭、李熠老师编写，任务五由高星老师编写，任务六由张怡怡老师编写。教材里的JORDON与TUYA等案例来源于蔡怡惠老师与企业真实的合作项目。产品策划流程分析等来源于西曼色彩真实的工作流程设计。

　　本书适合高职高专"服装产品策划"课程配套使用，同时也适合在企业里从事品牌与服装新产品开发工作的专业人员阅读。

施　静

2012年5月15日

目 录

/001

情景一　服装产品市场分析

任务一　产品定位调研 / 002

任务二　竞争产品市场调研 / 016

任务三　资讯收集与整理 / 028

/040

情景二　成熟品牌产品策划

任务一　架构系列产品主题 / 042

任务二　产品开发数据策划 / 049

任务三　系列产品设计与整合 / 058

任务四　产品物料选配技术策划 / 077

任务五　产品采买数据分析 / 099

目 录

/116

情景三　创新品牌产品策划与开发

任务一　消费需求调研 / 118

任务二　创新品牌VI方案制订 / 124

任务三　艺术面料开发策划 / 138

任务四　品牌产品策划与系列开发 / 151

任务五　产品推广方案策划 / 166

情景四　品牌服装产品陈列策划

任务一　服装陈列市场调研 / 178

任务二　服装卖场空间规划 / 207

任务三　服装产品陈列策划 / 221

任务四　橱窗展示设计 / 232

参考文献　240

/176

情景一 服装产品市场分析

学习目标

1. 掌握目标品牌服装产品定位内容和方法。
2. 掌握品牌服装产品市场调研与资讯收集的方法。
3. 了解品牌服装产品诊断分析的内容、方法与手段。
4. 掌握调研报告撰写方法。

任务提出

　　某品牌公司为了规划一季的系列产品，设计总监要求部门人员一同完成产品定位分析，并根据产品定位分析进行竞争品牌调研，形成产品开发的分析报告，并根据该调研获得的信息完成调研报告，确定开发方向。

项目分析

　　目标品牌产品调研是服装品牌公司的设计师及设计助理在每季新产品企划设计前，为了开发新的产品系列，对已有目标市场进行的动态调研与市场分析。以确定新产品的设计方向。主要以采风、市场调研的形式进行。最终完成调研报告的编写工作，为下一步进行市场设计定位做出参考。

　　通过市场调研，掌握目标品牌产品定位的相关信息。目标品牌产品定位分析报告书的内容包括品牌的名称、目标消费者定位、产品类别定位、销售定位、价格定位。此工作任务对于新介入工作的设计师把握产品设计方向有着重要意义，同时完成本工作任务的技能也是在开发新品牌定位表达中不可缺少的能力。

　　在一个品牌公司里，无论你是为已有的品牌开发系列产品，还是为新创的品牌开发产品，市场分析是必要的工作内容，这样的分析会为下面的设计带来关键资讯和产品开发的指导性意见。工作项目可以分解为以下几个任务：

　　任务一：产品定位调研。

　　任务二：竞争产品市场调研。

　　任务三：资讯收集与整理。

任务一　产品定位调研

学习目标

1．了解成熟品牌产品定位分析与创新品牌产品定位调研的区别。
2．掌握品牌产品定位调研的方法。
3．掌握服装产品定位分析的表达方法。

任务提出

服装设计部门负责人为了向工作组人员介绍目标品牌服装产品，需要完成目标产品的定位分析，并通过定位分析报告介绍目标产品的定位方向。

任务分析

目标产品的定位分析这项工作任务是服装产品策划中常见的一项工作任务。定位分析不仅可以运用于本企业的成熟品牌的产品分析上，也可用于对竞争品牌的产品分析，同时也可以用于新品牌产品定位概念的传达上。

成熟品牌的产品定位分析是在收集本品牌翔实的相关资料后，通过分析，运用图文并茂的形式，条理清晰地表明产品定位的特征。主要包括消费群体、产品风格、产品类别、产品价格、产品设计等内容。

创新品牌的产品定位分析则是在对目标消费群体产品偏好调研后，结合同类品牌调研分析进行的一种产品定位的判断与分析。创新品牌的产品定位分析离不开品牌的定位与分析，它是在品牌的定位与分析的基础上针对产品开发的定位分析，因此相关的品牌定位分析内容可以在产品开发定位分析中进行阐述。

相关知识

一、服装品牌策划

（一）服装品牌

1．服装品牌的定义

服装品牌是一种名称、术语、标记、图案，或是它们的结合，用以识别某个服装生产商或经销商的产品或服务，并使之与竞争对手的产品和服务相区别。品牌由三个层次组成：核心层、中间层和外表层即品牌形象层。品牌核心层是产品本身，它包括质量、性能、尺寸、价格等商品的一般属性。品牌中间层由产品名称、品牌的标识符号、造型设计等构成。品牌形象层则包括了消费者对品牌的认知程度、信任程度、价值评定等品牌形象的价值部分。

2．服装品牌策划研究的内容

服装品牌策划（brand identity）是一个系统性很强的工程，它不仅包含对市场环境的了解、流行趋势的把握、目标市场的选定、品牌的理念与定位、服装产品的设计，还包括品牌的营销与管理。

3. 服装品牌的定位

总的来说，服装品牌应当从以下几个方面进行定位。

（1）故事　讲述的就是产品的来源以及历史，提供给消费者对产品内涵的理解。产品从设计到包装以及相关的宣传都是围绕品牌的概念来进行的，比如为一个运动休闲服装进行品牌概念的树立，就可以以一个故事的讲述来定义为力量与美丽的对比，这样产品的设计就以体现力量美以及年轻人活力而进行，产品的包装也会变得比较前卫或者时髦，同时推广也会选用年轻偶像或者以运动来体现。

（2）品牌的风格　产品在消费者心目中的形象以及被认同的特点，可以分为正装、日常便装、休闲装、运动装、时装等。每个类型中又可以分为粗犷的、传统的、前卫的等。

（3）品牌的服务对象　产品适合穿着人群以及这些对象的背景。

（4）品牌的设计特点　主要是从商标、款式外形、面料、色彩等方面来体现个性化。

（5）品牌的价位设计　确定不同产品以及不同品牌在市场上的系列价格。

（6）品牌的销售与服务　提供销售中以及售后的系列服务。

（7）品牌产品结构　产品中主体产品与配搭产品品类特征与量的比例关系。

（二）服装品牌策划相关因素

1. 品牌故事

品牌故事是指品牌的发展历史及其倡导的精神，以特定的故事形式或其他具有一定显示度的方法展现，是品牌文化具体化的一部分。品牌故事是励志奋斗的图腾、传播品牌的符号、系列和产品策划的指导。好的品牌故事应该是简练与生动结合、媒体与体裁相宜、真实与虚拟兼容、文字与图文并茂、故事与产品共存。

品牌故事的题材是多样的，包括家族轶事、民间风俗、公众人物、地域标志、图形纹样、艺术形式、社会事件、历史传承、日常生活、虚拟题材等。

在品牌故事塑造的过程中要注意提炼素材、虚实结合、重点突出、强调视觉、剪裁片断等原则，故事题材形式也是多样的，包括文字、图片、影响事件、实物等题材形式。

2. 服装品牌的名称设计

品牌名称即商标名称，通常分为可以用文字描述的部分和不能用文字描述的部分。它是区别于其他同类产品独特的识别标志，服装品牌的名称应该能够体现其蕴含的品牌理念，并与其将要生产的服饰产品的设计风格相符。

命名的时候要遵循好听、好看、好记、特别、情深等原则。企业可以通过品牌渊源故事、品牌名称解释等方式去探索品牌的文化内涵和意义，帮助消费者理解和记忆品牌，最终达到对品牌的熟悉和接受。

二、产品定位调研与分析

通过对已有目标市场进行的动态市场调研与分析，有利于新产品做好品牌定位。运用大量真实有效的数据、图表对市场调研的结果进行量化和理性分析，根据目标品牌风格，推断出在一个特定条件下品牌服装产品设计应该采取的方案方向。

目标产品定位的内容主要包括消费者定位、产品风格定位、产品类别定位、产品价格定位、设计定位等，具体调研与分析内容如下。

（一）消费者定位

品牌服装产品设计应有针对性地锁定消费群，并针对该群体的特点进行市场定位，力求品牌能够体现该群体的审美要求和生活主张，从而使被锁定的消费群体对品牌产生认同感，使服装具有良好的销量。阐述有关新一季流行趋势对特定消费群体影响的针对性策略，诸如目标市场的新动向以及相应对策等。

对目标消费群体定位的过程也就是企业选择和细化市场的过程。定位的因素主要包括消费者的性别特征、年龄特征、职业特征、经济收入特征、文化程度特征、个人气质、文化习俗、生活习惯等，具体内容如下。

① 性别特征：男装、女装。

② 年龄特征：婴儿、儿童、少年、青年、中年、老年。

③ 职业特征：技术人员、教师、公务员、律师、企业家、工人、农民。

④ 经济收入特征：企业主、白领、蓝领等。

⑤ 文化程度特征：受过高等教育（大专、本科、研究生及以上）、未受过高等教育。

⑥ 个人气质：兴趣、爱好、性格、经历等。

⑦ 文化习俗：风俗习惯、宗教信仰。

⑧ 生活习惯：消费行为、购买行为。

（二）产品风格定位

1. 产品风格分类

（1）主流风格　指适合大多数消费者的、在市场上成为主导产品的风格。包括都市风格、乡村风格、浪漫风格、严谨风格、简约风格、传统风格、前卫风格、经典风格。

（2）支流风格　适合追求极端流行的消费者，在市场上比较少见，但往往是流行的前兆。包括市井风格、军警风格、变异风格等。

2. 产品风格表述

产品风格就是产品所表现出来的设计理念和流行趣味。品牌必须要有鲜明的风格定位，使它能从众多的品牌中被顾客所辨别及认定。目标市场和产品类别可以相同，但风格必须有所区别。

服装风格的理念是针对品牌形象的主体风格进行抽象和概括的，也是设计师和商品企划师们对时尚极其创意的具体阐述。不同风格的理念均可以进行语言的抽象描述，表述如下。

（1）前卫、先锋　将波普艺术、幻觉艺术、未来派等前卫艺术以及街头艺术等作为灵感来源而得到的一种奇异的服装风格。

（2）民族、民俗　从民族文化、习俗等内涵中汲取灵感的一类服装设计风格。常利用面料、图案、花纹的风格特点来表现。

（3）浪漫、可爱、甜美　指甜美、轻柔、纯真、如在梦中一般的浪漫的女孩形象。

（4）雅致　指优雅、纤细、柔滑，以体现成熟女性洗练端庄为宗旨的风格。

（5）经典　指那些受流行影响较少的、传统且保守而又生活化的服装风格。

（6）洗练、现代　具有都市洗练感和现代感的风格。简约风格是将服装中多余的元素最大限度地去掉，所以又被称为极简风格，代表品牌有"阿玛尼"。

（7）男性化　在女性服装中融入男性化服装要素的一种服装风格。通过突显男性化倾向，表现出女性的阳刚倾向的魅力。廓型以直线条为主，中性化风格是既具有男性特征又具有女性特征的服装风格。

（8）活力　表现强烈的动感，体现轻松、活泼、舒适、青春激情的服装风格。色彩以明亮色、白色为基调，配以色彩鲜艳的条格，以大胆、抢眼形成视觉焦点。

（9）强悍　这种理念集中表现为军旅或海盗风格。军旅风格特征为军服样式的装扮，采用肩章、金属纽扣、勋章、标准色等细节。

3. 产品风格调研

通过针对产品的色彩、款式、搭配形象等的问卷设计进行调研，调研设计可以采用文字与图片相结合的方式，其形式可以采用客观题型，例如就某一方面设计问题题干，运用文字或者图片进行单项或多项选择；针对某些方面也可以进行主观题型设计，例如就某一方面设计问题题干，让调研者阐述自己的观点，或在选择后进行自主的补充回答。

（三）产品类别定位

产品类别定位即产品目的和用途的确定。例如适合白领上班的职业女装还是适合休闲度假时穿着的休闲系列等。通过确定产品的目的和用途，可以指导设计的品类方向，明确品类的数量配比重点。

参考产品风格定位的要点，结合问卷调研的内容，针对消费群体对款式偏好和购买习惯的问题设计，获得数据，通过分析归纳出产品类别的开发重点和方向。

（四）产品价格定位

价格定位应与目标市场的期望一致，与目标市场的购买力一致，与品牌定位一致，但可以与品牌理念定位有不同呼应，如高质量、高品位的服装以中档的价格投入市场可能更易被目标顾客所青睐。价格一经定位切忌随意变动。

产品价格的定位可以通过调研中的款式期望价格区间、收入范围、服装开销、心理承受价位等问题设计进行调研，通过分析最后确定产品价格区间定位。

（五）设计风格定位

产品的设计风格定位是根据目标消费群体的消费能力和消费途径为基础的定位，是产品规划中重要的实体部分。一般采用定位题板的形式进行表现，通过组合具有代表性的图片，使设计风格方向和关键元素跃然纸上，在内容上表达了设计元素的选择概念、色彩定位、造型定位、面料定位方向等，如图1-1-1。

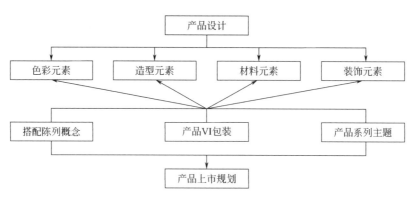

图1-1-1　产品设计风格定位的表现内容

---------------------------- **任务实施** ----------------------------

案例一、JORDON定位分析

在公司里，当设计总监或负责人完成定位分析以后，通常以PPT报告的形式向参与本设计的设计工作人员介绍即将开发的品牌产品的定位特征，使设计师能从整体上把握品牌产品的特征，从而进一步有针对性地收集相关的产品开发资料。这种产品定位分析就是运用于成熟品牌产品策划中的典型企业案例。具体完成方法与形式如下。

（一）消费者定位

1. 消费者定位因素的具体内容与表述

通过品牌故事的描述，阐述品牌文化折射出消费者的性别特征、年龄特征、职业特征、经济收入特征、文化程度特征、个人气质、文化习俗、生活习惯等。

2. 消费者定位的表达

一般采用图文并茂的形式，通过文字阐述表达了消费群体的范围与特征，通过图片可

图1-1-2　消费定位题板（蔡怡惠提供）

以直观了解消费群体的年龄、气质、个性特征。有利于设计者的产品开发定位和消费者消费选择定位。

这种定位方式的表达可以融入品牌故事中，也可以以题板的形式单独表述，如图1-1-2。

（二）产品类别与价格定位

产品类别是在消费群体目标锁定以后进行的一项工作，通过初步规划确定出产品目的和用途，通过图表的形式确定类别方向。在调研的基础上，确定消费群体消费能力和消费意愿，制订出不同季节的产品价格区间，如图1-1-3。

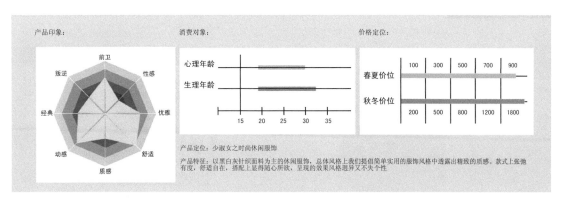

图1-1-3 产品类别与价格定位表述（蔡怡惠提供）

通过以往的工作经验或同类品牌产品的调研以及本品牌的销售业绩，初步规划出本次开发的具体产品的品类，为以后打下伏笔，如图1-1-4。

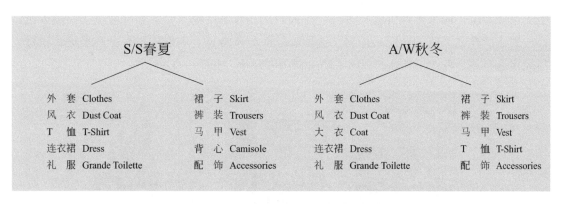

图1-1-4 产品的品类规划（蔡怡惠提供）

（三）产品风格定位

产品风格定位是消费群体目标锁定以后再进行细分的一个工作，由于消费群体具有活动环境多样性与性格多重性特征，产品风格在定位上不是以单一的形式出现的，而是相互关联与渗透的。在实践中可以根据定位的消费群体进行再度细分，开发出适应不同需求的系列服装如图1-1-5。同时在这里可以指出，由于风格元素与设计元素的交叠特征的存在，风格定位题板往往也表述了设计定位。

图1-1-5　产品系列风格的定位题板（蔡怡惠提供）

（四）设计定位

设计定位一般采用定位题板进行直观的表达，对于关键的元素部分通过文字圈点出特征，表达了产品系列的色彩、面料、造型等关键元素特征。其形式可以分别表达，也可以与风格题板混合表达，其目的以能说明主要内容即可，如图1-1-6。

图1-1-6　产品设计定位中的面料题板（蔡怡惠提供）

设计定位还可以根据品牌的需要，拓展相关配饰与搭配的概念，如图1-1-7。通过延伸，可以为设计师的款式设计提出整体规划的思考。

图1-1-7 品牌延伸题板（蔡怡惠提供）

案例二、Tuyar Fever 品牌定位策划（蔡怡惠提供）

Tuyar Fever是由中国台湾蔡怡惠女士为常州旭荣集团策划的品牌定位案例，在案例中包含了品牌故事、品牌的风格、品牌的服务对象（消费群体定位）、品牌的设计特点、品牌的价位设计、品牌的销售与服务、品牌产品结构定位规划等，如图1-1-8。

(a)

图1-1-8

品牌定位

Tuya fever

Tuya fever, 在新世纪时下社会，独创性、特立独行。

"走自己的感觉，只因为感觉"
表现出与他人与众不同的感受与形式……
没有任何约束，牵制规则……
"NO MORE RULES" 在涂鸦中体现的自由与突发奇想，
加上超乎想象的质感……

Tuya fever, 让"你"脑中无时无刻浮现的都是

最最创新的灵感搭配，
更让喜欢个性化新奇搭配的你玩味无拘无束的创新品味！！

■ 常 州 旭 荣 针 织 印 染 有 限 公 司

(b)

品牌定位

Tuya fever

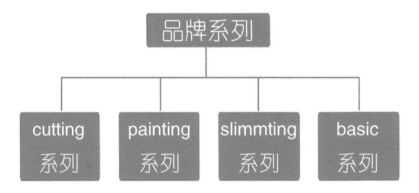

■ 常 州 旭 荣 针 织 印 染 有 限 公 司

(c)

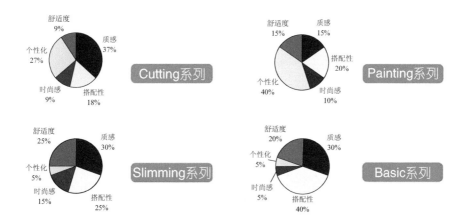

Tuya fever

风格定位

Cutting系列

Painting系列

Slimming系列

Basic系列

■ 常 州 旭 荣 针 织 印 染 有 限 公 司

(d)

Tuya fever

品牌分类架构

Cutting系列：以线条和剪裁来表现之外，部分商品可以以自创的服饰配件来表现；设计感较为突出

Painting系列：以手绘图案或其他图案为主要表现方式

Slimmting系列：以线条和剪裁为重点，主要诉求表现修饰身材的设计剪裁和较为舒适的材质

Basic系列：以搭配性最佳和简单为主要表现，在简单中可以用特别的小细节设计来表现，百搭是主要诉求

■ 常 州 旭 荣 针 织 印 染 有 限 公 司

(e)

图1-1-8

品牌服装产品策划（第二版）

Tuya fever

客群定位

年龄定位

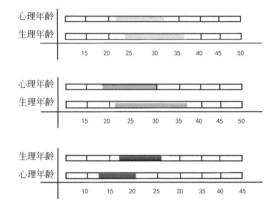

■ 常州旭荣针织印染有限公司

(f)

Tuya fever

消费族群

时下潮流青少年

都会男女

热爱时尚人士

热爱个性装扮搭配人士

■ 常州旭荣针织印染有限公司

(g)

价格定位

Tuya fever

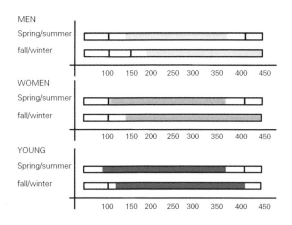

MEN
Spring/summer
fall/winter

| 100 150 200 250 300 350 400 450 |

WOMEN
Spring/summer
fall/winter

| 100 150 200 250 300 350 400 450 |

YOUNG
Spring/summer
fall/winter

| 100 150 200 250 300 350 400 450 |

■ 常州旭荣针织印染有限公司

(h)

品牌比较

Tuya fever

品牌/性质（★表示高低程度)(性质/10★)	潮流	基本	价位	质感
Tuya fever	★★★★	★★	★	★★★
Double-park	★★★★★	★	★★	★★
izzue	★★★	★★★	★★	★★
5cm	★★★	★★★	★★	★★
GDC	★★★★	★	★★★	★★

■ 常州旭荣针织印染有限公司

(i)

图1-1-8

品牌形象和环境

LOGO故事

以个性化和创造力为主的Tuya Fever，
以简洁有力的"Life is creativity"
字句和简单的童趣涂鸦插画为主题而有
了品牌LOGO的轮廓！

■ 常 州 旭 荣 针 织 印 染 有 限 公 司

(j)

品牌形象和环境

LOGO故事

Tuya Fever以个性化和时尚潮流结合，
所有概念源自于个人的开创性思想，思
想源自于头脑，LOGO表现出源源不绝的
创意涌出头脑的画面与符号的表现！

■ 常 州 旭 荣 针 织 印 染 有 限 公 司

(k)

(l)

(m)

图1-1-8 Tuya fever品牌定位策划

思考与训练

1. 服装品牌策划研究的内容有哪些？

2. 如何确立品牌名称？

3. 请同学自由组合项目组，虚拟一新品牌并进行品牌定位策划。要求确定人员分工名单，讨论项目工作计划，记录工作过程，表达新品牌定位方向，完成服装品牌定位，并准备工作报告。

任务二　竞争产品市场调研

-------- **学习目标** --------

1. 能根据产品定位方向进行目标市场调研的工作内容设计。
2. 掌握品牌服装产品市场调研的步骤与工作方法。
3. 了解品牌服装产品诊断分析的内容、方法与手段。
4. 会撰写目标市场产品调研报告，并进行相关信息的分析与总结。

-------- **任务提出** --------

设计总监带领设计团队通过分工与合作，根据产品定位的方向，对同类竞争品牌的产品进行调研，并收集与整理相关的资料。并对资料与信息进行分析，完成调研报告，总结有用的信息，为下一季节产品开发方向提供科学有利的佐证材料。

-------- **任务分析** --------

目标市场产品的调研工作量是巨大的，往往需要一个团队全面合作才能完成。在企业里往往是设计部门与营销部门合作完成的。针对目标产品设计的市场调研常以设计部门为主完成。设计总监在其中起到了领导、协调、规划与决策的作用，具体的事务则由设计师与设计助理完成。但在一些企业里，由于职能细分的关系，主设计师可能也会承担起这项工作的负责人的角色。

在对目标产品的市场调研后，调研报告是一个必不可少的文字工作。通过调研报告对收集的资料进行有针对性的提炼、分析与总结，可以为下一季产品开发方向提供科学有利的佐证材料，同时也可以通过调研资料分析为品牌未来发展与产品调整提供依据，得到分析结果。

-------- **相关知识** --------

一、市场调研

（一）市场调研的目的

市场调研的关键是发现和满足消费者的需求。为了判断消费者的需求，实施满足消费者需求的产品策略和营销计划等，就需要对消费者、竞争者和市场有比较透彻和深入的了解。

以产品市场为例的主要调研目的为：寻求确认此种产品或服务的需求；帮助此种新品或衰退产品重新起飞；改善一种已确立产品的运营；引导产品进入新市场或新领域的战略转移并有所突破。

（二）市场调研的内容

在服装产品策划过程中的市场调研因为具体企业的情况不同，主要分为新品牌的产品市场调研和成熟定位品牌的产品市场调研两种情况。但无论是哪一种情况，所进行的市场调研的内容主要包括消费需求、竞争性和合作环境的调研三个方面，只是具体实施时侧重点不同而已。

1. 消费者需求调研

消费者需求调研可以分为消费人群、消费需求量、消费结构、消费行为心理的调研。通过调研了解消费者包括民族、年龄、性别、文化、职业、地区、生活习惯等方面的情况，还要了解潜在人口变化、收入水平、生活水平、本企业的市场占有率、购买力投向，以及各阶层顾客的购买欲望、购买动机、习惯爱好、购买习惯、购买时间、购买地点、购买数量、品牌偏好等情况，以及顾客对本企业产品和其他同类产品的欢迎程度。

2. 竞争性调研

竞争性调研可以包括竞争环境、目标竞争品牌、目标竞争产品定位调研三个部分。竞争环境包括政治法律环境、经济环境、科技环境和社会环境调研等。目标竞争品牌包括经营现状、营销策略、产品规划策略、品牌形象调研、品牌文化、产品培训、品牌推广调研。目标竞争产品定位调研可以分为产品风格、产品生产、产品价格、产品上市规划、产品销售状况等的调研。

3. 合作环境调研

合作环境调研主要是指各类供应商的调研，外包加工厂的调研，设计、资讯公司的调研，终端代理商的调研等。

（三）市场调研的步骤

1. 确定市场调研目的

目标品牌产品市场调研的关键是为下一季的设计提供可以把握设计方向性的有用的商业资讯。其调研的主要目的是寻求确认服装产品需求；帮助服装新品或衰退产品重新起飞；改善一种已确立服装产品的运营；引导服装产品进入新市场或新领域的战略转移并有所突破。

2. 确定所需信息

目标品牌产品市场调研包括产品商场的形象，品牌产品结构，目标品牌及竞争对手的设计风格、设计细节、色彩结构、面料风格、材质结构、价格、销售情况、目标顾客、客户意见反馈等方面。

3. 确定资料收集方式

在进行目标市场调研时，收集资料必不可少。而收集资料的方法极其多样，根据所需资料的性质选择合适的方法是必要的。集中搜集与既定目标有关的信息，这包括市场一手资料的收集，也包括对目标产品企业内部经营资料、政府统计资料、行业调查报告等的搜集和整理。

4. 设计调查方案

在尽可能充分地占有现成资料和信息的基础上，再根据既定目标的要求，采用实地调查方法，以获取有针对性的市场情报。市场调查几乎都是抽样调查，抽样调查最核心的问题是抽样对象的选取和问卷的设计。

5. 组织实地调查

实地调查需要调研人员直接参与，首先必须对调研人员进行适当的技术和理论训练，其次还应该加强对调查活动的规划和监控，针对调查中出现的问题及时调整和补救。

6. 进行观察试验

在调查结果不足以揭示既定目标要求和信息广度和深度时，还可以采用实地观察和试验的方法，组织有经验的市场调研人员对调查对象进行公开和秘密的跟踪观察，或是进行对比试验，以获得更具有针对性的信息。

7. 统计分析结果

对获得的信息和资料进行统计分析，提出相应的建议和对策是市场调研的根本目的。市场调研人员须以客观的态度和科学的方法进行细致的统计计算，以获得高度概括性的市场动向指针，并对这些指针进行横向和纵向的比较、分析和预测，以揭示市场发展的现状和趋势。

8. 准备研究报告

市场调研的最后阶段是根据比较、分析和预测的结果写出书面调研报告，一般分专题报告和全面报告，阐明针对既定目标所获的结果，以及建立在这种结果基础上的经营思路、可供选择的行动方案和今后进一步探索的重点。

（四）市场调研的方法

在目标品牌产品市场调研中，常采用观察、调查、实验三种方法，以获得第一手资料，然后用统计方法对信息进行汇总与分类。

1. 观察法

观察法是通过观察对被调研目标产品相关项目内容进行原始数据收集的方法。例如，在调查品牌产品结构、产品风格、面料风格等时可以到市场零售专卖店直接观察，记录相关信息。在网络营销时代，很多品牌服装采用了网络销售的形式，为获取目标品牌产品有用信息提供了便利。

2. 调查法

调查法最适合收集描述性的数据，要了解消费者对品牌产品的了解程度、消费能力、消费偏好、购买行为、产品反馈意见等时可以采用这种方法。这种方法包括直接询问与问卷调研两种形式，是以事先设定一定目的和数量的问题，要求被调研者进行回答的方式来获得原始数据的方法。

3. 实验法

实验法是在目标服装新品推入或品牌产品转型时采用的，是小规模的实验，是通过调查了解消费者购买行为的变化及反馈意见等来决定产品的改进与推广的规模的一种市场调研方法。

二、调研报告格式与内容

当一次市场调研结束时，要以调研报告的形式对调研进行总结。调研报告一般由题页、目录表、调研结果和有关建议的概要、正文、结论与建议、附件等几个部分组成。

（一）题页

题页包括题目、委托客户的单位名称、调研单位名称和报告日期。调研报告的题目要能简洁而贴切地概括出调研项目的性质。

（二）目录表

目标表包括各章节与附录的名称，使读者对整个报告的内容一目了然。

（三）调研结果和有关建议的概要

对调研的结果和实施过程进行要点归纳总结，读者能通过阅读概要，对整个调研过程和调研结果有一个梗概性的了解。

（四）正文

1. 调研任务
指出本次市场调研的项目背景和主要任务。

2. 调研方法
说明本次市场调研采用的主要方法及其特点，包括参加人员、采用软件等。

3. 调研途径
调研数据的来源和通过的渠道，包括对调研范围和采访对象的综述等。

4. 工作过程
实际开展调研工作过程的必要描述，包括一些对理解本次任务有益的工作细节。

5. 遇到的问题
罗列在调研过程中遇到和发现的、可能会影响调研结果的、尤其是意料之外的问题。

6. 分析与归纳
对每一个罗列出来的问题进行分析判断，发现问题的根源。对大量原始数据进行归纳整理，得出调研结果。

（五）结论与建议

通过简洁明了的叙述对调研内容进行概要性总结。提出对发现问题的解决方法和合理化建议，供决策部门参考。

（六）附件

在调研报告中，需要罗列大量的数据和实例，配合图片、表格等形式表达。报告中的文字以平实、精练、准确、实效为主，切忌文字中含有夹杂水分、堆砌辞藻、口语化和条理不清等现象。结论和建议要有根据，尽量避免主观臆断，使调研结果切实可信。附件需要编写目录和编写号码。

꧁ 三、本品牌产品前季销售情况分析

本公司的品牌在前季的销售数据分析，主要从整体销售分析、月销售分析、号型销售分析、款式销售排名、颜色销售排名、素材销售排名六个方面进行分析。通过分析，可以了解本品牌销售状况，分析本品牌的优势，并在下一季节开发的时候保留优势。在分析时借助表格和数据图形可以使内在的关系一目了然。例如，整体销售分析和月销售分析中，可以通过表格获得必要的信息，如表1-2-1。

表1-2-1　品牌产品整体销售和月销售情况表

序号	整体分析	月分析 ⟶								
		总	大类占总量比/%	1月	大类占总量比/%	2月	大类占总量比/%	n月	大类占总量比/%
A	整件入库数量								
a	销售数量								
	消化率(a/A)/%								
B	梭织品入库数量								
b	销售数量								
	消化率(b/B)/%								
C	编织品入库数量								
c	销售数量								
	消化率(c/C)/%								
D	针织品入库数量								
d	销售数量								
	消化率(d/D)/%								
E	皮革品入库数量								
e	销售数量								
	消化率(e/E)/%								
F	饰品入库数量								
f	销售数量								
	消化率(f/F)/%								

四、品牌产品分析

（一）品牌分析概述

品牌分析的目的是通过分析品牌经营的现状及问题，来重新定位品牌的发展方向及产品开发规划。

（二）品牌分析的内容及方法

1. 品牌的目标群体定位分析

成熟的品牌都会进行详细的市场调查及目标消费群体分析，进而明确企业的阶段性目标。因此，目标群体定位是否与产品定位相符是品牌诊断分析中首先要解决的问题。品牌诊断分析报告可以由专业公司或策划高层完成，但是作为设计团队成员，也应该懂得如何进行分析与诊断。

2. 品牌的市场容量分析

目标市场的饱和度，经济动向及消费结构转移都是品牌产品设计方向调整的根据。

在调研中可以通过一些权威的数据和报告获得相关的信息，例如从纺织行业年度经济分析报告中可以了解纺织服装行业的大环境及各类服装销售比例。此外，对竞争品牌的分析，判断出不同类别风格服装在大类服装中的比重，对于了解市场前景，分析如何扩大市场份额，在产品开发及销售策略方面如何进行改进，是切实可行的方法。

3. 品牌的形象分析

品牌形象包括产品形象和卖场形象。做品牌形象分析诊断时，一般也从以上两个方面入手。

产品形象指产品的单体形象和产品的整体形象。产品的单体形象包括产品款式、色彩、面料、工艺等的外观效果。而产品的整体形象则包括产品的着装搭配、产品VI包装、系列主题形象等。

卖场形象包括：品牌VI标识形象、门面形象、品牌产品画册、导购员风貌与服务、橱窗陈列、卖场陈列与布局规划、卖场卫生情况等。建立良好的品牌形象关键在于要形成一个独特的品牌风格，使消费者在众多的品牌中一眼就能识别并形成固定的购买习惯。品牌风格的独特性和不可模仿性是一个品牌是否具有市场竞争力的重要条件。理性客观地分析，对于找到问题的症结所在，合理化地改进意见，对改进品牌形象、增加顾客的美誉度与忠诚度是具有积极意义的。

4. 品牌产品分析

（1）产品主题分析　产品的主题划分是从目标顾客的生活需求出发，为他们出席不同的场合，如工作、社交、运动、出游等准备的不同类型的服装。每季的服装规划根据目标顾客群体的生活方式及社交需要，一般划分为三至四个主题，每个主题中含有不同品类的服装，如商务主题、休闲主题、晚会主题等。根据不同主题进行单品的规划。如商务类主题中单品有衬衫、T恤、休闲裤、西裤、夹克、休闲西装、正装西装及一些服饰配件如领带、公文包等。

每一主题的服装都有一个色系特征，色系里的主体色的色相应该是基本一致的，根据不同品类的服装要求而进行明度或纯度变化。搭配色通过点缀色形成色相、明度与纯度上的反差，活跃与丰富整体色彩感觉。在色彩规划的同时还需要考虑到品牌VI系统的色彩特征，使每季产品的的主题色彩符合品牌风格的口味。同时，在运营良好的品牌公司，直营店里货品的结构与比例、色系主题的分布、单品类的价格分布与色彩搭配、服饰配件选择与组合，是一个系统的工程，应该由专人负责统一规划。因此，在产品色彩规划诊断分析时，应该要有全局和系统的思维方式，从主题组合设计、卖场主题陈列概念着手，以完善品牌形象为目的进行分析，找出存在的问题，商讨解决方法和途径。

（2）单品类产品分析　季节主题产品也是由各个单品类的服装构成的，如衬衫、T恤、休闲裤、西裤、夹克、休闲西装、正装西装等。对单品类产品进行分析，可以从色彩、面料、款式造型、工艺制作、板型特征来进行分析与诊断。

① 色彩分析：主要从色彩的搭配性和色彩的季节性两个方面进行考虑。在色彩的搭配性方面，首先要考虑单品色彩与其他类产品的色彩要具有可搭配性。如果色彩没有可搭配性，或者是色彩单一，会对销售产生影响，相反就会促进销售。其次要考虑色彩与服装款式风格的协调性。有很多时候由于色彩的原因，导致本应该畅销的款式滞销。因此色彩与服装款式风格的协调是很重要的。而在色彩的季节性方面，要注意色彩是具有季节性的，例如秋季的色彩偏中等明度及深色系列，冬季则偏深色系。因此在开发的时候应考虑到季节性因素的存在，同种材质的面料在不同色彩的搭配上下单量也应区别对待。

② 面料分析：对面料的分析应从大处着手，看品牌一季的面料品类有哪些类别，从面料的厚薄、风格特征、季节性、舒适性等各方面进行分析。面料质地对于款式表现、面料色彩及色差因素等设计色彩的再现都存在影响，由于面料的上染特征、肌理特征、骨架风格特征的存在最终会影响到单品的设计意图的表现，因此在分析时要考虑以上因素，确定面料选择合理性。

③ 款式分析：每个单品类服装是否注意分析系列款式间的丰富性，如长款、中长款、短款，款与款之间是否具有可搭配性。同时分析款式廓型的整体性，款式组合对整体造型的影响。

④ 工艺分析：服装的制作工艺也是体现产品形象的一个方面，产品缝制质量的高低从很大程度上反映了一件衣服的品质，优良的工艺设计能提升产品的档次。在工艺上也需要考虑到装饰手法的工艺再现的贴合度，工艺设计与成本之间的关系等。

⑤ 板型分析：板型设计是产品形象的一部分，合适的板型设计对于服装外观品质具有决定性的作用。一个好的品牌，在板型的选择与设定上非常严谨。

⑥ 价格分析：要考虑到单品类价格波段是否齐全，主销价位设定是否合理，与目标顾客群体的消费能力是否一致。同时要注意套装服装总体价格是否符合主体消费者的消费能力。

5. 参考品牌的销售分析

销售分析可以从陈列方式、卖点推介、导购技巧、销售通道、营销策略等方面进行分析。通过分析，从销售角度为产品策划提供可靠的资料。

6. 品牌产品分析报告

品牌产品分析报告主要从以上几个方面来进行撰写，通过调查了解，分析问题的症结所在，总结出应对方案和解决办法是分析报告很重要的内容。总之，分析报告就是要发现问题、提出问题，拿出解决问题的办法，为下一季的产品开发提供有价值的信息。

-------------------------------- **任务实施** --------------------------------

案例一、竞争市场调研工作实施

（一）制订调研工作计划和实施要点

在完成目标市场产品调研时，为了更好地根据任务提出的方向明确市场调研的目标，确定工作实施方案与具体的工作，将需要收集的资料信息以及工作内容条目化与具体化，既有利于团队人员分工与合作，也有利于工作时间的统筹与规划，可以保证工作能如期完成。如表1-2-2，即是根据对同类竞争品牌的产品进行调研的目的进行设计的目标市场调研计划表格。

表1-2-2　品牌服装目标市场调研工作计划　　　　　制表日期：　　　年　月　日

调研工作内容	方法和要求	人员与工作分配	完成时间	备注
1. 封面				
2. 目录表				
3. 摘要/工作小结	调研的对象、范围、时间、目标、方法、结论、建议			
4. 调研结果 　4.1　品牌文化	历史、公司简介、设计师、标识、店铺分布……			
4.2　消费群体定位分析	消费群体定位因素剖析			
4.3　××年秋冬(春夏)产品调研	运用图表进行说明，要求图文并茂			
4.3.1　产品明细表				
4.3.2　面料明细表				
4.3.3　款式图汇总				
4.3.4　产品价格汇总				
4.3.5　产品结构分析图				
4.3.6　面料结构分析图				
4.3.7　色彩结构分析图				
4.3.8　××年产品设计亮点分析	设计亮点： 按款式、面料、色彩、工艺、板型、规格、质量、辅料等要素找出10个以上设计亮点，并进行描述			
4.3.9　本季产品设计风格的概念题板	概念题板：要能阐述出本季产品的流行要素和设计亮点			
4.3.10　目标品牌和竞争对手	竞争品牌可以是一个也可以是多个			
4.4　××年一个季度销售状况调研	通过调研，并对主销产品进行预测			
4.5　形象和服务调查	包括画册、橱窗、模特、展架、试衣间、镜子、衣架、提袋、POP……			
4.5.1　品牌的地位				
4.5.2　形象与定位的一致性				

调研工作内容	方法和要求	人员与工作分配	完成时间	备注
4.5.3 购物路径和商品陈列 4.5.4 售后服务	店员数量、店员的素质、服务质量			
5. 调研过程中的困难和局限分析				
6. 综合论述 6.1 分析上一年产品优劣势 6.2 评价产品的营销策略(产品、价格、渠道、促销、服务) 6.3 总结与建议				
7.结束语				

(二)调研工作实施建议

1. 途径

网店与实体店是获取资料的主要途径。由于很多的品牌实行网络销售和实体店销售的经营模式,因此在资料收集过程中可以通过网店或实体店收集资料,也可以同时进行网店及实体店销售。通过资料比较可以获得第一手有指导意义的信息。此外,在条件允许时,可以从销售部门获得资料,理清销售量、款式、价格的关系,对于最终的产品规划有着决定性的意义。

2. 方法与形式

采用以观察、询问、记录、统计与分析为主的调研方法,以及小组分工合作的形式。

通过对销售渠道的实地考察以及与销售服务人员的直接交流可以获得宝贵的一手资料。考察的同时可以通过文字、照片、录音等方式进行资料的收集。回来以后小组成员通过对资料的分类,统计分析获得有关的信息。

3. 阶段计划

在调研过程中,小组成员应该制订工作日程表,负责人根据计划进行阶段性的碰头和讨论,总结阶段成果和分析调研过程中遇到的问题,讨论解决办法和调整工作重点。

案例二、竞争市场调研分析

根据调研同类竞争品牌产品为目的的调研,在完成调研的资料收集以后,就要对资料进行分类与文档归类,同时进行分析与总结。在撰写报告时格式可以参考相关知识部分。但主体内容的表述层次可以按调研工作计划设计的层次进行表述,例如品牌概述、目标消费群体、风格形象、产品结构、产品开发分析和结束语。

(一)品牌概述

品牌文化可以通过比较和分析本品牌与同类竞争品牌,总结相同点,指出不同和优势。可以从品牌历史、品牌创始人、类别、设计师、品牌标识、旗舰店、营销网络方面以图文并茂的形式进行阐述,使阅读者有一个整体上的认识和把握。

（二）目标消费群体

目标消费群体是进行产品策划的核心内容，通过对消费群体定位的分析对比，进行准确的定位，为后面的产品做基石。目标消费群体可以通过年龄阶段进行划分，把年龄划分为生理年龄和心理年龄两大类，由于生理年龄与心理年龄的非一致性，可以对目标群体进行进一步细分。

（三）风格形象分析

风格形象可以从品牌标识、服装主题风格、店面橱窗形象、店内形象、购物路径、服务特点进行描述或对比分析。风格形象表述中采用典型图片进行阐述更具有说服力，可以通过实地拍摄获得一手的资料。而购物路径则可以通过绘制平面图进行说明，如图1-2-1。

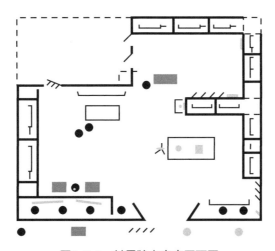

图1-2-1　某品牌专卖店平面图

表1-2-3　品牌产品风格分析表

风格	高贵，精致，舒适，细腻
陈列	① 秋冬上装多采用悬挂式；② 牛仔裤放在高低柜上或悬挂于货架
橱窗装饰	全背景宣传海报，立模四个，配饰有手提包，在橱窗里衬有高低凳
消费群体	20 ～ 35岁追求舒适，精致的人士
价格区间	① 女士衬衫：109 ～ 299 RMB；② T恤：129 ～ 329 RMB；③ 裤装：299 ～ 599 RMB；④ 秋冬外套：599 ～ 1599 RMB
色系	① 主推色系为：黑色，灰色；② 大众色系为灰色，米色，褐色；③ 点缀色：大红
廓型	合身
工艺细节	细节：毛边、压皱、抽褶；配饰：串珠项链，吊坠，手提包
面料成分	上衣、裙装以棉质为主。衬衫：① 棉92%、涤纶8%；② 棉：100%。秋冬外套：① 棉99%、涤纶1%；② 棉55%、麻45%
促销活动	新品上市9折优惠大酬宾
市场规模	2011年开设了"zello"生活体验感念馆；目前全国有70多家专柜或专卖店

（四）产品结构分析

产品结构可以就当季的产品进行梳理，编制明细表，如表1-2-4。如果条件允许的话，最好对一个季节的产品进行跟踪调查，这样就可以对某个品牌一季的产品有全面的了解，当然这个过程耗时很长，应该由专人进行。在资料处理中通过拍摄或绘制将款式进行归类。

表1-2-4　品牌产品明细表

总序号	分类	品牌名称	序号	款号	款式名称	面料	颜色	价格	图　片
1	裙	××品牌	1	DK-ZRG16006	连衣裙	雪纺	红花、黑花、咖啡色	71～120元	
			2	DK-DH192083SW	长裙、A字裙	75.3%羊毛、24.1%锦纶、0.6%氨纶	深灰色、黑色	85～140元	
			3	DK-YJ10W4747SZ	短袖连衣裙	100%雪纺	西瓜红、米白色	121～200元	
			4	DK-F720-120	短袖连衣裙	69%羊毛、23%桑蚕丝、8%羊绒	蓝灰色	201～500元	
2	T恤	××品牌	1	DK-XM10117SZ	T恤	47.5%羊毛、29.9%兔毛、22.6%锦纶	黄色、浅灰色、暗紫色	71～120元	

在产品分析中可以对收集的产品进行产品面料、款式、色彩、价格等宏观的数据处理，运用柱状、饼状图等进行表达，如图1-2-2。

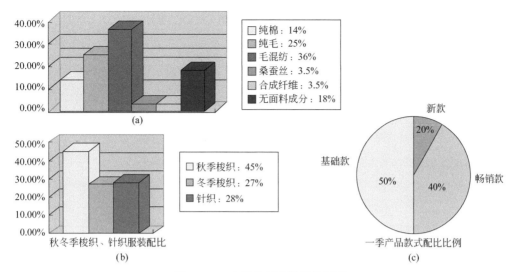

图1-2-2　产品分析中数据分析图

对于单品进行分析时，可以选择同类品牌畅销款式10款，选择滞销款式10款，如图1-2-3列出相关的款式。从色彩、面料、款式、工艺、板型、价格几个方面进行分析。

面　料	面料序号	款　号	款　号	款　号
梭织面料	03	2112100056 	2112100105 	2112100629 
	04	2083100205 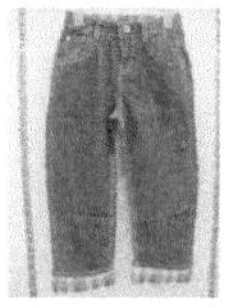	2083100106 	2083100080 

图1-2-3　产品分析中款式列图（张翠提供）

（五）产品开发分析

通过对以上分析、归纳与总结，最终进行产品开发方面的理性梳理，包括不足之处、可借鉴之处、启发以及产品设计中的问题和解决对策等，因此有了上面系统的分析之后就可以顺理成章地归纳出来。

此外，通过调研还可以总结出同类竞争品牌的风格变化、价格定位变化、竞争品牌发展战略的趋势分析与预测、同类竞争品牌前季销售状况与本品牌的对比分析等。

（六）结束语

通过结束语，可以指出调研中存在的不足、受限制的因素，为下个阶段的调研提出新的课题和思考。

案例三、调研报告标题页和目录设计

目录

1.摘要 1
2.正文 3
  2.1引言 3
  (包括调研任务、调研途径、工作过程、遇到问题等的阐述)
  2.2调研方法 5
  2.3××品牌概述 6
  2.4产品定位分析 7
  2.5产品架构分析 12
    2.5.1产品结构分析 12
    2.5.2面料结构分析 18
    2.5.3色彩结构分析 25
    2.5.4设计亮点 28
    2.5.5产品形象分析 33
    2.5.6产品价格分析 38
  2.6竞争品牌产品分析 45
3.结论和建议 53
表格目录
  ×××表格 25

图形目录
  ×××图 15
附录
  附录(一) 55

图1-2-4 调研报告标题页和目录表

标题页（图1-2-4）包括题目、报告提供对象名称、调研单位名称、调研报告撰写者姓名和报告日期。调研报告的题目要能简洁而贴切地概括出调研项目的性质。

目录表（图1-2-4）包括章节标题及副标题、表格目录、图形目录和附件。以上内容都要标注页码。表格目录、图形目录和附件还应该标有标题。

思考与训练

1. 完成一季新产品开发的产品分析会的工作一般由哪些工作步骤组成？

2. 目标产品定位调研与分析的主要内容包括哪些？

3. 请同学们分组选定某一成熟目标品牌，进行对应的目标产品市场调研，完成调研报告，准备该品牌服装市场分析会的相关资料，为其开发下一季系列产品确定开发方向。要求完成以下工作：

(1) 工作任务与计划书设计；

(2) 目标品牌产品定位分析报告；

(3) 目标产品市场调研报告；

(4) 目标品牌产品诊断分析报告；

(5) 小组交流汇报。

任务三 资讯收集与整理

学习目标

1. 掌握根据产品定位进行流行资讯调研和收集的方法。

2. 掌握根据产品定位采集服装产品色彩、面料、细节流行信息，撰写分析报告的方法。

---------------------------------- **任务提出** ----------------------------------

分析品牌文化并根据服装品牌风格收集相关的流行咨询，制订流行分析报告（包括色卡、面料卡、款式轮廓、主题），并陈述调研分析报告。

---------------------------------- **任务分析** ----------------------------------

对流行资讯的收集与整理有利于增强企业在产品开发过程中的市场针对性，为开发目标品牌的新产品提供可靠的数据和资料。品牌服装的流行资讯获取与整理的工作任务包括对品牌文化的分析以及制作流行分析报告（包括色卡、面料卡、款式轮廓、主题），并分析这些情况。

---------------------------------- **相关知识** ----------------------------------

一、关于服装流行资讯

（一）服装流行的概念

服装流行是一种服装的文化倾向，通过具体的服装款式的普及、风行一时从而形成潮流。反映了人们日常生活中某一时期内共同的、一致的穿衣爱好。并且具有时间性、上升性、文化性、创新性的特征。

服装流行的发展与运行有一定的规律。首先，服装流行具有周期性。很多服装在经历了萌芽、成熟、衰退阶段退出流行后，又反复出现在下个时期的流行中，这种现象称为流行的周期性。其次，在服装发展的历史中，服装设计师、社会名人以及流行中心（巴黎、米兰、伦敦、日本、美国等）都曾对服装的流行起到关键性的作用。再者，在流行传播的主要方式上具有自上而下、自下而上、水平流传方式等形式，其中水平流传形式中又包括中心扩散、线式两侧扩散、边缘向内推演、邻近区域互渗等形式。

（二）服装流行的要素

一般服装流行的要素包括整体风格和服装单品设计。通过对这两个方面的分析可以准确地把握服装的流行倾向。

1. 服装整体风格

服装风格是服装留给人们的总体综合印象，它不仅包括了服装单品的要素特征，同时还涵盖了服装之间的搭配关系、饰品的配搭、着装者的气质与装扮等关系。通过服装整体风格的流行倾向的把握，才能准确地把握单品设计，更好地做出取舍，将流行与品牌风格相融合。

在服装流行趋势中，流行的风格变化迅速，各种流行风格交替变化，此起彼伏。特别是进入二十一世纪后，服装风格得到了更快的更替与融合。历经淘炼与沉淀，这些民族的、时代的、流派的风格在人类的艺术发展历程中烙下深深的印记，成为了现代人不可抹灭的回忆。通过梳理，常见的风格关键词如下。

① 按时代分：古希腊（罗马、埃及）、哥特式、洛可可、帝政、浪漫主义等。

② 按民族分：英伦、波希米亚、阿拉伯、中国、日本、韩国、欧美等。

③ 按视觉艺术分：极简主义、未来主义、欧普、立体主义、超现实主义、波普等。

④ 按社会思潮：中性、坎普、嬉皮士、雅皮士、波波、小资、可爱主义、田园、NONO、后现代主义、解构主义等。

⑤ 按功用分：运动、职业、学院、军装、工装、礼服、戏剧等。

⑥ 按个体着装效果分：华丽、潇洒、硬朗、甜美、保守、前卫、淑女、休闲等。

⑦ 其他：夏奈尔、洛丽塔、朋克、吉拉吉、迪斯科、嘻哈等。

2. 服装单品设计

对于服装单品要素的把握，是在整体风格感知的基础上对设计流行倾向进一步地进行剖析，其主要内容包括了服装廓型和特征细节、面料、色彩、纹样、工艺装饰等方面。

（1）服装廓型与特征细节流行倾向　服装廓型指服装整体外延轮廓造型，通过廓型的分析，可以反映出流行服装的长短、松紧与纵横的特征。服装廓型往往体现了服装材料的特定物理性质和裁剪制作中必要的工艺技术，同时也定格了消费群体的体型特征范围和衣柜服装的搭配方式。而特征细节元素，强调的是具有凝聚视觉效果和造成视觉冲击的细节造型设计，它是廓型造型内部支撑的重要因素，主要是指领与袖的造型、系结方式等局部的造型设计。

（2）面料的流行倾向　面料是构造服装的主要材料，对于面料的流行倾向主要可以从面料的材质、质地、重量、图案纹样、风格这几个方面来把握，具体可以从原料的成分、织造方法、组织结构、二次加工与处理设计、外观效果等来分析。

（3）色彩的流行倾向　通过媒体权威机构预测发布，并在一定的时间和空间内得到人们认可并接受的色彩。很多品牌公司往往会在消化了权威预测的流行色彩的基础上，推出与自己品牌相得益彰的系列色彩趋势。

（4）纹样的流行倾向　是指服饰图案的风格、形式、表现形式以及相关技术实现等的流行倾向。可以具象或抽象，可以刺绣或镂空，也可以是人物或风景。

（5）工艺装饰的流行倾向　包括了缉缝的方式、装饰线迹的设计、开叉与系结物设计、花式面料的处理、装饰辅料的应用等。

二、资讯的获取途径

获取流行资讯的途径往往与服装的传播途径有很大关系。服装流行信息传播方式主要由宣传媒体传播和推广应用传播两种方式构成，获取途径主要有以下几种。

1. 展会与发布会信息

根据服饰行业的特点，服饰从产品到商品再到消费品经历原材料、制造和销售这三大环节，通过对这三大环节调研，人们可以捕捉最为有用的流行信息。

在第一和第二环节中，具有影响力的专业展会所发布的流行趋势信息是获得国际流行资讯的重要渠道。这些展会有面料展、纤维展、服装展览。例如法国巴黎的PV面料展、意大利米兰MODAIN展、美国IFFE纽约国际服装材料博览会等。以及意大利佛罗伦萨PITTIFILATI和巴黎EXPOFIL纤维和纱线展等。再者，时装发布会，包括在法国巴黎每年两度的高级时装发布会和其他国家各自的、带有流行导向性的发布会等。此外，具有推广性质的服博览会、交易会、产品洽谈也是获得流行信息的重要途径。

在这些展览里可以集中、快速地收集到有关流行色、企业品牌定位概念产品、面料、辅料、概念服饰、标签、辅助设计、时尚服务等一手的信息。

2. 媒体信息

（1）出版物　出版物是流行信息的主要载体。包括了专业流行资讯刊物、时尚期刊、其他相关期刊。

专业流行资讯刊物是针对行业专业人员出版的刊物，例如《女装流行趋势预测》、《国际时装预测》、《流行针织时装》等。内容包括了流行趋势报告、设计作品与设计师手稿和发布会图片集等。

时尚期刊则包括了专业和大众两类。专业时尚期刊具有不同的专业分类，例如服饰发布会资讯、男装设计、女装设计、休闲装设计、皮草设计等。例如：VOGUE、ELLE、BAZAAR和WWD等，大众生活类时尚期刊则有《上海服饰》、《风采》、《瑞丽》、《服装设计师》、《中国服饰报》等。

其他相关期刊可以多角度地反映流行的整体生活。时装不是一个独立个体，它存在于一个多纬的空间里，艺术、家居、广告等都有可能对其产生影响，因此关注这些领域的流行特征也是资讯信息的一个重要方面。相关的期刊例如《艺术与设计》、《国际广告》、《完美居家》、《DECO居家》等。

（2）网络传媒　在信息资讯日趋发达的今天，媒体是信息快递广泛传播的媒介。通过网络可以快捷地获得所需要的图、文、音、像。在专业信息网络上网访问知名纺织、服装和企业的网站是获得流行信息的一种快捷而方便的方法。这些网站主要包括专业资讯网站、服饰论坛、品牌旗舰网店、时装杂志网。例如：蝶讯网、穿针引线网、www.style.com、www.vogue.com、www.bluefly.com等

（3）影视媒体　影视媒体对于服饰流行的影响主要包括时尚频道的流行引导和影视形象的效仿等。电视时尚频道例如中央电视台的经济生活频道、凤凰卫视的"完全时尚手则"、法国的Fashion TV等，第一时间传递着时装表演、时尚新闻、模特大赛、服装大赛等的相关资讯，是专业人员不可忽视的一个重要渠道。

电影艺术对于流行也起到了很大的推动作用。电影带动潮流，流行装点明星，是电影与时尚结合的最佳模式。一部成功的电影的轰动效应是无法估量的。明星们在影片中的服装造型也会随着角色成功的塑造而深入人心，征服观众。例如日、韩剧的热播曾一度推动了日、韩风格服饰在国内的流行。消费者对于明星的效仿心理正是流行坚实的基础。

3. 中心城市

由于经济、文化、科技等因素，有很多城市在世界或是区域间成为重要的商业中心和时尚精英云集的地方。这种聚集效应带来的是鳞次栉比的服装品牌与时装精品店。这里对

于流行的敏感度、对于流行元素的诠释与创新为设计提供了丰富的素材。这样的城市包括巴黎、米兰、伦敦、东京、纽约、首尔等。此外在中国上海、广州、深圳、北京、大连也属于时尚业比较发达的城市。

三、服装流行趋势分析

服装流行趋势的调查主要从人们的衣着行为背景进行分析与取证。对于品牌公司而言，一般从品牌消费群体的生活方式与生活理念出发，通过梳理感性的信息资料，经过定性、定量的分析与研究，对收集来的资料进行过滤、分类与处理，形成符合自身品牌文化的流行信息组，为后续的灵感主题提案提供科学的依据。

（一）综合调查要素

在服装流行的综合调查分析中需要关注自然条件、社会状况、经济状况、文化方面、区域流行等因素。具体内容如下：

1. 自然条件因素

① 地理位置、地形特征：区域、环境、地貌结构、高山、平原、盆地等。

② 气候条件：季节特点、常年温湿度、气流速度、大气压力、粉尘密度等。

③ 交通状况：道路、河流、铁路、航空。

2. 社会状况因素

① 人员结构：人口构成、阶层构造、服装消费类型等。

② 消费条件：市场环境、文化环境、市场容量、消费行为意向、价值观念等。

③ 科技发展状况：服装行业的生产技术及工业发展的历史、现状和未来行业的现状及发展的可能性、新技术的特点和工艺倾向等。

3. 经济状况因素

① 市场情况：产品价格的历史水平、适宜价格水平、附加值的确定、消费承受程度、竞争的可能性等。

② 销售方法：销售分布范围、销售结算方式、销售服务态度、货场橱窗布置、产品使用效果、产品配套条件等。

③ 经济倾向：国民收入情况、消费水平的变化、市场商品的供求状况。

4. 文化方面因素

① 审美倾向：艺术、道德、法律、宗教、心理需求、受教育程度等。

② 生活方式：民族传统、风俗、服饰习惯、交通方式、居住形式、饮食等。

5. 不同区域的流行因素

① 国内流行因素：历史流行的分析、上层流行的追踪；销售情况、服装消费与收入的比例、外来文化的影响情况等。

② 国外流行因素：不同国情的文化传统习惯、各种贸易法规、条例制度、自然环境、社会条件等。

（二）流行趋势分析

通过各个途径收集来的流行信息往往无以计数、千头万绪。面对如此之多的服装流行信息资料需要科学地汇总、分类与整理之后才能得以应用，为后期的设计指明方向。服装流行趋势的分析方式主要有定性分析和定量分析两种。

在定性分析中，通过对颜色、轮廓、面料以及风格与细节的流行要素的分类与辨别，提炼共同特征、分析具体事件并整合资料形成主题。图片与图片的组合是服装流行要素分析中最直观的形式，通常被称为概念题板。经过定性分析形成系列的色彩题板、廓型题板、面料题板、细节题板、主题风格版等，可以快速捕捉季节趋势。

建立在定性分析基础上，对生产与销售环节中服装的生产、采购数量与比例需要进一步的确定，通过定量分析可以获得相关的数据。这些数据包括了经典保留款、主流款、风险款的产品组合比例，产品搭配比例，产品价格水平比例，库存比例等。此外对调研问卷的数据处理，定性分析中资料的整理归纳中的数据处理都可以进行定量分析得出相关的数据，为产品开发策划提供科学的指导。

（三）流行信息表达

建立在对流行信息的处理和分析基础上的流行预测，最终以流行趋势预测提案的形式表达出来。

1. 流行提案的组成

流行提案主要包括了：影响消费群体着装行为的分析、流行趋势主题与风格、流行色组、流行面料特征、服装款式特征、发型、装扮与搭配等。而这些信息的传达除了文字、数据以外，图文影像资料占很大的比重。其包括中外服装史料、录像、影视资料、照片、设计效果图及世界各民族服饰、历届博览会、订货会、洽谈会的展示资料等。

2. 流行题板

对于流行提案方案册而言，流行题板可以快速形象地传达流行趋势，常见的流行题板有主题意念板、流行色彩板、款式概念板、面料概念板、装饰与纹样概念板等。

（1）构成与板式

① 构成：构成流行题板一般由意念图板、文字、色块3个部分组成。意念图板，是构成流行题板的主体部分，它是直观地传达流行信息包括风格、面料、廓型、款式、细节等元素信息的重要表现方式。文字不仅概括了主题描述、重点说明等，同时弥补了图片不易传达的信息。色块则是归纳了重要的流行色彩信息，如图1-3-1。在流行题板的组成形式中，主题意念板、流行色彩板、款式概念板、面料概念板、装饰与纹样概念板等可以单独出现，也可以组合出现。例如主题概念板中可以包括主题意念、流行色彩信息、面料与细节信息等，也可以是色彩与面料两两合并出现，其构成形式灵活多变，以能说明流行信息即可，如图1-3-1。

② 板式：流行题板排版的形式，又称版式，有横式与竖式两种，如图1-3-2。根据基本版式，进行意念图板、文字以及色块等信息的布局。在布局上讲究布白的匀称，字体比例的和谐，整体的比例与节奏的均衡，如图1-3-2。

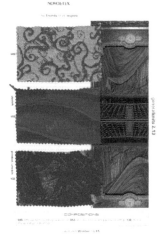

(a) 面料题板　　　　　　　　　　　　　　　　(b) 色彩面料题板

(c) 流行主题板　　　　　　　　　　　　　　　(d) 色彩题板

图1-3-1　流行题板（源自穿针引线）

(a) 绘画（源自时装设计元素：调研与设计）　　(b) 拼贴（源自碟讯网）

(c) 并置（源自碟讯网）　　　　　　　　　　　(d) 解构（源自碟讯网）

图1-3-2　形式多样的流行题板

（2）意念图板 意念图板又称为基调板、故事板或概念板。是流行提案中向他人展现调研者所关注和提炼出资讯信息的主要途径。这些图板是通过一定数量的筛选图片资料来讲述相关的故事和传达相关的设计意图的一种图板。

意念图板中精心筛选的图片资料，包括照片、灵感绘图、杂志图片等多种形式。现代科技的发展为快捷便利地获取资讯创造了条件。通过摄影、网络收集、杂志截取等方式，人们可以快捷便利地获取需要的照片资料。而运用各种不同的绘画工具，如铅笔、钢笔和颜料，从素材与感受中提炼灵感，并用线条、肌理、色调和色彩来探索其各自的特点和风格样式则使流行调研得到更深层次的归纳与提炼。

（3）流行题板表现技巧

① 绘画：运用各种不同的绘画工具，如铅笔、钢笔和颜料，并利用从灵感素材中提炼出来的线条、肌理、色调和色彩来探索其各自的特点和风格样式，同时使调研和设计得到深入发展。

将作为灵感设计来源的物体或图片的全部或者部分画出来可以帮助设计者更好地理解其中所蕴涵的造型和形式，在绘画过程中可以激发灵感，为设计的创新获得一手的资料，如图1-3-2。

② 拼贴：拼贴是指将少量纸片和照片粘贴到一个平面而获得的艺术合成品。在调研中，拼贴技法的运用是指将从不同的来源获得的信息资料拼凑在一起的另一种方法，如照片、杂志剪报以及从网络上打印出来的图片，如图1-3-2。

③ 并置：如果拼贴是指将图片剪切并黏合在一起来创造出新的理念，那么，并置就是指将图片和面料在页面上并排地放置。这种方法常常可以将毫无联系的元素组合在一起，即使他们根本不同也可以分享其相似性，如图1-3-2。

④ 解构：解构或者拆解调研成果是指一种看待信息资料的新视角。它可以简单理解为运用取景器并提取物体的一种角度，这样就可以聚焦于原始素材中的细节元素并获得抽象的创意。然而，它也可以被理解为像智力拼图玩具一样将信息资料打散，然后再以不同的方式重新组合来创造出新的线条、形状和抽象的形态，如图1-3-2。

⑤ 对照参考：对照参考则是一种可以帮助找到彼此相关或者互为补充的视觉参考要素的技法。随后，可以对这些参考要素进行分组，进而使他们转化成为初期的主题或者概念，这样就可以在设计进程阶段进行更为深入的探究。

-------------------------------- **任务实施** --------------------------------

案例、撰写流行资讯报告

为新一季的产品定位发展方向，直接用于参考新的流行元素，可以在保留原有品牌产品风格的同时，延续原有的风格并不被市场所淘汰。因此通过流行分析，传达当季流行市场的流行元素特征，对产品设计开发有着重要的意义。

（一）获取资讯

设计团队可以通过流行信息资讯公司、专业展会、专业杂志、网络平台等途径可以获得有关的信息。

（二）资讯题板设计

　　流行资讯通常以题板的形式进行直观表述，主要包括可参考的所有时尚信息图片收集分类，如图1-3-3。品牌的流行趋势预测提案应该是在提炼了流行资讯的基础上进行的有针对性的概括，在品牌产品定位的基础上进行题板设计，包括流行色、灵感主题以及相应的纤维、纱线、面料与组织结构和服装效果图、款式图以及细部处理要求。通过预测提案可以完成本品牌产品的流行趋势、流行色彩、流行细节等的预测，同时也包括可采用的流行款式廓型与流行原料等的预测。完成预测提案主要从以下几个方面着手。

step1:
主题看板　　——以国际潮流方向为始发，而同时与品牌定位
　　　　　　　和风格呼应的主题概念看板。

其中包括：
流行趋势

主题故事

step1:
主题看板　　——以国际潮流方向为始发，而同时与品牌定位
　　　　　　　和风格呼应的主题概念看板。

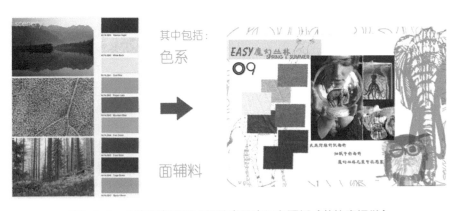

其中包括：
色系

面辅料

图1-3-3　由流行资讯形成品牌产品流行主题板（蔡怡惠提供）

1. 影响人们衣着行为的背景分析

　　在调查、取证、获取资讯的过程中，大量收集权威的纺织信息。从人们生活的大环境

和人文背景中掌握社会的现实情况，如国际和国内的人文风貌，社会政治、经济、文化背景，艺术思潮等对人们生活方式的影响。并从感性资料入手，进行定性、定量的研究。

2. 流行趋势主题概括

首先进行主题名的概括。流行预测的主题就是用服装语言来诠释生活的意向。在对相关资料收集、分析以后，对趋势的共性做出总结。寻求灵感来源，确立主题，确定大趋势的文字内容以及关键词的内容。其次进行系列主题名的概括。在以上内容确定后，进一步确定反应大趋势的主题。在大趋势下，一般都有3～4个分主题。最后进行关键词的概括。反应大主流趋向的关键词有运动、休闲、怀旧的新风格、各地域文化的融合等。

3. 主题趋势下的流行色组

在流行循环中，每一轮新产品的出现，都是从色彩预测开始的。流行主题下的色彩系列，可以以每一季流行色色组和流行色预测趋势为依据，结合本地域、本企业或具体的要求，拿出有流行意义的色彩计划。一般应有3～4组系列色彩。

首先，确定主题趋势下的面料特征，主要从纤维与面料的设计角度以及面料功能特点的角度来表述。然后，确定主题趋势下的细节与配饰，通过细节表达的不仅是款式图的局部表现，也包括装饰配件方面的考虑，同时还包括文字的表达。最后，完成主题趋势下的整体人物形象，人物形象特征是服装整体形象设计的一部分，包括化妆和发型。虽然目前人物形象特征还未被纳入服装的流行预测之中，但在每一季的流行发布中，它是不可忽略的一个方面。

4. 定量分析

从收集的感性图文资料进行理性的归类与数据梳理，通过对上一销售季节的数据分析，以确定畅销款。通过对色彩、面料、款式资料对比消费群体问卷调研数据分析提炼出消费群体流行动向，为产品开发主题策划提供支撑数据。对产品的市场上竞争品牌当季的经典保留款、主流款、风险款的产品组合比例，产品搭配比例，产品价格水平比例进行分析对比，理性地归纳出本品牌原计划的得失，为下一季节的方案制订提供调整的依据。通过产品库存的动态数据分析，掌握流行的动态分析消费趋势的走向。这些定量分析数据可以通过柱状图、饼状图、折线图等进行说明与比较，数据关系一目了然。

（三）设计报告框架

流行趋势报告可以以流行趋势预测提案题板，结合必要的文字说明表现出来。形式采取报告的形式完成，报告的格式可以参考市场调研报告的格式，其中主要阐述的元素包括设计要素、廓形、比例与线条、功能、细节、色彩、面料、印花图案与装饰手法、历史参考元素、当代潮流与时装的市场、档次与类型等。

1. 调研主题

围绕产品策划与开发为中心，确定区域内的流行特点进行确定主题性调研。调研主题可以围绕色彩特点、流行特点、色彩偏好、面料特征、某种风格款式、流行特点以及竞争品牌比较等设计。

2. 调研目的

总的来说就是为新产品的策划与开发提供科学的指导，具体可以从产品要素为出发点进行目的性的阐述。

3. 调研背景

参考综合调查要素相关的指标进行调研，主要是对区域产品受用者进行综合因素的阐述与分析。

4. 调研地点

选择的地点与区域要有代表性、针对性。例如特色地区和商业中心地带。

5. 调研内容

对于收集的资料，进行定性与定量的处理与分析。定性分析的资料可以用题板的形式进行归纳与表达，定量分析资料可以用图表进行归纳与说明。

6. 调研结论

在调研内容分层次总结的基础上进行进一步的归纳与总结，最终得出具有指导意义的结论。

思考与训练

1. 流行的特点是什么？
2. 流行传播途径有哪些？
3. 服装流行趋势的分析方法有哪些？
4. 请根据某目标品牌定位方向以及市场与趋势方向，制作流行题板。

情景二　成熟品牌
产品策划

学习目标

通过完成一个完整的成熟服装品牌新产品的策划与开发方案，掌握成熟服装品牌新产品的策划与开发相关的专业知识与技能。

任务提出

某公司为推出服装品牌新一季的产品，要求设计总监带领设计师群体根据品牌定位和企业自身产品特点，以及市场具体供求情况，确定开发方向并推出新一季节的系列产品。

项目分析

当某公司决策层决定对已有服装品牌进行新一季产品开发时，这时候通常是由于本公司对该服装品牌的市场发展情境充满信心。因此在具体的产品开发过程中先要弄清楚自己的定位优势是什么，在这个大前提下结合流行趋势以及市场具体供求状况再进行有针对性的产品开发。对于成熟品牌新产品策划这个项目，在操作时可以把它分解成以下五个任务：

◆ 任务一：架构系列产品主题。
◆ 任务二：产品开发数据策划。
◆ 任务三：系列产品设计与整合。
◆ 任务四：产品物料选配技术策划。
◆ 任务五：产品采买数据分析。

同时完成这样一个大项目，是一个团队合作工作过程。需要项目组人员积极配合与完成工作。

任务一　架构系列产品主题

-------- **学习目标** --------

1. 掌握季节系列产品主题的内容，以及主题和基调题板的制作。
2. 了解系列主题产品开发工作计划与任务分配工作方法。

-------- **任务提出** --------

根据流行趋势信息确定季节系列产品主题方向，掌握主题和基调题板的设计与制作以及子主题的确定与表现。

-------- **任务分析** --------

对品牌产品框架的架构有利于企业系统地进行产品开发，提高企业的生产效率，因此品牌产品框架的架构具有重要的市场操作意义。架构品牌产品框架中的工作任务主要包括确定季节系列产品主题方向、主题和基调题板的设计与制作以及子主题的确定与表现。

-------- **相关知识** --------

一、整季主题与系列主题

品牌产品主题板制作需要对品牌文化、风格以及品牌定位有一定的了解。完成品牌产品主题板必须首先确定主导设计方向，也就是大的设计概念，有了这个设计概念，才能有针对性地在流行趋势题板中提取灵感信息。将灵感确定之后就进入主题设计的程序，通常在产品策划过程中根据产品上市计划进行划分，在不同的阶段推出不同主题的系列产品，或者在不同阶段推出多个系列的产品，系列的个数往往和公司的实力有关。

主题的确立是设计整体化的基础，也是设计成功的重要因素之一，一个成功的主题应该能够反映出时代的气息、社会的风尚、流行趋势以及本品牌文化艺术的倾向。主题设计是一个从宏观到微观的过程。在确定过程中可以分为整季主题和系列主题两个部分，如图2-1-1。

（一）整季主题

通过主题概念题板或企划案的形式进行表现。运用概念图片和概念文字进行描述，信息包含了色彩、面料、辅料、图案、装饰、搭配、陈列等全面的综合方向的信息。

品牌产品系列整季主题板与流行趋势题板最大的区别就是更具有针对性、市场性和可生产性，同时必须与品牌的风格定位相符合，如图2-1-2。

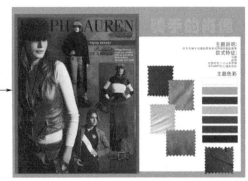

系列一：骑手的肖像

整季主题：秋天的传说

系列二：波希米亚浪漫

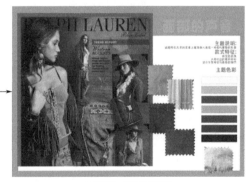

系列三：西部的声音

图 2-1-1　2006 年 Ralph Lauren 主题策划

(a) 主题看板——《万岁，摇滚女孩》

(b) 主题故事1——《魔幻条纹》

图 2-1-2

(c) 主题看板——《魔幻条纹》　　　　　　　　　(d) 主题故事2——《万岁，摇滚女孩》

图2-1-2　产品定位主题板（蔡怡惠提供）

（二）系列主题

产品的整体主题题板可以反映产品风格和色调，反映精神要求以及文化品位。这是产品开发的主旨思想。利用细部结构的多元化、造型的简约设计以及工艺的创新来展示品牌的特有风格，而系列主题的划分使消费对象能一目了然地选择自己所爱。

系列主题是通过小主题的概念板或企划案，将设计元素和信息整体罗列出来。系列主题是通过对整季主题元素进行进一步细分，形成从属于大主题下的小主题。包括色彩概念、材质概念、款式概念、搭配概念。对于装饰性比较强的系列，应该还有图案装饰概念。

1. 色彩概念

在色彩概念上，首先要求色彩的整体系列化，切忌色彩的单一性和杂乱无章，应该丰富而有层次；其次色彩要具有流行性，色彩在当季的流行明度及色向一定要把握准确；最后要注意色彩的季节性，选择能准确体现季节感的色彩。

2. 材质概念

在材质概念上，要注意材料应用的系列和主次的关系，要选择流行性的面料，突显流行印象，同时面料与季节的适应度。

3. 款式概念

在款式概念上，款式概念既有廓型概念，还包括细节元素概念，款式要注意系列感和可搭配性，款式要整体，细节要丰富。款式要注意流行细节元素的应用，注意款式的季节性和功能性。

4. 搭配的概念

在搭配概念上，既要考虑到个体购买后搭配的整体性，还要考虑到卖场陈列的系列感，注意搭配的流行性和个性化特征，其中最重要的是可搭性对顾客购买欲望的激发有着重要的意义。

二、题板的设计

首先收集灵感源图片，将灵感源图片组合在一起，从中提取色彩、面料、图案、款式细节，然后确定整体故事和系列主题故事，如图2-1-3。其表现方式和方法与流行题板制作有相似的地方。

(a) 灵感源主题故事题板（一）

(b) 灵感源主题故事题板（二）

(c) 织物构造概念题板

(d) 色彩图案选择概念题板

图2-1-3 主题看板（樊天成提供）

三、系列主题命名

（一）系列的概念

产品策划中的当季系列是整体主题下的一种命题或一个题目，它是一个系列构思的设计思想，也是每个系列整体产品开发设计的核心。

（二）产品系列命名方法

服装产品的系列名称应便于管理且传达出产品的信息。文字要通俗、顺畅、易懂，便于书写，便于识别。作为商品的命名一般应将重点放在款式、细部造型、面料和工艺等几个方面。

1. 服装形象命名法

主题名是根据系列服装不同的搭配形象或不同的特征而给予的名称或称谓，也是设计者借助文字来表达的服装形象的中心主题。例如，2010年Jordon品牌的"动感活力的你"、

"经典率直的你"、"性感高调的你"等。这是在服装搭配以后按着装造型进行划分的。而2010年Tuya Fever中的"新几何变奏曲"则是以服装的特征进行命名的。

2. 设计主题命名

服装设计主题的命名应该选用与表达服装的设计主题思想相贴切的词语进行表述，词语应该具有通顺、明了、简洁的特点，并能够突出系列服装构思的重点。例如，2006年Ralph Lauren产品系列主题"骑手的肖像"、"波希米亚浪漫"、"西部的声音"等。

3. 成衣产品命名

系列服装产品的命名应便于认知，指明服装的特点，避免服装之间的混淆，例如"大衣系列"、"夹克系列"等。

（三）命名思维角度

1. 题材的角度

依据题材资料来思考命名的方法，例如少女美学系列、都市丽人系列、波希米亚系列等。

2. 主题意象角度

从设计意象方面来考虑系列主题的命名方式，例如"西部的声音"等。

3. 仿生的角度

根据设计中被模仿的对象，并以模仿对象的基本名称来考虑主题的命名方式，例如鱼尾系列等。

4. 色彩的角度

在系列服装设计中，色彩应该是很有特色的，其设计主题应突出反映色彩的某一象征意义，例如粉色系列、黑白系列。

5. 材料的角度

突出材质的特点是命名中一种简单而实在的方法，例如棉麻系列、皮革系列。

6. 款式的角度

以款式特点来命名的服装能加深人们对款式的认识，例如宽松系列、紧身系列等。

7. 生产工艺的角度

突出服装加工工艺的特点，它是命名中一种简单而实在的方法，例如吊染系列、印花系列等。

（四）系列服装产品主题文字说明要点

系列产品设计主题板不仅有主题名，还要有与主题相应的文字说明。系列主题的文字说明应该形象生动地说明设计构思，表述系列设计灵感的来源，说明该系列产品的特点，通过简洁明了的表述点出该系列服装产品的内涵与风格。

------------------------------ **任务实施** ------------------------------

根据流行信息并结合整季主题规划，规划出系列主题题板，在题板里根据品牌风格进行主题、色彩、款式、材质的组合，如图2-1-4、图2-1-5。

(a)

(b)

(c)

图2-1-4　系列：少女美学（蔡怡惠提供）

主题系列二

汉语中的摩登是英语单词modern的音译词。汉语语境里其意义是指刚刚流行时髦风格。通过卓别林的电影《摩登时代》，可以看到女性世界的一番摩登情景与状态。

这一系列服装正符合流行时髦风格的式样，或者时髦。

摩登时代

(a)

主要物料表现

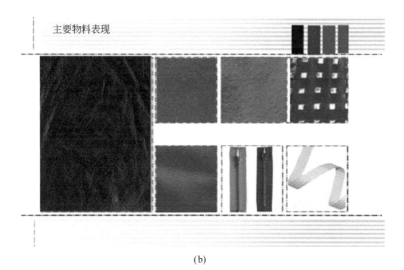

(b)

款式细节图

将袖子进行改造呈现体积感的造型和四边有镶边服装更加精致。

裙子下摆做了褶的效果，呈现出时尚感。

夸张袖子造型和设计出前长后短的效果。

袖子进行改变使服装时尚华丽。

(c)

图2-1-5　系列：摩登时代（卫佳玲提供）

思考与训练

1. 什么是系列?

2. 产品系列命名方法有哪些?

3. 系列服装产品的命名方式采用哪些方式?

4. 根据下一季节产品开发的计划，确定季节系列产品主题方向，并架构各子主题内容（包括流行色卡、面料卡、款式轮廓特征、系列主题名称等）。

------------------------------ **知识拓展** ------------------------------

设计构想的评审主要是指每一季的产品开发的最前期，针对新一季的整体主题构想进行公司整体的评审。通过评审可以从设计工作源头有效地把握工作并沿正确方向运行，确定公司产品开发的整体方向，使设计部门与公司的领导阶层交流，以保证公司内部对设计方向的渗透理解和认识的统一，并保证后续工作步调一致。服装公司的团队关于设计理念的统一意识是否能贯穿于公司的各项工作之中及相关环节之间，直接关系到一个服装公司运作是否高效延续。

评审的项目包括：

① 新构想是否符合本企业的整体定位。

② 新构想的创意是否可取。

③ 新构想是否具有市场潜质。

④ 新构想的实现是否能够获得足够的技术支持。

⑤ 新构想成本预算是否与销售的预期目标相符。

这项工作由设计企划部门牵头，设计主管主持邀请公司总经理、销售营业部门的主管、生产部门的主管、财务部门的主管、消费者代表（条件允许的情况下）参加。

任务二　产品开发数据策划

------------------------------ **学习目标** ------------------------------

1. 了解系列产品开发中内在的数理关系。

2. 了解产品开发策划中相关表格的制定。

3. 掌握系列产品搭配方式表达。

4. 了解单品面料估算的方法。

------------------------------ **任务提出** ------------------------------

通过计划产品销售额，制订产品价格带，确定产品销售数量，进一步确定下一季产品系列数和款式设计开发数量，并进行单品初步成本核算，确定面料开发价格估算，完成产品系列开发中相关数据的计算和规划。

任务分析

      系列产品的款式开发策划中的数据策划是一个非常重要的部分，所有产品的策划开发的最重目的就是实现产品的市场价值，为企业和品牌带来利润。在既定的预期目标销售总额和利润的情况，接下来的一步是如何将销售总额分解到通过每个款式销售实现利润的问题上。

      每个公司展示这些数据关系的形式可能不尽相同，但相关数据计算反映的问题相差无几。其中预期销售额是一季产品相关数据策划的领头羊，同时在策划中很多数据都存在估算现象，估算数值在实际策划操作过程中需要有一定的灵活度。

      本任务中涉及的数据策划内容包括：价格带测算、产品销售量计划、开发的计划中的系列数与款式数的分配，款式类别的数目分配，SKU数的确定，服装面、辅料成本的估算核定等，这里就涉及了多方面的计算，各数值间存在一定的数理关系和联系。

相关知识

✿ 一、产品开发流程图

    在品牌服装开发过程中，产品的相关数据间存在一定的关联。当生产领域里的产品进入流通领域后就成为了商品。产品按照一定的流程进入市场，产品开发的流程揭示了产品开发数据策划的一个工作路径，如图2-2-1。

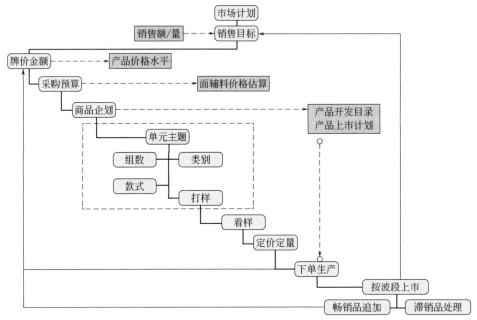

图2-2-1　产品开发流程图

✿ 二、计划产品销售量

    产品销售量的确定是产品系列数和单品款式数确定的前提。产品销售额则是销售量的金额表现。通过对下一季节产品的销售总额的确定，为寻找供应商及控制成本提供依据。

产品销售额度往往是采购数量和存货的控制的依据，通过销售额的计算，存货量的计算以及采购量等的计算，实现产品数量和金额的转换。

产品销售额度是宏观数量上的把握，影响预期销售量的因素有很多，主要包括店铺增加与减少、公司运营状况、天气影响、年节假日的时间变化、竞争品牌、本年的重大事件、国际环境的影响等。

产品销售额宏观调整过程，一般采用百分比调整的方法。例如：经统计，上年的实际降价百分比为销售总额的20%。通过预测，本年的销售会在上年的基础上下降10%。为了促进销售，决定将降价百分比在上年的基础上提高2%，如表2-2-1。

表2-2-1 某品牌销售额计算（春、夏季）

项目 \ 月份	2月	3月	4月	5月	6月	7月	合计
上年实际销售额/元	50000.00	60000.00	90000.00	82000.00	60000.00	60000.00	402000.00
上年实际销售额百分比/%	12.44	14.93	22.39	20.40	14.93	14.93	100.00
本年预期销售额/元	45000.00	54000.00	81000.00	73800.00	54000.00	54000.00	361800.00
上年实际降价额/元	8281.20	6633.00	12381.60	13426.80	18572.40	21105.00	80400.00
上年实际降价百分比/%	2.06	1.65	3.08	3.34	4.62	5.25	20.00
本年预期降价百分比/%	2.27	1.82	3.39	3.67	5.08	5.78	22.00
本年预期降价额/元	8198.39	6566.67	12257.78	13292.53	18386.68	20893.95	79596.00

三、计划产品价格

价格是实现产品销售数量与金额转换的桥梁。在价格计划中，通常会为不同的服装品类设计不同的价格区间及价格线。价格区间即用价格的上下限表示价格的波动幅度。一般的价格区间会设置高、中、低三类价格线，数量比例所占最大的商品的价格成为该价格区间的中心价格。在制定价格时，一般形象款为高价位，畅销款为中间价位，基本款为低价位。

价格计划的价格线水准制订应该考虑两个方面的因素：消费者的期望值和采购预算要求，即满足采购资金及预期实现的利润额。价格计划是按照产品大类分别制订的，不同的类别产品具有不同的价格带。随着产品分类越细致，产品价格水准则越精确，价格水准精度对于产品成本控制和消费期望吻合度有着重要的意义。例如一个产品分类，可以分为由上装到衬衫再到短袖衬衫，这时价格计划就相当具体了，如表2-2-2。

表2-2-2 A品牌女式短袖衬衫的初步价格计划（价格区间和价格线）

产品品名：女式短袖衬衫	销售季节：2012年春夏						
	1月	2月	3月	4月	5月	6月	总计
价格带/元	125	160	165	210	230	250	
数量/件	400	550	700	450	650	400	3150
数量所占比例/%	12.7	17.5	22.2	14.3	20.6	12.7	100.0
金额小计/元	50000	88000	115500	94500	149500	100000	597500
金额所占比例/%	8.4	14.7	19.3	15.8	25.0	16.7	100

在这里可以通过产品销售额推算出产品价格带，也可以根据目标销售额和调研出的消费群体可接受的产品价格带估算出生产量的最低值。其估算如下：

产品价格带＝销售额（元）/销售量

计划生产量＝目标销售额（元）/产品价格带

四、计划产品开发

（一）产品开发初步计划

初期产品计划是用来规划产品设计和开发工作的方案，由产品采购部门联合设计部门、面料部门、技术部门共同商讨并拟订，包括产品线组合，每个品类包含的款式、数量、价格，销售预算额和预订供应商名单，如表2-2-3。

表2-2-3 某品牌女装的秋冬初期产品计划

品类	中心价格	款数	款数所占比例/%	生产数量/品类/件	数量所占比例/%	销售预算额/元	销售额所占比例/%	预订供应商
长大衣	780	3	5.0	300	2.6	900	1.0	A
短大衣	560	5	8.3	650	5.6	3250	3.8	A
羽绒服	650	5	8.3	400	3.5	2000	2.3	B
外套	400	10	16.7	2000	17.3	20000	23.2	C
羊毛衫	280	8	13.3	1600	13.9	12800	14.8	D
背心	160	3	5.0	900	7.8	2700	3.1	D/C
衬衫	120	5	8.3	750	6.5	3750	4.3	E
连衣裙	480	5	8.3	750	6.5	3750	4.3	F
短裙	280	6	10.0	1200	10.4	7200	8.3	F
裤装	200	10	16.7	3000	26.0	30000	34.7	D
合计		60	100.0	11550	100.0	86350	100.0	

（二）产品构成策划

产品构成策划是指建立在产品整体数量规划的基础上，进一步对大类产品进行产品数量与比例的策划，通过数据策划为主题系列个数的确立以及系列单品数列分配建立框架性指导依据。如表2-2-4，某品牌中春季与夏季的款式数来源于此品牌初期产品计划的款式数量。在初期产品计划中只有大类款式总数，没有进一步的分配。在实际设计中，某一季节的产品又可以分为基本款、基本新款、时尚款。基本款是指在销售过程为大多数消费人群所接受的款式，又称跑量款。表2-2-4中的基本款主要来源于上一季节的热销款和该品牌常规款等。基本新款则主要是在市场调研的基础上加入流行元素的新款式，这些款式主要还是比较稳健的又有一定新意的款式。时尚款则是符合流行，具有引领潮流的创新款，这种款式的开发具有一定的风险，开发得好则销量猛增，开发得不好则会产生库存。

表2-2-4　某品牌女装的春夏产品构成数据

| 品类 | 春季（SPRING） | | | | | | 夏季（SUMMER） | | | | | | S+S | |
| | | 基本款 | | 基本新款 | | 时尚款 | | 基本款 | | 基本新款 | | 时尚款 | | | |
款式	款数	数量	所占比例/%	数量	所占比例/%	数量	所占比例/%	款数	数量	所占比例/%	数量	所占比例/%	数量	所占比例/%	Total	所占比例/%
上衣	9	3	1.8	4	2.4	2	1.2	9	3	1.5	4	2.0	2	1.0	18	4.9
大衣	9	2	1.2	5	3.0	2	1.2	5	1	0.5	3	1.5	1	0.5	14	3.8
T恤	25	6	3.6	12	7.2	7	4.2	38	6	3.0	20	9.9	12	5.9	63	17.0
衬衫（正装）	12	2	1.2	6	3.6	4	2.4	18	6	3.0	8	3.9	4	2.0	30	8.1
毛衣	30	8	4.8	14	8.4	8	4.8	30	6	3.0	15	7.4	9	4.4	60	16.2
裤子	20	5	3.0	9	5.4	6	3.6	23	5	2.5	11	5.4	7	3.4	43	11.6
上衣+衬衫	10	3	1.8	5	3.0	2	1.2	10	2	1.0	5	2.5	3	1.5	20	5.4
裤子	7	2	1.2	3	1.8	2	1.2	15	4	2.0	6	3.0	5	2.5	22	5.9
连衣裙	25	6	3.6	10	6.0	9	5.4	30	8	3.9	12	5.9	10	4.9	55	14.9
A/C-鞋	6	2	1.2	2	1.2	1	0.6	10	3	1.5	5	2.5	2	1.0	16	4.3
A/C-包	5	2	1.2	2	1.2	1	0.6	7	2	1.0	2	1.0	1	0.5	12	3.2
A/C-腰带	5	2	1.2	2	1.2	1	0.6	5	2	1.0	2	1.0	1	0.5	10	2.7
A/C-围巾	4	1	0.6	2	1.2	1	0.6	3	1	0.5	1	0.5	1	0.5	7	1.9
合计	167	44	26.3	77	46.1	46	27.5	203	49	24.1	95	46.8	59	29.1	370	100.0

（三）产品开发目录

1. 产品开发目录

初期产品计划经过细节调整或主题产品系列设计筛选完成后，就会形成最终产品计划目录，最终产品计划包括：每款单品的款式设计图、目标价格、面料、SKU、颜色搭配、尺码搭配、工艺指示书、数量、预期销售额、供应商等细节，如表2-2-5。

表2-2-5　某品牌女装的春、夏季节最终产品计划（连衣裙部分）

编号	价格/元	款式	SKU	面料	颜色	尺码配比	工艺说明	数量/件	数量比例	预期销售/元	销售额所占比例/%	供应商
1	200		8	样布	贴色卡2个色	S：M：L：XL 1：1：1：1	见指示书	600	15	120000	12.40	A
2	280		18	样布	贴色卡3个色	XS：S：M：L 1：2：2：1	见指示书	600	15	168000	17.36	B
3	280		18	样布	贴色卡3个色	XS：S：M：L 1：2：2：1	见指示书	600	15	168000	17.36	B
4	320		8	样布	贴色卡2个色	S：M：L：XL 1：1：1：1	见指示书	1000	25	320000	33.06	B
5	160		12	样布	贴色卡3个色	S：M：L：XL 1：1：1：1	见指示书	1200	30	192000	19.83	A
合计	—	—	—	—	—	—	—	4000	100	968000	100.00	—

表2-2-5中的SKU（stock keeping unit，库存量单位）即库存进出计量的单位。在服装计量中单款单色单码等于一个SKU，比如款号是01号，颜色是黑色，尺码有M、L、XL，则在通常的时候我们就会简单的称之为3个SKU，如果还有个绿色，则称之为6个SKU。

表2-2-5中的款式图可以是样衣照片，也可以是设计手稿。这里的样衣可以是源于买来的驳板样衣，也可以是设计团队独立开发的样衣，还可以是设计机构出售的独创的样衣。

2. 款式面料采购单价估算

在实际设计过程中，产品的最终销售的目标价格是事先规划好的，设计师进行款式设计。款式被录用后，其销售价格就有了一定的范围。这时面、辅料的采购价格是不能超出一定范围的。也就是在实际打样时，采购人员提供可设计用的面料的采购价格是规定好的，即设计人员选用漂亮而价格昂贵的面料的方案就会被否定。

在这里面料的估算单价与产品销售价格之间存在一定的内在关系，主要的换算公式如下：

产品出厂价 = 目标销售价格 × （1 - 加成比）

面料成本额 = 出厂价 - 加工费 - 管理费 - 利润

面料成本比 = 面料成本额/成衣出厂价

面料采购价格 = 面料成本额/面料用量

他们间的相互关系如表2-2-6。

表2-2-6　女长裤的面料采购单价估算

项　　目	女长裤	项　　目	女长裤
目标价格/元	199.00	管理费率/%	5.00
加成比/%	65.00	管理费	3.48
出厂价格/元	69.65	利润率/%	10.00
面料成本比/%	33.31	利润额/元	6.97
面料成本/元	23.20	加工费/元	20.00
单用量/m	1.20	辅料费/元	16.00
面料单价/（元/m）	19.34	面料成本额/元	23.20

（四）产品上市计划

产品上市计划主要根据产品开发的进程，确定各系列产品推出入市的前后时间顺序，产品上市计划既要考虑到公司的运作成本，又要考虑到门店销售对顾客的吸引。一般一个月至少要进行2～3次新品补给和产品搭配的更新。如果是资金雄厚的品牌，产品上市的密集程度和款式的更替更加迅速。

产品上市计划通过表格可以一览无余，可以通过表格标注出系列款式与上市场时间的关系，我们又称其为"上市波段"，如图2-2-2。

大主题	小主题	款式	1月10	1月25	2月10	小计	3月5	3月20	小计	4月5	4月25	5月10	6月5	6月25	小计
潘多拉的魔盒	炫动SPORTY CHIC	背心	2		2	6	1	3	6	2	5	3	4	1	27
	幻化魔镜			1	2		3	1		2	5	3	4	1	
	炫动SPORTY CHIC	T恤	2		2	9	1	5	11	2		2	2	3	24
	幻化魔镜		2	2	1		2	4		5		5	2	2	
	炫动SPORTY CHIC	衬衫			2	2	1	1	3						4
	幻化魔镜			1	1		1								
	炫动SPORTY CHIC	毛衣	3			19			2	2					2
	幻化魔镜		5	5	6			2							
	炫动SPORTY CHIC	外套	2	3	2	13	1		3						
	幻化魔镜		4		2		2								
	炫动SPORTY CHIC	洋装			1	3	1	1	3						15
	幻化魔镜				2		1			5	5	2	2	1	
	炫动SPORTY CHIC	风衣													
	幻化魔镜		2	1											
	炫动SPORTY CHIC	裙子	1			3	1		2	1	2				5
	幻化魔镜			1	1		1			1	2				
	炫动SPORTY CHIC	裤子	2	3	2	18	3	1	8	1		1	1	1	8
	幻化魔镜		5	3	3		3	1		1		1	1	1	
		饰品													
		合计	28	23	25	76	21	18	39	22	17	18	16	12	85
		总计							200						

图2-2-2 某品牌春季产品上市波段与款式关系

任务实施

案例一

某品牌在秋季计划风衣类产品预计目标销售额为250000元，经过调研该品牌消费人群接受的秋季风衣类服装的价格带为329～699元，请估算风衣类产品的生产量。

① 设置风衣类产品高、中、低三类价格区间，估算价格线水平如表2-2-7。

表2-2-7 某品牌风衣的价格水平线估算

档 次	价格区间/元	价格水平线估算/元
高 档	550～699	625
中 档	450～550	500
低 档	329～450	390

由于这里只要求估算，因此这里并不需要精确计算数值，只需要获得的数值能够反映价格水平就可以了。在表中价格水平线估算采用了价格区间的平均值取整。即 $[(550+699)/2]=625$ 元。

② 规划高、中、低三类价格区间的比例，各个公司的比例各不相同，一般形象款为高价位，畅销款为中间价位，基本款为低价位。而规划比例则以中间的畅销款为主，量最少的应该是形象款，如表2-2-8。

表2-2-8　某品牌风衣的价格区间规划比例

款　式	价格水平/元	销售额比/%	销售额/元	销售量/件
形象款	625	10	25000	40
畅销款	500	60	150000	300
基本款	390	30	7500	193
合　计			250000	533

在表格里存在的数量关系如下：

销售量＝销售额/价格水平

在这里如果遇到销售量是非整数的，则需要取整进位，不是四舍五入。

案例二、根据案例一的价格水平进行产品面料的估算

利用表2-2-6估算方法进行估算如表2-2-9。

表2-2-9　三种款式的风衣的面料采购单价估算

项　目	女 大 衣	项　目	女 大 衣
目标价格	625.00	管理费率/%	5.00
加成比/%	65.00	管理费	10.94
出厂价格	218.75	利润率/%	15.00
面料成本比/%	36.57	利润额	32.81
面料成本	80.00	加工费	60.00
单用量/m	2.20	辅料费	35.00
面料单价/（元/m）	36.36	面料成本额/元	80.00
项　目	女 大 衣	项　目	女 大 衣
目标价格	500.00	管理费率/%	5.00
加成比/%	65.00	管理费	8.75
出厂价格	175.00	利润率/%	10.00
面料成本比/%	36.43	利润额	17.50
面料成本	63.75	加工费	55.00
单用量/m	2.20	辅料费	30.00
面料单价/（元/m）	28.98	面料成本额/元	63.75
项　目	女 大 衣	项　目	女 大 衣
目标价格	390.00	管理费率/%	5.00
加成比/%	65.00	管理费	6.83
出厂价格	136.50	利润率/%	5.00
面料成本比/%	36.52	利润额	6.83
面料成本	49.85	加工费	45.00
单用量/m	2.20	辅料费	28.00
面料单价/（元/m）	22.66	面料成本额/元	49.85

通过估算，三种款式的面料价格水平参考如表2-2-10。

表2-2-10 三种款式风衣的面料价格水平

款 式	价格水平/元	销售额比/%	面料成本比	面料价格水平/元
形象款	625	10	36.57	36.57
畅销款	500	60	36.43	28.92
基本款	390	30	36.52	22.66
均 值			36.5	29.4

在表2-2-10数据中我们可以看出如果要保证流通领域中的利润，提高服装的品质，就势必要压低工厂的利润。对于时装款式而言，加工的费用不会因为款式不同而发生大的价格波动，只是根据制作的难易而定价格水平。对于常规基本的款式加工费用压缩是有一定的空间。因此理解这之间的数理关系，掌握业务员谈价格的弹性，对于合理策划产品的品质有着重要的意义。

案例三、产品上市计划的制订

产品上市计划制订的形式多样，只要体现各个系列主题需要能上市的次序和进度就可以了。当然如果图文并茂，可以使工作人员（设计、制版、采购、生产）都能清晰地了解产品，掌握进度要求，如图2-2-3。

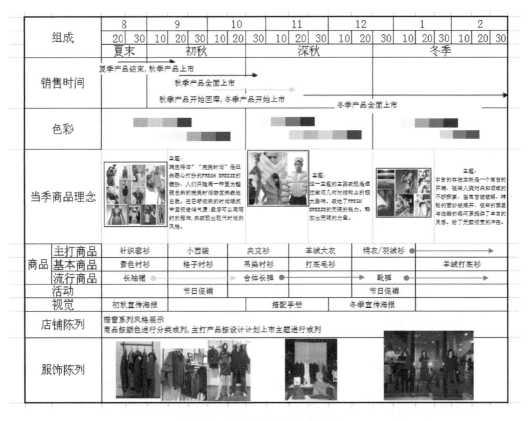

图2-2-3 某品牌产品上市计划图

思考与训练

1．产品开发中主要涉及的数据有哪些？

2．如何估算产品价格带指定价格水平？

3．如何为已确定好市场销售目标的成熟品牌策划下一季的产品的开发方案，并制订系列产品的上市计划。

任务三　系列产品设计与整合

─────────── **学习目标** ───────────

1．掌握系列产品设计内容与方法。

2．熟练掌握产品款式的拓展。

3．掌握系列产品搭配方式表达。

4．了解单件产品成本核算。

─────────── **任务提出** ───────────

根据系列产品主题方向进行产品款式设计，并整合系列产品，完成产品搭配内页设计，并对设计产品进行成本初步核算。

─────────── **任务分析** ───────────

系列产品的款式开发首先是围绕某一个主题或一类产品风格而展开的计划或设计方案。其次开发的款式个体不是独立的存在体，应该考虑到它与系列中其他款式之间的关系。再者还应该考虑到服装款式与面料的关系，包括面料的色彩、质地、悬垂性等，以及款式与加工工艺、款式工艺设计与加工成本等诸多的关系。

─────────── **相关知识** ───────────

一、系列服装与系列策划

（一）系列服装款式设计的特点

系列服装设计是服装的成组设计，系列的逻辑性是其特点。系列是表达同一类产品中具有相同或相似的元素，并以一定的次序和内部关联性构成各自完整而又相互有联系的产品或作品的形式。

设计已不再是孤立地考虑一个单独服装的构成，而是设计出服装与人的着装状态、服装与整个环境的状态以及系列中服装与服装之间、服装与服饰品之间各种形与色的延伸与组合，展现出系列产品或系列作品的时尚与风貌。

系列服装设计是围绕某一个主题或一类产品风格而展开的计划或设计方案。它是思维、创造的动态过程，其结果也是以系列的设计效果图和系列样衣来表达的一个完整的系列服装设计过程。它是把单套服装放在一个展开的设计构想之中，并把它放在多套服装、多件服饰品的综合服饰整体着装状态中来认识的一种系列服饰风貌。

成衣系列设计是非常理性、客观、实在的设计，具有规范技术的系列因素。系列设计的最大特点是思维方式和工作方式的系统化、程序化和风格化。

（二）系列的形式

构成系列的形式有很多种，在系列款式开发中可以采用以下一种或多种形式相结合的形式。

1. 形式美系列

指通过构成服装的款式、结构线、工艺和饰物等元素综合表现出来。以各种造型元素的平衡对称、协调统一、对比强调等形式美原理来取得视觉上的系列感和变化感的统一。

2. 廓型系列

主要是指系列中的服装的外部造型一致，以次型的区别形成系列的一种形式。这种系列服装可以在服装的局部结构上进行变化，如领口的高低、口袋的大小、袖子的长短、门襟的处理等。

3. 内部细节设计

指将服装中的某些细节作为系列元素，使之成为系列中的关联性元素进行统一。内部细节往往来源于流行元素。

4. 色彩系列

指以一组色彩作为服装中的统一元素，然后通过色彩的渐变、重复、相同、类似等配置手法取得形式上的变化感，获得丰富的视觉效果。

5. 面料系列

指利用面料的固有肌理或面料的二次再造设计，运用对比或组合形式形成系列感的一种形式。

6. 工艺系列

指通过强调服装的工艺特色，让工艺特色贯穿系列服装中，形成关联性。通常的做法是在多套服装中反复应用同一种工艺方法，通过反复形成设计系列作品中的设计特色。

7. 题材系列

指在某一设计主题题材指导下完成的系列设计，围绕主题选择款式、材料、装饰、板型和工艺等，这种设计的款式品种跨度大，讲究搭配与组合，是现代品牌产品开发中常见的表现形式。

二、服装单品的设计步骤

（一）单品开发的准备工作

1. 市场调研与资讯收集、整理

服装单品的设计调研主要是针对要设计的品种进行针对性的调研与资料收集，以便设计者制订针对性强且易于实施的设计方案。

（1）明确调研目标，确定调研方式　单品的调研目标很明确：首先要收集休闲风格的同类品牌产品资料，其次获取流行资讯。而收集资料的方法极其多样，根据所需资料的性质选择合适的方法是必要的。集中搜集与既定目标有关的信息，这包括市场一手资料的收集，也包括了对目标产品的企业内部生产能力与协作生产能力，以往订货情况与对手公司的以往产品设计资料的搜集和整理。

（2）多途径资讯收集　获取流行信息的途径有很多：包括杂志、网络、时装发布会、产品展销会专业机构。这在情景一中已经详细讲解过了。区别与情景一的流行资讯收集，这次是对以前工作的进一步的细化，工作的针对性较强，并有查漏补缺的作用。

（3）资料归类与整理　对收集来的同类品牌产品资料首先要对产品设计风格、色彩结构具有整体上的把握，对西装单品的设计细节、面料风格、材质结构、价格定位有具体的分析和归纳。

进一步进行流行资讯的整理，针对单品设计的要求，提炼流行元素，反映出主题倾向、色彩流行、面料组合、基本廓型、系列倾向、款式倾向、细节元素。灵感题版的表现形式多样，主要以能反映出以上七大信息为主。

2. 根据系列主题，制订开发计划

（1）制订开发的系列主题方案　确定开发主题，在任务一中已经讲述过了，这里说明的是如果要求开发三个主题，在准备工作的市场调研与资讯收集、整理中，设计师就可以对现有的资讯进行归纳与提炼，延伸出三个以上的主题以备挑选，通过与销售人员、公司有关负责人的交流最终筛选出三个主题方案。

（2）制订开发的时间计划　设计师完成了服装的款式图纸的设计后，后续的打板、定样的工作都需要设计师把关与完成。设计师合理地安排设计工作日程进度是很重要的一个工作环节，往往由于展销会开展时间是固定的，过了展会的时间，一切没有完成的工作价值都为零。

完成展销会的产品开发时间计划一般采取不同系列同时进行的方式。在安排时间进程时，要顾及企业打样与样衣打样生产与控制的能力，合理安排时间，确保按期完成样品。如表2-3-1。

表2-3-1　设计开发任务进度表

设计开发内容		第一周	第二周	第三周	第四周	第五周	第六周
		1.5～1.11	1.12～1.18	1.19～1.25	1.26～2.		
第一主题系列	设计						
	初板						
	复板						
第二主题系列	设计						
	初板						
	复板						
第三主题系列	设计						
	初板						
	复板						

注：灰色部分为工作时间段。

（二）实施款式设计任务

当主题确定下来以后就可以根据主题进行款式的设计与拓展。以男西装开发为例，我们可以开展以下的工作。

1. 款式设计

（1）确定西服的流行廓型 通过调研形成的款式廓型板进行廓型的确定，如图2-3-1、图2-3-2。这里男西装的廓型在国外的品牌服装在线销售网、一线品牌服装专卖厅调研等都能获取一手的资料。

（2）西服的细节设计 寻找到细节的设计灵感，进行款式设计。

图2-3-1 西装的轮廓型　　　图2-3-2 个性化西装的细节设计

（3）拓展款式 在单款式设计的基础上进行多款的拓展，一般是要求完成数额的1.5倍。也就是如果要该系列出3款，可能需要设计师设计出4～5款。这个工作可以让一个设计师做也可以安排多个设计师一起完成。表现形式可以多样，以能表达设计意图为主，如图2-3-3。

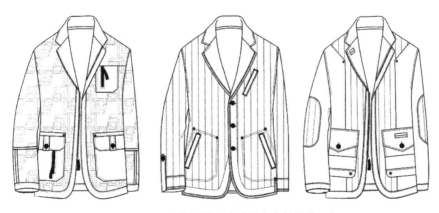

图2-3-3 款式拓展设计（源自穿针引线网）

2. 筛选与展示

（1）设计评价、筛选与反思 为了满足使设计作品能达到最优化的方案，往往在款式拓展后要进行构想的评估。主要考虑因素如下：

① 设计是否符合本次任务的定位？

② 设计是否有新意？

③ 设计是否有市场价值？

④ 设计是否可以通过现有的技术条件实现？

⑤ 设计产品成本是否在可以接受的范围内？

通过构思评价初步确定被采用的款式进行进一步的设计与表现。

图2-3-4　完成款式效果图（源自穿针引线网）

（2）效果图展示　通过设计师自我评价与小组的组内评价，选出将要用于生产的设计图款式，通过效果图进一步展示出设计效果与细节设计。在图中要较好地表现正面与背面的款式特征，同时较好地表现出色彩搭配与材质效果。同时还要考虑到平面构图美学效果，其形式如图2-3-4。

（三）撰写样衣生产通知单

在样衣制作过程中，单品设计师在打头样前要制作出样衣通知单，给出必要的尺码，贴出面料与辅料小样，同时绘制出影响款式特征的关键工艺分解图示要求。

样衣生产通知单的具体内容和生产通知单的设计还是具有一定的区别的，主要以体现设计人员的设计意图和板型师以及工艺师实现沟通为目的。

（四）跟样衣、定样

在与样板师和工艺师通过样衣生产通知单文件交流以后，头样制作，制作过程中设计师要和样板师、工艺师不断交流，在头样衣出来后，通过套样评价决定能够用于批量生产的款式。设计师对定样后的款式提出修改意见，反复修正最后定样。

跟样衣到最后大货样衣跟进的过程中，要经过概念初样封样、标准尺寸封样、全码封样、大货封样的过程。详见本任务后面的知识拓展部分。

（五）单件产品成本核算

在样衣确定下来，这时就要准确地确定产品的价格。一般产品以中间码进行核定价格。成本核算可以根据既定的利润目标做进一步的矫正工作。核定出来的价格如果高于价格水平并且偏差太大就要考虑降低成本的方法。当然如果单件产品成本核算的价格低于价格水平，且效果也不错时，产品的利润空间就获得了很大的提升。

单件产品价格核算一般采用成本分析列表计算的方法。这种方法主要以每件服装产品的基本构造为基础，由此再加上变动值做成图表，并对这些内容事先确定好加工费。根据加工规格单，计算时加上该产品的变动部分的加工费，算出规格单中的成本，以此确定出加工费。

三、系列产品的整合

在品牌公司中，服装产品系列设计有时是相互并列、不分主次的，有时却是以某几个系列为主，其他系列为辅的设计，因此系列搭配可分为系列之间搭配和主、副系列搭配。

系列产品的整合需要根据具体系列产品的风格定位来做，可以按照相同的色调、款式的拓展、轮廓的差异等展开。系列产品的整合没有统一的标准，设计师可以提出多套方案，最后根据市场、顾客的需求确定最终方案，如图2-3-5。

图2-3-5 系列产品整合图

四、系列产品搭配手册内页

在完成样品制订后，将最终上市的产品按系列制作产品搭配手册内页，以便宣传推广。内容包括款式编号、系列名称、款式名称、尺码搭配比例表格等，如图2-3-6。

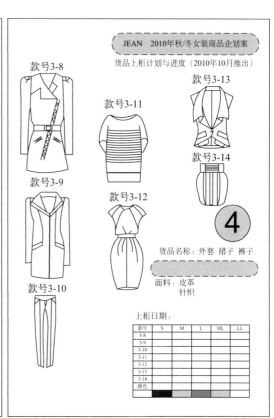

图2-3-6　系列产品搭配内页（卫佳玲提供）

------------------------------ 任务实施 ------------------------------

案例一、根据主题进行系列产品款式设计

品牌系列产品款式设计是根据产品主题进行拓展与设计的。款式往往与主题相扣。款式设计最终通过筛选，形成系列产品搭配内页。

（1）主题系列策划　制作主题板、色彩板、织物板、细节板等。如图2-3-7～图2-3-10。

（2）主题系列款式收集与整理　这些款式可以是往季畅销款，也可以是上端流行市场的流行款，或是世界各地采买来的款式。通过归类整理，板型、细节、工艺的提炼，进行新产品的开发，是以买手为主要营销模式的品牌常见的开发模式。如图2-3-11。

本季主题一　宁静

本季主题二　空间

「端庄得体」「完美时尚」是近来悉心打扮的FRESHBREEZE装扮，人们开始用一种更为超脱自然的完美时尚态度来表达自我，在日渐成熟的时尚潮流中重视俊俏，最后可以用简约的服饰来表现出现代气质时尚的风格。

这一主题的主要表现是通过空间几何对结构上的极大影响，表达了FRESHBREEZE的无限的张力。释放出无限的力量。

3

图2-3-7　某品牌秋冬季主题板

色彩题板

在这个水泥建造物中穿行的人们，目标前行，用他们的行动诉说着人们对宁静的渴望。黑色代表他们的生活态度，它代表着人们的乐观从容独立自信。

空间存在于在我们身边的方方面面，在服装中，它代表的是无尽的想象空间，在空间结构中得到了完美的诠释。黑、白、灰的装中的经典。

4

图2-3-8　某品牌秋冬季色彩板

主题织物板

面料采用夸张的表面肌理让人们体验着针织面料的呼吸，粗毛线疙瘩肌理、疏织的粗犷正是呼吸的来源。

面料是对我们表皮的复制，铸模和雕形成第二层肌肤，带有呢子面料的超柔软接触，经过面料整理的纱线和纺织品也是主面料之一，让人们感受到服装所带来的轻松享受。

9

图2-3-9　某品牌秋冬季织物板

款式细节板

巧妙运用面料的特性，在工艺方面多采用对称的方式，从而达到人体形态和服装完美的结合。

多采用针织面料，在设计方面，大胆地采用'V'字领的运用及变化以及高领的冷色调，都在体现现代女性的高贵气质。

图2-3-10　某品牌秋冬季款式细节板

图2-3-11　某品牌秋冬季款式整理板

（3）款式设计与拓展　在实际设计操作工作中，有的系列是自己创新设计的，有的款式则是根据买来的样品进行拓展设计的。如图2-3-12～图2-3-15。

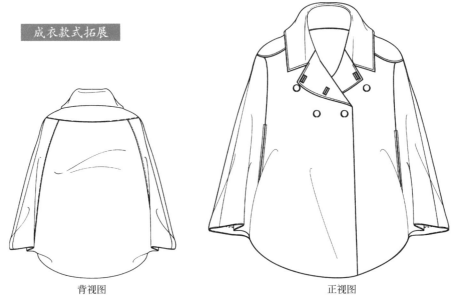

图2-3-12　某品牌秋冬季款式驳样设计图稿

图2-3-13　根据主题进行款式成衣开发

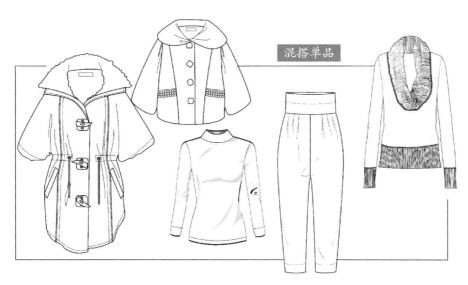

图2-3-14 混搭单品款式系列设计

图2-3-15 单款式系列设计

案例二、套装系列款式表现

产品系列款式表现形式多样，如图2-3-16、图2-3-17所示。通过套装的形式进行表现，侧重于套装的典型最优的组合形象，形成"傻瓜式"的搭配，为陈列者、推销者和顾客提供最直接的搭配概念。

CIFF COPENHAGEN INTERNATIONAL FASHION FAIR SS 2010

CIFF COPENHAGEN INTERNATIONAL FASHION FAIR SS 2010

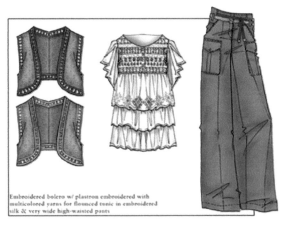

图2-3-16 主题式样的女套装系列款式表现（源自：穿针引线网）

图2-3-17　主题式样的男套装系列款式表现（源自：穿针引线网）

案例三、核算单件产品价格

单品的核算应该由面料费用、辅料费用、人工费用组成，通过成本核算可以为成品系列的成本控制提供有效的数据，如表2-3-2。

表2-3-2　单件产品成本核算

日期：				款号：3852
款式描述：印花连衣裙				季节：春季
				零售价：185.00元
规格范围：155/76A ～ 175/96A				色彩：白地蓝花
商标				
1. 材料	长度/m	单价/（元/m）	小计/元	
面料	3.2	23	73.6	
里料				
合计			73.6	
2. 辅料与饰品	数量	单价/元	小计/元	
纽扣　　#20	6	0.03	0.18	
垫肩				
绣品				
1/2in (1in=2.54cm，下同)宽缎带	1.7	0.25	0.43	
带子				
拉链				
1/4in宽橡皮筋	0.7	0.05	0.04	
衬料	0.15	1.05	0.16	
热熔衬			0.50	
商标				
合计			1.31	
3. 人工费				
裁剪			2.00	
分扎与打号			0.75	
缝制			10.50	
熨整			0.75	
合计			14.00	
4. 总计			88.91	

款 式 图

思考与训练

1. 服装新产品的概念是什么？

2. 服装新产品的生命周期有哪些？

3. 产品策划中款式设计应考虑哪些因素？

4. 以25～35岁的女性为目标市场的某品牌为既定成熟品牌，研究其产品的风格与定位特点，开发下一秋冬季节的系列新产品，内容包括外套、衬衫、针织衫、裙、长裤、套装、七分裤、棉衣。

-------------------------------- **知识链接** -------------------------------

产品封样流程图解

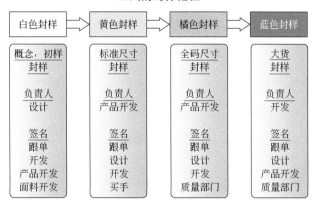

白色封样

概念初样封样

白色封样中以下的材料必须是正确的：

美观。　　　　　　　　　·纱线。

款式/板型。　　　　　　·主身面料。

辅料。　　　　　　　　　·辅助面料。

缝纫结构（针型）。　　　·橡筋。

收尾负责人：

设计

签名人的责任：

跟单（款式要适应商业计划的零售价、净利润和风格要求）。

产品生产（S）（原型的生产、方法，技术和生产力可行性要包括在设计范围内）。

工艺师（I）（原型的生产、方法，技术和生产力可行性要包括在设计范围内）。

资源计划（I）（生产力在设计范围内）。

买手（确保包装、面料和所有内容是可以找到的）。

产品开发（原型可以发展成所有尺寸）。

面料开发（面料，面料调整和成分在大货数量上是可以实现的）。

白色封样工艺单

白色封样工艺单必须包括：

白色封样初样（如果有）。

初次纸样（纸制或是电脑）（如果有）。　·印花、条纹或者手摇织机的工艺。

·白色封样成本。　　　　　　　　　　·预估零售价格（包括净利润）。

包装（根据现有的类似包装）　　　　　·预估订单数量。

MU's估量。

尺寸表。

款式图（必须是彩色的，用来对比面料和成分，必须包括所有颜色）。
成衣车缝细节。
材料清单（BOM）。
材料清单（BOM）必须包括规格、供应商和价格。

纱线。　　　　　　　　· 颜色范围。
面料。　　　　　　　　· 尺寸范围。
辅助面料。　　　　　　· 通过的测试报告。
橡筋。　　　　　　　　· 最小起定量的价格。
辅料。　　　　　　　　· 水洗标和信息。

责任人：

白色封样成本

在完成根本价格时，必须按照白色封样中的信息来核算。

责任人：
获得生产支持者的信息。

黄色封样

标准尺寸封样

黄色封样中以下信息必须正确：

完成白色封样中的标准。
标准尺寸审批。
同时：
工厂同意生产此款。
黄色封样必须使用正确的面料和辅料。
黄色封样的吊卡必须挂在每个封样上供参考或者交接。
收尾负责人：
生产开发。
签名人责任：
跟单（款式要适应商业计划的零售价，净利润和风格要求）。
设计（外观，款式，版式和要求的尺寸）。
开发（款式对于生产、面料，成分，方法，技术和生产力的可行性要考虑在设计范围内）。

黄色封样工艺单

黄色封样工艺单必须包括：

黄色封样成衣。　　　　　　　　　· 供应商成本报价明细表。
标准尺寸纸样（如果工厂能够提供）。· 印花，条纹和手摇织机的工艺。
指定的供应商或工厂。　　　　　　· 预计零售价包括净利润。
包装（根据现有的类似包装）。　　· 预估定单数量。
MU's 估量。　　　　　　　　　　· 供应商的生产计划和时间。

产品数据：

尺寸表。

款式图（必须是彩色的，用来对比面料和成分，必须包括所有颜色）。

成衣车缝细节。

款式概要。

材料清单（BOM）

材料清单（BOM）必须包括规格、供应商和价格。

·纱线。	·颜色范围。
面料。	·尺寸范围。
辅助面料。	·通过的测试报告。
橡筋。	·最小起定量的价格。
辅料。	·水洗标和信息。

责任人：

设计。

黄色封样成本

必须使用黄色封样工艺单中的信息和以下额外的信息。

额外信息：

供应商成衣加工价格。带有净利润的LDP成本。

责任人：

开发。

橘色封样

全码封样

橘色封样中以下信息必须正确的：

完成橘色封样中所有的标准。

全码尺寸的确定。

同时：

每个款式的全码尺寸必须审批。

橘色封样的成本要完成。

橘色封样的工艺单要完成。

确定每个款式的生产工厂。

橘色封样可以在白色封样阶段就完成，所以我们必须仔细检查销售样成衣的颜色、样式和印花。

橘色封样吊卡必须挂在每件封样上用于参考或者交接给相对应的生产工厂。

收尾责任人：

生产开发。

签名人的责任：

跟单（在零售价、净利润和风格上，款式适合商业计划）。

设计（外观、款式、版式和要求的尺寸）。

信息源（款式对于生产、面料、成分、方法、技术和生产力的可行性要包括在设计范围内）。

获得生产支持者的信息（Ｉ）（生产力要包括在设计范围内）。

质量部门（完全明白大货生产的质量要求和标准）。

橘色封样工艺单

橘色封样工艺单必须包括：
橘色封样成衣。
确定的全码纸样。
指定的供应商或者工厂。
全码试穿测试结果（如果需要）。
工艺和条纹确定。
产品数据：
全码尺寸表。
款式图（必须是彩色的，用来对比面料和成分，必须包括所有颜色）面料缝纫细节。
款式概要。
材料清单（BOM）。
成衣包装指示图。
材料清单（BOM）必须包括规格、供应商和价格。
· 纱线。
面料。
辅助面料。
橡筋。
辅料。
所有包装材料。
责任人：
生产开发。

· 供应商最后的成本报价。
· 印花、条纹和手摇织机的工艺。
· 零售价包括利润。
· 预估定单数量。
· 色样确认。

· 颜色范围。
· 尺寸范围。
· 所有通过的测试报告。
· 最小起定量的价格。
· 水洗标和信息。

橘色封样成本

必须使用橘色封样工艺单中的信息和以下额外的信息。
额外信息：
从承包商处获得FOB成本。
带有净利润的LDP成本。
责任人：
生产总监

蓝色封样

大货封样

蓝色封样中以下信息必须正确：

完成所有橘色封样中的标准。
所有尺寸在尺寸表的公差范围之内。
同时：
封样包装必须完成正确。
所有款式必须审批后给到每个生产工厂。
每个款式的全色全码必须审批。
蓝色封样呆卡必须挂在每件封样上供参考或者交接。

蓝色封样必须给到相对应的生产工厂用于大货生产的成衣标准。

蓝色封样必须给到QC用于验货标准。

如果在现有的款式上稍有改动，必须将改动的图片给到QC用于验货标准。

收尾负责人：

开发/QC。

签名人的责任：

跟单（在零售价、净利润和风格上，款式适合商业计划）。

设计（外观，款式，版式和要求的尺寸）。

获得生产支持者的信息（I）（制造尚的可行性生产力是否能在限定时间内完成生产）。

产品开发（测量所有尺寸是否在公差范围之内）。

最终成本

更新并添加到橘色封样的成本中完成最终成本价格。

更新：

颜色范围。

尺寸范围。

额外信息：

最后预测数量。

责任：

开发。

任务四　产品物料选配技术策划

学习目标

1. 熟练掌握服装面料性能并具备一定成衣造型材料配置的表达能力。

2. 掌握服装材料对服装风格传递的形式。

任务提出

　　企业为满足消费者对产品的需求变化会进行每季新产品的设计与开发，为每季产品制订开发方案，其中包括面料、辅料方案即材料企划。任务要求针对服装单品进行面辅料的配置，传达设计理念或主题。

任务分析

　　设计人员接受具体任务，熟悉有关面辅料的类别、基本特性后做如下分析：根据设计需要，充分考虑织物手感、组织风格特征、材料配置形式，挑选合适的面辅料及配饰组群，达到产品设计、开发和生产的纵向延续。

---------------- **相关知识** ----------------

> 服装品牌产品策划中，材料是实现设计目的的原始素材，具有重要意义。服装材料由不同原料组成，其质感、品质、功用影响着成衣风格的确定性、时尚流行度、季节符合点以及投入与产出的经济效益。因此产品设计中注意面辅料之间是否相辅相成，同时关注面料实用功能性，即功能性面料和面料合作处理的构成方式。

一、服装设计中的面料性能

（一）面料原料

原料不同的面料在外观上呈现相异化个性特点。如棉织品朴素自然；麻织品挺爽粗犷；毛织品含蓄高雅；丝织品华丽富贵；化纤织品依其模仿对象的不同和纤维生产中采用的技术不同而有多种外观和触感；裘皮、皮革有独特的外表感觉。设计轻盈舒展、飘逸动感的服装以丝织物或优异的仿丝织物为首选；设计端庄正规的服装以毛织物或模仿逼真的仿毛织物为合适；要突出设计作品自然淳朴、原始回归的风格，棉、麻织品都具有很强的表现力；要设计紧身合体的服装，弹力织物柔和松软的质感和特点很能衬托服装的美感。如图2-4-1。

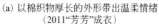

（a）以棉织物厚长的外形带出温柔情绪　　　（b）亚麻透薄感缠绕出参差错落，展现简洁纯粹的特质
（2011"芳芳"成衣）　　　　　　　　　　　　　（汉帛新品）

（c）以蕾丝衬托中性毛料质感　　　（d）品质化的皮草、皮革质感元素表现出高雅与活力
（江苏丹毛）　　　　　　　　　　　　　（Dunnu Gucci）

图2-4-1　不同原料成衣造型（图片来源：网易时尚）

（二）面料特殊性能

　　现代服装更加注意健康防护性，创造性地认识和运用特殊性能或高性能面料是服装设计不可忽视的。如沙滩装、童装或者孕妇装选择抗紫外线的面料；冬装设计中多选择羊毛织物，并考虑诸如煮毛和绗缝的后整理方式，形成优良的防寒耐磨性能；对于一些品质较高的服装会选择有记忆功能的智能面料，赋予服装良好的保形性，便于从材质方面提高服装本身品位，增加产品经济价值，整体上打破对面料的传统认识，更具有趣味性和高科技性。如图2-4-2。

（三）面料悬垂性

　　面料悬垂性是面料在自然垂落中形成平滑而曲率均匀的曲面的特性，包含织物在立体状态下形成曲面的审美的一面，取决于服装所需要的悬垂类型，或是自然流畅的悬垂，或是宽大褶饰形态。在某些情况下一些风格的服装要求穿着中具备良好的悬垂效果，线条流畅，随身合体，故一些结构松散的薄型面料辅以诸如真丝、雪纺、绒雪纺、水晶纱、佐帧、春亚纺、夏纺绸、水洗绒等仿真丝、天丝等织物能体现服装良好悬垂感，在材质和工艺选择中以设计所需要的悬垂性为基准选择适合的面料；操作时将所选面料披挂在身上或人台上，以视觉观察、判断面料的悬垂特征。如图2-4-3，Alexander McQueen、李薇、潘怡良、D&G新品成衣主体选用悬垂性不同的皮革材质、绸类、针织效果及棉织物，展现出不同材质特性在服装中的硬朗庄重、柔美洒脱。

图2-4-2　特殊性能面料

利用高性能面料为元素设计的运动泳装产品，该设计考虑在身体主躯干部分采用高性能LASCL面料以达到紧贴肌肉的效果，在关节部分采用弹力面料NUX-W，保证关节活动的自由顺畅［Arena（阿瑞娜）］

图2-4-3　面料悬垂效果

（四）面料形态量感

　　服装适量量感是不可缺少的，对此概念的理解包括：其一关注面料本体的量感特征，如秋冬季选用厚重、起毛或者针织毛圈、填絮面料来渲染衣服本身良好的保暖性，如双面经典华达呢、英伦经典粗花呢、方格羊毛、立体多层黏合羊毛、层压花纹羊毛、高捻羊毛、方格拉绒羊毛、几何图案双色提花、卢勒克斯提花、轻质缆绳状针织羊毛丝提花、细绒尼龙、立体工艺手工拉伸剪裁、雪晶提花外衣料等。其二强调以褶皱、层次等面料处理方式来增加薄型面料的量感，同时构成以人体为基础的体态特征分量性。图2-4-4(a)所示，品牌Burberry秋冬成衣选择方格羊毛、加大格纹花呢、微格纹花呢展现成衣温暖特征，并结合成衣廓型变化，使成衣从内向外都展现出充分的体积感，而梁子则将这种内空间的表现用于春夏装中，利用麻及混纺织物和织物空间造型特征获得体积特征。图2-4-4(b)所示，品牌Alexander McQueen、D&G、Zac Posen的设计师们则选择棉混纺织物、仿真丝类织物，利用其易皱性、易定型性，以褶饰、堆积构成量感外观设计。图2-4-4(c)中则体现品牌McQueen、帕罗的毛针织服装设计体量构成方式，用柔软的羊绒针织为载体，融合入建筑与雕塑风格，建筑感造型的铿锵与羊绒针织品的柔软形成强烈的对比，形成视觉张力最大化后的沉静，成就一种优雅而凝重的羊绒视觉风尚。

（五）面料组织结构

服装结构变化混合了多种因素，共同创造出理想的造型，织物组织是其中一项，不同织物组织有各自不同的外观特点，适宜制作的服装也不同，如平纹朴实，缎纹华丽，斜纹厚重等，设计时结合其他因素综合选择，如利用全毛面料设计礼服时，缎纹驼丝锦、缎背华达呢、直贡等都较合适，其有优雅的光泽和细腻醇厚的质感，与礼服的气度、风格很相称；设计风衣、外套时，华达呢、巧克丁、马裤呢等斜纹或斜纹变化组织织物很恰当，既厚实又大气，能为服装添几分温暖和浪漫的情感。面料有单层面料（有正反面之分）、双层面料（有正反面之分）、双面面料（没有明显的正反面之分）、绒面面料（多数有倒顺毛之分），在这些基础面料上会有印花或者色织面料，重复出现有方向或者无方向的图案。

（六）面料弹性

不同服装对面料弹性有不同的要求，如为便于运动，保证缝合效果，合体服装要求面料弹性好些；同时面料弹性（折皱回复度）对要求平挺外观的服装也很重要，面料弹性差则容易折皱，难以保持服装平整挺括的外观。一般可以通过选择织物形成方式和原料组合获取面料弹力特征，如毛织物、丝织物弹性较好，棉织物、麻织物弹性较差，化纤织物中的氨纶织物有特别好的弹性，涤纶织物的弹性也很好，制作平挺服装不容易起皱。具有弹性纤维的弹力面料可以达到符合人体曲线的任何款式，并赋予织物穿着的舒适性与良好的保形性，改善织物的手感、悬垂性和折叠后的回复能力。面料弹性获取可以利用四种方式。其一弹性纤维纺制包芯纱。其二莱卡等弹性纤维介入，如棉加莱卡给衣物带来弹性和舒适，同身体无限贴合；加入了含莱卡纤维的长筒袜充满弹性、持久不变形，能恰到好处地勾勒出腿形；用于泳装服饰的莱卡纤维，彻底克服了传统泳装容易松垂、缺乏弹性的缺点，如图2-4-5(a)。其三织物工艺处理对非弹面料做再造设计，成为有弹性空间的面料，工艺手法包括压褶、缉松紧带缩缝、打揽、镂空等。其四特殊助剂弹性整理，既能获得舒适的穿着感觉，又具备良好的抗皱保形性，如图2-4-5(b)。

（a）面料厚实与内空间体积量感

（b）面料褶皱等构成体量感

（c）毛针织服装体量构成

图2-4-4　面料形态量感在成衣中的表现（图片来源：网易）

(a) 透明外衣搭配莱卡弹性短裤，彰显极致运动休闲风格。利用弹性织物设计带有不同花型图案的紧身裤装，与宽松上装相搭配，体现人体动态美感。

（品牌：C&K、D&G、Roberto Cavalli、Ralph Lauren）

(b) 针织物组织和面料打揽处理后所具有的弹性展现女性柔美曲线。（Gioiapan）

松紧和柔软的织物结合在一起，形成胸前和腰部的碎褶，达到增加弹性的目的。（Rag&Bone）

图2-4-5　成衣设计中面料弹性特征的形成表现（图片来源：网易）

（七）面料质感

面料质感是设计中常常提到的概念形式，指衣料表面纹理效应和手感实际接触的综合效果，以面料体现装饰性，反映面料给人的心理感受性，其具体风格反映与纱线构成、组织结构等相关。依据人的心理感受一般可以将其划分为光滑感、粗糙感、凹凸感、毛绒感。光滑面料柔软顺滑，使人感觉柔软爽凉、精致优雅，如乔其纱等；粗糙面料蓬松糙拙、精犷豪放，如粗花呢等；凹凸面料表面呈现不平效果、光影变化，浮雕效果明确，如灯芯绒、树皮绉类等；毛绒面料具有立体绒毛效果，丰满温暖、柔情稳定，如丝绒、呢料等。见表2-4-1。

表2-4-1　常见棉型、丝型、毛型织物的厚度与质地对应表

织物种类	厚织物		中厚织物		薄织物	
	柔软型	硬挺型	柔软型	硬挺型	柔软型	硬挺型
毛型	蓬松羊毛织物、手工毛纺织物、粗呢类、驼丝锦、拉绒织物	华达呢、麦尔登呢、斜纹呢、薄毛绒织物、直贡呢	单面针织物、粗呢、法兰绒	斜纹织物、薄毛绒织物、华达呢、府绸、哔叽、羊驼毛	毛绉、乔其纱、细平针织物、薄绸	精纺薄毛绒、波拉呢
棉型	棉绒、灯芯绒、毛圈布、毛巾布	斜纹粗棉布、凹凸织物、仿皮织物、斜纹类、华达呢	条格平布类、泡泡纱、棉绉、棉针织物、细平布	棉府绸、锦缎、牛仔布	细布	玻璃纱、巴厘纱、凹凸纹细平布、具有表面肌理的巴厘纱、棉绉
丝型	雪纺、天鹅绒、绉	锦缎、粗横棱纹织物、缎背绉	绉类、缎类	粗横棱纹织物、山东绸、塔夫绸、提花类织物	雪纺绸、绉纱、乔其纱、双绉	柞丝绸

二、服装材料的成衣造型配置的表达

（一）服装材料与成衣造型的构成配置

服装造型表现方式多样，面料选择是不可少的。每个阶段都会通过材质变化来演绎服装的鲜明特点，面料以自身的美感和艺术体现服装实用价值。服装款式造型设计是以人体基本结构为基础，将诸如颈、肩、胸、腰、臀、摆等造型变化部位与面料进行密切结合来塑造占据空间体积的维度形态。

1. 夸张肩部特征的T造型

肩部为服装基本承力面之一，是视觉变换不可忽视的设计点。T造型常通过肩部特征突出展现力量特性，其视觉心理特征为健美、大方、洒脱，并从男装表现转入女装设计。此类造型材料选择一方面注意挺括性，如粗花呢类、结构稍松的花呢类，绒毛大衣呢类，人字呢，重染布，破旧罗登呢，弹性麻纱布和天鹅绒；混色织物、平纹织物和弹力棉布；金属化织物、针织毛线织物、帆布、橡胶斜纹布；叠印、双面、皮革的厚重感和舒适的热熔面料，法兰绒、苏格兰格子呢和具有一定身骨的化纤织物与服装垫料的夸张作用相结合。另一方面对于有一定柔软性的织物，如丝质提花、素面、蕾丝、高支棉、丝羊绒、丝麻纱线，印花绸、皮草、水晶、珠饰、金属、羽毛等，注意利用褶皱或者裁片弧线反向拼接等结构处理方式形成夸大肩袖的立体造型。图2-4-6（a）品牌Beauty Berry以利用精纺斜纹呢、粗花呢、雪克金斯细呢或混纺斜纹绒，皮革、涤纶、锦纶和黏胶等混纺的有光泽的面料配合垫料构成T形特征。图2-4-6（b）Cocoonview成衣以结构处理打造丝型织物的纺、纱类产品的造型特征，如富春纺、雪纺、春亚纺、乔其纱、顺于纺、香云纱、塔夫绸等可以利用褶皱堆积获得肩袖形态；手感软糯的板司呢、驼丝锦等毛型织物可以利用肩袖的裁片拼接形成立体型。

(a) 毛呢及皮革类T造型特征成衣

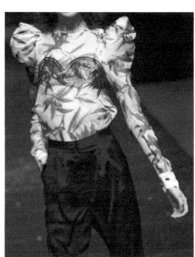

(b) 以不同结构处理方式获得人体肩袖的视觉扩张

图2-4-6 T造型成衣织物组合形式（图片来源：网易）

2. 强调腰部纤细特征的X造型

腰部是服装装饰性较为突出的部位，也是下装的支撑面。该部位的强调可以通过扩大肩、臀部及摆位的夸张修饰取得，也可以通过腰部配饰扎结获得。从材料角度看，选择延伸性和弹性突出的面料或具备一定弹力特征的组织或织物斜裁丝绺完成。其中加入氨纶纤维的织物、有一定韧性弹性的皮革都是考虑对象，都能很好地展现人体腰臀部位的凹凸立体形态，充满动感特征。如图2-4-7所示。

3. 突出腰部容量特征的O造型

O形特征可理解为球体，是上下收紧、中间容积较大的形态，与X形呈现对立性，面料选取与其所需的设计效果有关，手感硬挺、身骨较好的硬性丝织物的亮绸缎布料、厚实织物传统大衣呢、精纺羊毛、塔夫绸、涂层织物、厚牛仔和表面肌理感强的毛、麻等都可以获得此类效果，如图2-4-8。

(a) 针织提花弹性编织X廓型（邓皓） (b) X廓型皮革装与纱缎织物（刘薇）

(c) 以海力檬、粗横棱纹织物、女衣呢等斜纹呢、花呢，丝缎类、纱类织物打造X廓型（Chanel高级成衣）

图2-4-7 X造型成衣织物组合形式（图片来源：网易）

图2-4-8 亮丽厚实大衣呢与亮绸缎织物
设计O形成衣（图片来源：网易）

4. 柔美特征的A造型

该种成衣造型特征为修饰肩、胸部形态，夸大下摆扩张力，从竖直线形变为斜向的动态线形，增加长度比例，通过配合腰线位置的变化达到人体高度的夸张性，具有洒脱活泼、活力青春的造型风味。选料中以柔软、轻薄、悬垂性好的面料为主，柔软丝绸、垂感好的化纤仿真丝如飘逸的雪纺、薄纱、色丁、蕾丝、乔其纱、奥丽纱等，人造纤维、轻薄针织面料、轻巧的棉布、府绸和水洗亚麻为基础的面料都适宜此类成衣；具有良好硬挺性、厚实的织物也可以打造出建筑式的A形。如图2-4-9。

图2-4-9　弹力真丝与全棉折皱布演绎A形（陈非儿、李小燕设计作品，图片来源：网易）

5. 宽松平整的H造型

成衣整体呈现长方形，以宽松、工整、平直为特点。以胸臀围为参考，扩充腰部围度关系，给人以自由、轻松、舒适、随意感。面料考虑平整性、身骨刚柔性较好的花呢、啥味呢等精纺毛料，毛型化纤面料和粗纺绒类、丝绸、麻、棉等，使成衣造型自然。如图2-4-10。

图2-4-10　羊绒针织物、纱类、呢类打造H造型的宽松（Chanel 与 Burberry）

（二）不同风格面料在服装造型设计中的表现

现代服装面料选取已突破夏棉麻、冬羊毛的观念，其选配注意获得面料特性的充分发挥，体现设计师设计意图，做到物尽其用。不同风格的面料在特定场合具备强烈的个体行为特征，用于不同造型设计。

1. 光亮风格面料

由亮感、光泽性面料设计的成衣呈现耀眼、丰满、活跃的感觉；包括丝光棉织物、蜡光布；贡缎、驼丝锦以及丝绸、轻盈的薄纱、超轻的网纱、锦缎、闪光缎、涂层尼龙绸、金属色尼龙、有光泽感的皮革、超薄透明双面油光尼丝纺、涤纶混纺织物、尼龙亮PU涂层面等。常用来制作晚礼服或舞台演出服，以取得光泽闪耀、华丽夺目的强烈效果。光泽型面料的衣着有耀眼华丽的膨胀感，在服装总体造型上应以适体、简洁、修长为宜。设计上常采用褶皱来增强面料闪光部分和阴影部分间的对比度，使明暗面更明显，让光泽产生变幻，以散发材料的光彩魅力。如图2-4-11。

(a) 2011吴飞燕"风铃鸟"运动休闲装　以涤纶或锦纶混纺打造的织物，亮仿皮涂层面料，用于运动休闲风格服饰的设计

(b) 2011春夏Louis Vuitton 成衣　将锦缎、闪光缎等丝型织物用于袖身中式旗袍装设计

(c) Beautyberry成衣设计中将更多带有光泽的面料用于男装设计

图2-4-11　光亮风格面料成衣表现

2. 挺爽风格面料

此类织物有自然硬挺、线条清晰、轮廓丰满的量感，着装中与身体的贴合性较弱，视觉上呈现稳定感；常选用涤棉混纺织物、棉布、府绸、灯芯绒、亚麻织物、各种中厚型的毛料、化纤织物、锦缎、塔夫绸等，可用于西装、西裤、连衣裙、夹克衫、大衣等轮廓鲜明合体的服装；同时以褶、裥、分割等设计形成饱满的衣身、衣袖、裙摆及具有体积感的成衣。礼服设计中常以塔夫绸、生丝绢和云纹绸等获得最佳的塑形美感。如图2-4-12。

图2-4-12　丝绸套装、阔腿裤

3. 柔软风格面料

柔软织物有柔软性、轻薄性，悬垂感好，容易取得造型线条的流畅度，通过服装轮廓自然柔顺的舒展显现着装者体态；此类面料用于外衣和内衣，常选择一些结构松散的针织物、抓绒、粗纺棉和紧凑的平纹针织布，功能性弹力面料、华达呢和高科技纺织品，柔顺凉爽的丝缎或尼龙，传统的花呢和丝绸类织物以及软薄的麻纱面料；其中针织物成衣可省略开刀线和省道设计，取长方形造型，使衣、裙、裤自然贴体下垂；丝绸服装多采用松散型和有褶皱效果的造型。

4. 厚重风格面料

这类面料质地厚实挺括，有一定的形体扩张感、体积感和毛茸感，能产生浑厚稳定的造型效果。包括粗花呢、大衣呢等厚型呢绒以及T缝织物，服装造型不宜过于合体贴身和细致精确，以A形和H形造型最为恰当。

5. 绒毛风格面料

织物表面起绒或有一定长度的细毛，如灯芯绒、平绒、天鹅绒、丝绒以及动物毛皮和人造毛织物等，面料有丝光感，柔和温暖，绒毛层增加了厚度感和独特的塑形魅力。绒毛型面料因材料不同而质感各异，在造型风格上各有特点，一般以A形和H形的造型为宜。如图2-4-13。

图2-4-13　Nafa与Dunnu绒毛风格面料成衣

6. 透明风格面料

透明面料在现代服装设计中成为一种日常服装面料，具有质薄而通透的特点，能不同程度地展露朦胧神秘的体形效果，适于表现优美浪漫主题效果的造型；依据织物质感分为柔软飘逸和轻薄硬挺两类，可以通过织物重叠、悬垂状态的褶皱或碎褶的设计产生曲折变化的美感。织物选择包括棉、丝和化纤织物，如珠光纱、透明硬纱、波纹乔其纱和缎；透明银光布、纱和纱布、绉纱、天鹅绒、缎条、绢、生丝绡、棉质巴厘纱、化纤蕾丝、雪纺、真丝硬纱、有闪光金属片的透明丝织物、薄纱、镂空织物等，为表达面料透明度，常用线条自然丰满、富于变化的H形和A形设计。如图2-4-14。

图2-4-14　2010年春夏张肇达、刘洋、Cabben男装透明织物成衣

7. 印花风格面料

印花型面料在生活中极为常见，适合于不同季节、不同服装造型的获取，近年来立体印花面料成为风靡全球的新视觉面料。根据不同面料的质地差异，利用数码印花在棉、麻、丝等天然纤维织物或人造纤维织物上获得更为写实的三维效果，如印花雪纺、印花绒雪纺、

印花阳光绉、印花水晶纱、印花伊丽纱、印花奥丽纱，根据花型设计的不同呈现出不同的织物风格特征，赋予着装者更为明确的生活状态与特征。如图2-4-15。

图2-4-15　Mary Katrantzou的立体印花风格面料成衣设计

任务实施

案例一、女式内衣单品面料选配

（一）问题分析

任务要求为具有自然风格特征的女式束身衣、三角裤、文胸选配面料、辅料。选配中明确以下几点：①明确贴身内衣物料选配与着装者人体生理、心理的关系；②明确织物质地肌理等特征与风格的关系；③明确材质与内衣结构设计的关系；④明确产品季节性与物料之间的关系。

分析各个切入点，找出其共性特征和内在关联性，作为任务解决方案的理论依据。

① 因该组单品呈现休闲、宁静的自然风格，故材质注重质朴感；纹样、色彩组合倾向于自然韵物的花草纹样、自然土色、裸色、蓝色等。

② 作为具有装饰美感的贴身成衣，要求织物贴身层材质手感柔软、着身舒适、吸湿透气，装饰层织物选择带有立体或浮雕性的无压迫感组织，依据产品类别及款式可选择真丝、莫代尔、丽赛丝、莱卡、彩棉、混纺纤维等原料。

③ 考虑到内衣的耐用、功能性和对人体的塑形性，其织物选择针织经编面料，尤以文胸侧比、后比、束身衣为多；结构设计中可依据人体活动性做异质面料的横向和纵向拼接设计，取得装饰和功能的结合。

（二）问题解决

1. 塑身套说明

① 主料为仿牛仔的涤棉弹力网眼面料，手感柔软。

② 经典3/4薄海绵杯，舒适透气，不易变形，内加美兜设计。

③ 大面积采用刺绣花边和点点网眼，搭配花芽松紧带以及丝带，衣身纵向分割线，显示体型特征。

④ 侧腰有花仔丝带装饰，细节丰富，凸显品质感；前身金属钮点缀。

⑤ 下配低腰三角裤，金属纽扣装饰，前中蕾丝拼接。

⑥ 底裆里衬使用健康清新的针织面料，带来舒适感受。

2. 文胸套说明

① 主料采用仿"利维斯"风格的锦纶经编弹力花边，搭配强力定型的网眼面料，外观精致、剔透，花边细腻有弹力，定型性好。

② 杯型：3/4海绵薄膜杯，柔软、舒适、不易变形，包容性、承托性好。

③ 杯面由侧提、杯面、前中网纱三部分组成，设计独特，丰富美观，增加柔美精致感。

④ 内置加美兜，可随需加美胸部。

⑤ 加长耳仔的松紧肩带设计，加强侧提内收性，塑形效果更好。

⑥ 侧提、侧比加置网眼硬衬，增强侧收内敛效果，穿着稳定，塑造完美胸型。

⑦ 后比采用网眼花边拼接方式，设计巧妙，同时呈U形，曲线柔美且防止肩带下滑。

⑧ 下配低腰三角裤，前中有花边网装饰；底裆网眼布内衬纯棉针织布。

（三）选配

女式内衣单品面料选配见图2-4-16。

主题风格：自然风格

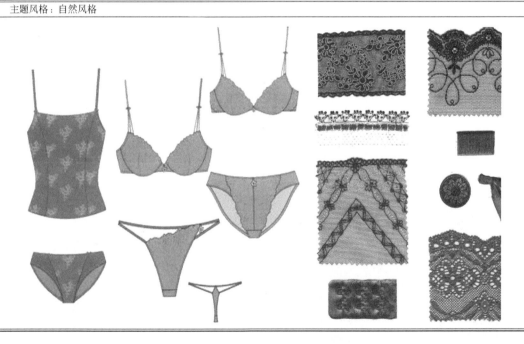

图2-4-16 女式内衣单品面料选配

案例二、男式秋冬休闲商用毛衫物料选配问题分析

任务要求为以"冬日暖阳"为主题的男式休闲商务毛针织服装进行物料的选配，物料选用将生活与工作融合，设计适用性增强。依据毛针织服装成形方式，对其做以下商榷

（如图2-4-17）。

　　① 纱线细度对毛针织服装风格的影响。

　　② 纱线组织结构变化与毛针织服装风格的关系。

　　③ 纱线种类与毛针织服装季节关系等。

主题：冬日暖阳

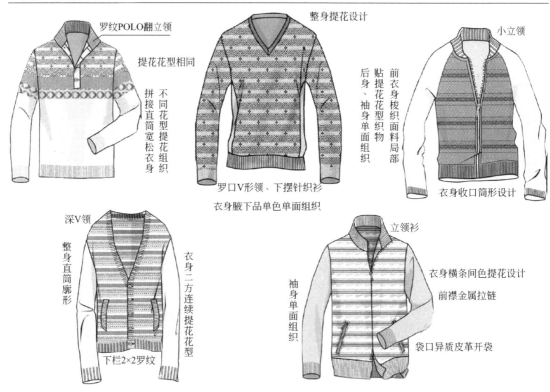

图2-4-17　男式秋冬休闲商用毛衫物料选配

（一）问题解决

　　① 该组毛针织服装希望通过呈现生命力的色彩系列表达慢休闲时代的职业性，可以选择沙粒等暖色组；大海、植物、渐变等冷色组作为色彩配合。

　　② 成衣服务对象为商场人士，纱线干净、清晰和简单，强调环保性，保有一定的空间感，注意纱线的科技感、品质感，可选用精美的马海毛、超级平板的黏胶、弹力羊毛、精致的丝混纺、羊毛混色纱、功能性毛纤维、雪尼尔纱、柔美的羊绒等。

　　③ 在纱线及织物组织结构设计中选择体现男性刚性特征和细腻感相结合的基本和复杂组织。如色彩变化的光效应提花织物、多色的股纱大绞花等。

（二）选配

　　毛衫物料选配见图2-4-18。

方案一：波西米亚风情纱线组
  选择一些具有装饰外观的纱线，创造出随性的粗花呢的外观效果，结合绞花、扭曲条纹、扎染渐变的混色设计。

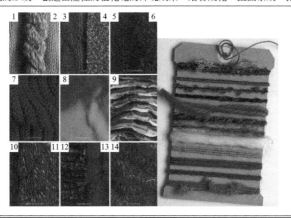

(a)

方案二：工作生活化纱线组
  保证每天生活与工作的高品质，以美利奴羊毛、舍得兰羊毛，融入经典混色纱的普通羊毛/棉混纺、粗羊毛、朴素的毛织物，生活成为灵感来源，强调功能性。

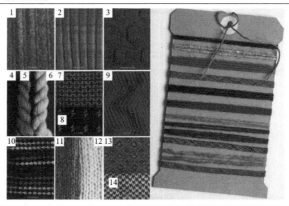

(b)

方案三：跨技术纱线组
  质轻、柔软，起绒混纺图案，以安哥拉山羊毛、马海毛、竹节纱、印花毛纱等，并结合段染、服装浸染、多色捻纱，双色组合和多色股纱组合。

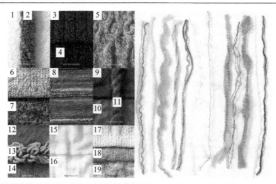

(c)

图2-4-18 毛衫物料选配

案例三、羽绒服物料选配案例及说明

（一）问题分析

　　羽绒服产品设计的时尚性和适用性受到更多关注，使其材质兼备流行性和功能性，作为冬装不可缺少的一类，其物料准备中考虑面料、絮填料及一些相配辅料。羽绒服作为冬季常服，面料要求耐磨、易洗水、透气、紧实，内里要能有效防钻毛，织物质地紧实、挺括；填充料选用要适应面料色彩和季节要求；开口辅料等部分细节设计，以方便、耐磨、功能为主，如图2-4-19。

主题风格：天境炫彩

　　将天人合一的情景融入设计，面料可以选择缎面质感及半立体效果，琥珀质感及暗光效果，古旧金属感、丝绒质感及浅浮雕效果；或者灵感来自神秘的东方高原风情，用奢华彰显品牌的高贵和时尚的多元，并融入东方文化色彩，璀璨灯光中，高端晚礼服系列尽显华美与梦幻。

图2-4-19　女式日常羽绒服单品物料选配

（二）选配

　　羽绒服面料、里料选配如图2-4-20。

主题风格：天境炫彩

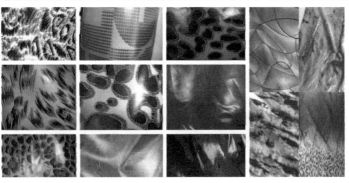

面料选择艳丽花色或者自然泥土色，以涤纶防水涂层布、320T粗斜纹涤纶面料、尼龙高密涂层织物、涤纶缎纹豹纹布为主，密度高，布面厚实耐磨，防泼水、防绒性好。

(a)

内衬可根据面料与里料的配合选择素色、花色的格纹涤纶布、涤塔夫布、涤纶豹纹布等。

(b)

图2-4-20 羽绒服面料、里料选配

羽绒服物料选配解读如下。

1. 面料选取

羽绒服设计中的面料显得至关重要，因其整体塑造以及羽绒密封都是由主体面料来进行的。羽绒服面料应具备防绒、防风及透气性能，其中防绒性至关重要。本案例羽绒服大多以尼龙塔夫绸、TC布、涤纶布为主，一般纱支密度在230T以上。主要品种和性能解释如下。

① 纯棉PU涂层面料有丝绸般的柔滑、细腻、手感紧密。纯棉易吸汗、透气好的特性得以充分表现，PU涂层又使其不易起皱，弹性恢复功能极佳。

② TTU隔离层的最大特点是隔色、吸热、透气、导湿。材质薄，却看不到所包的雪白羽绒。特殊织造工艺使TTU隔离层的纤维丝结合得异常紧密，具有超乎寻常的防风性能；其纤维的多孔结构能有效地对内导湿透气、对外吸收阳光。当然，这类品种也是羽绒服中保暖效果好、质量又最轻的。

③ PTFE面料具有极强的防水、导湿性能，表面强度极高，其内层的微孔膜结构使水滴、冷气难透进，湿气易渗出，从而具有防水、防雪、保温、透气、导湿的特性。男款羽绒服较多选用这种面料。

④ PVC面料显示出的前卫意识，毛与天然纤维的混纺面料表现出的典雅风范以及毛皮与皮革和少许亮片的装饰点缀羽绒服更加时装化。

⑤ 锦纶面料颜色艳度高，色牢度好，通过组织密度可以增强面料的牢度。

2. 填料选择

包括棉服、羽绒服在内的冬装，其填料种类繁多，可以根据不同地域特征、功能特性等选择合适的填料，目前羽绒服填充绒以鹅绒、鸭绒为主，其中根据采用面料颜色的不同，可以选择白鸭绒和灰鸭绒，一般浅色面料采用白鸭绒，深色面料选择灰鸭绒，白鸭绒一般比灰鸭绒的保暖性好一些。其中含绒量达90%以上既能达到保暖御寒的目的，又能实现美观修身的效果。一般按羽绒特性好坏区分：白鹅绒>灰鹅绒>白鸭绒>灰鸭绒。

3. 内胆布选配

内胆布选料为涤纶纤维、锦纶纤维高密布为主，防止漏绒。

4. 缝线选配

良好的缝线能够有效地解决漏绒问题。羽绒服上线的蓬松度比普通的线要好，一般是双股反向纤维粘在一起，针底线较粗，可以牢牢地固定线迹，同时这种有弹力的线缝进去之后，自然蓬松，盖过针经过的针眼，不会破坏面料本身织造结构，要求针也是越细越好，有些情况下缝纫线须经硅油浸泡。

5. 紧扣件选配

紧扣件选择中耐低温和耐用是关键；根据羽绒服款式设计，拉链常出现在前胸主链、口袋关闭链等一般带有辅助拉链的防夹装置。扣件类主要为绳索扣、帽梯扣等，要求关闭牢固、耐低温。魔术扣一般为四周圆角形设计，不钩毛。

6. 毛领选择

毛领选择貂子毛和狐狸毛配置，两种毛料都给人粗犷奢华感，狐狸毛比貂子毛更加柔软细腻。毛领配置中还可以选择兔毛、獭兔毛，毛质柔滑、保暖，以拼接和染色效果区分价格高低。獭兔毛因毛密度高而保暖，不易掉毛。

-------------------------------- **知识拓展** --------------------------------

❧ 服装常用辅料于成衣上的设计

服装辅料的种类很多，其在服装设计中具有显著的作用。本任务中主要阐述两类辅料。

（一）线材类

服装设计中，线材的价值不可估量，其基本类别可以概括为缝纫线和编织线。在一定程度上其是面料构成成衣不可缺少的链接材料，同时也是成型服装编织不可缺少的材料。其在成衣中的应用带给设计师更多的思考。图2-4-21中利用普通纱线和花式纱线以

图2-4-21　线材成衣表现（图片来源：穿针引线网）

机器或手工方式编制成型类针织成衣，通过纱线喂入先后顺序、编织针床、选针机构等，进行花型设计获得理想的成型效果和设计概念。此线材类中毛线表现突出，俗称毛线或绒线。以动物纤维或化纤为原料经纺纱染整工序加工而成。手感柔软、膨松，富有弹性，颜色多，粗细有别，既可用作手工编织，又是机器编织毛衫的原料。粗绒线一般指合股支数在2.5支以下的四合股绒线。其保暖性好，适宜编织粗犷风格的男女毛衫。细绒线一般指合股支数在2.5～6支的三合股或四合股绒线。其条干均匀、轻柔，适宜编织各类绒线服装。针织绒线是合股支数在6支以上的二合股绒线。其条干均匀度好、弹性大，适宜编织各类针织服装。

除此之外，利用缝制设备不同的线迹类型获得成衣表面的美观效果，此类设计中缝制线、绣花线等既可以获得功能效果，又可以做装饰出现，多为服装局部细节处理，诸如袋口装饰、止口装饰等。

（二）固材类

此处固材类辅料指服装中常见的紧扣件类，纽扣、拉链为常见的固件，也是服装设计中视觉及造型特征体现的灵感来源之一。其设计中的形式美法则和服装风格的展示都是不容忽视的。

1. 固材美感表达

（1）装饰美表达 线型表达是服装造型的基础语言之一，利用线条的丰富表现力，通过其组合和变化，能够显示出疏密、动静、虚实、节奏、刚柔、和谐等形式的美感。在服装设计中常利用固件的组合、排列等线型特征来表现服装视觉语言表达中最为丰富、最为生动、最为形象的艺术组成部分。其设计可用于服装的外轮廓造型线、局部装饰线等，以其排列中的弧形等的变化表现不同的风格特征。如男装设计中，紧扣件的直线装饰能够体现男性坚硬、挺拔、庄重、锐利的男性风格。而女装中，紧扣件的柔和排列则展示女性的浪漫柔美。图2-4-22(a)中拉链的巧妙设计贯穿整个系列，从服装造型轮廓蔓延到内部特征，以摆边、褶皱花边、领边装饰拉链细节构成柔美与刚毅的结合，质感、品味浓厚。图2-4-22(b)中成衣没有繁复的线条构置，而是以简约的款式融合着细腻的细节设计，将纽扣的排列组合形式作为设计元素。

（2）结构美表达 服装中结构分割线具备装饰性、功能性，在当今的时装领域，服装设计的创新带给辅料无限的潜力，具有分割、拼接等视觉形象的造型组合已经不足为奇。图2-4-23展示出一组利用拉链进行的结构线构成设计，其中既具备装饰性特征，又展示出紧扣物件的功能美。

2. 固材风格表达

在服装设计的运用上，各种不同材质的紧扣件的取用需要结合服装的款式、面料、结构、花色的不同来定位取舍。如有着金属质感的拉链、纽扣，多用于质感厚重的牛仔与高档的裘皮服装，休闲装、运动装的设计；而对于童装及特殊工装的设计更多用树脂类拉链、纽扣；女裙、女裤中多用羞涩外形的隐形拉链，包括一些休闲的小礼服，它使得服装外观的廓型与线条尽显简洁、流畅。设计师们将各种服装材质与拉链、纽扣等在一些细节上进行巧妙的组合提炼，从而营造出服饰新的生活风尚。

(a) 阿玛尼及海德艾克曼成衣拉链线型装饰美表达（图片来源：海报网）

(b) 巴宝莉纽扣装饰美表达（图片来源：中经网）

图2-4-22　固件装饰美表达（彩图见封三）

图2-4-23　阿玛尼成衣拉链结构功能特征表达（彩图见封三）

思考与训练

1. 收集日常生活中废旧牛仔裤与T恤衫，请以其为参考，对其进行款式改造。要求如下。

① 请试着将牛仔裤改造成不同廓型特征的裙款。

② 利用T恤针织面料的拉伸性和弹性，将其改造成不同廓型特征的礼服。

2. 请设计一系列不同风格特征的婚纱组，并根据款式效果图的款式造型特征，选择合适面辅料组合制作面辅料组合展板式样，如表2-4-2。

选料提示：婚纱面料主要包括缎、厚缎、亮缎、蕾丝、水晶纱、欧根纱、网格纱等。同种面料又有进口及国产之别，进口又有欧洲及日韩两种等级。

表2-4-2　婚纱面辅料组合

序号	材质名称	材质信息
1	蕾丝	一般作为边缘的装饰和点缀图案，也会大幅面用在婚纱的衣身及下摆处
2	纺丝／人造纤维	面料较挺括，也不容易起皱，价格适中，大众化。缺点是拘身
3	雪纺	面料轻盈、飘逸，具有丝的柔性及轻薄特性，触感柔软，看上去清爽凉快，较适合夏天穿着
4	全真丝	高贵典雅的真丝面料婚纱，适合雍容华丽的宫廷式婚纱设计。但是价格较昂贵，且易起皱，需仔细打理
5	国产缎	苏州婚纱常用的面料，比较薄，重量轻，垂感较差
6	进口厚缎	最常见的是台湾缎、香彬缎等，面料厚重，垂感好，色泽纯正
7	水晶纱	质感较硬，透明度好，重量轻、较薄
8	洋缎	高贵大方，面料富有光泽亮感，极蕴含女人味
9	塔夫绸	特色是轻身而滑溜，容易在面料上印上水纹或木纹等暗花图案，适合夏秋季穿着
10	欧根纱	人造纤维的柯根纱（又称欧根纱），较轻盈飘逸，非常薄而透明，手感稍微硬挺，适于蓬型轮廓的材质
11	缎布	质地比较厚，由于受到地心引力的关系，所以有垂感，给人的感觉非常实在，有线条感，适合高挑造型的体现
12	珍珠纱	发亮，呈现七彩色，感觉轻柔飘逸，适合活泼、娇小、公主型新娘
13	绒布	比较有线条，给人一种高贵、神秘、保暖的感觉

任务五　产品采买数据分析

学习目标

1. 了解时装买手在服装市场的表现形式和定位。

2. 了解服装买手的职责运作规律及职业成长规划。

3. 熟悉货品管理工作的经营技巧策略。

4. 掌握服装产品采买数据分析方法。

---------------------------------- **任务提出** ----------------------------------

　　某休闲品牌服装买手，依据货品管理的要求，根据下一季商品的规划要求，通过调研分析，进行产品经营数据分析，规划产品采买运作预案。

---------------------------------- **任务分析** ----------------------------------

　　品牌买手在市场调研和产品分析等的基础上，为某店产品的经营策略进行总体的规划与部署，工作中完成数据分析、产品开发、市场定位、货品选择、新品上市、新品销售跟踪等具体事项。这中间重要的一个环节就是服装产品采买数据分析，工作中经常用到的数据分析包括：
　　① 店铺的出样SKU数分析。
　　② 铺货中新老产品合理性的检查分析。
　　③ 店铺补货分析。
　　④ 货品消化进度分析。

---------------------------------- **相关知识** ----------------------------------

一、品牌服装买手

　　买手的品牌产品经营的进化实施过程是品牌服装运作和发展的重要过程，也是企业进行发展和运营的关键环节之一，每一季的产品经营都必须建立在以往客观销售分析和现今市场变化及品牌自身发展目标的基础上，进行合理的产品经营策略手段运用。

　　在完成这项工作时首先要认识买手工作内容，学会相关数据分析，与设计团队沟通进行产品开发，完成销售过程中的产品管理，适时向产品策划团队提供产品分析数据和资料。

（一）买手工作的性质特点

　　买手的工作主要是两个区域，店铺和办公室。在店铺随时了解市场动态，与顾客沟通；在办公室则随时研究各方面数据。买手需要具备设计师的审美素质的同时还应是一个很有眼光的经济分析师、市场决策者。买手既要能针对看似无关的诸多数据，理出头绪，从而确保下面产品经营的顺利开展。又要能熟悉自己及竞争品牌的销售情况，熟悉服装、服饰及配件的产品功能特性，物理及工艺流程。

（二）买手的工作内容

　　买手的工作内容包括分析销售数据、利用销售数据在销售中作出及时反应（如畅销品如何进行翻单、滞销品如何进行二次研发再销售）、拥有专业的时尚知识，并及时掌握品牌顾客群体的深层次需求、指导终端卖场的陈列搭配，以最佳方式体现产品的价值并吸引顾客等。

（三）工作流程分析

　　收集、分析信息，订货和分货，是买手的主要任务。为的是确定商品订货计划的依据，并为此提供决策依据，减少存货膨胀。把握流行,掌握各区域销售走势,通过订货前的数据分析和数据分解,确定订货额,然后随时根据市场波段进行分货的跟踪,通过对产品经营中精确的判断和计算达到规范品牌发展运作的目标。如图2-5-1。

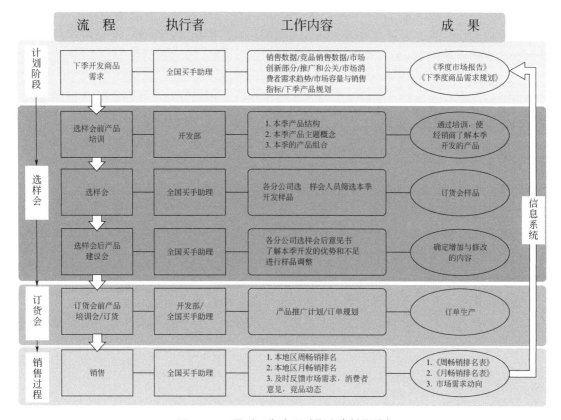

图2-5-1　买手工作流程（引自穿针引线）

（四）成为买手必备的能力和条件

成为买手必须要具备数据分析能力、技巧和创造力、店铺综合管理、专业综合知识等,还要求其时尚把控力强,有扎实的专业基本功,具备一定的统筹全局,准确分析市场的能力,以及准确的判断力。还要具备一定的体力及心理承受能力,具备良好的沟通能力、团队精神等。

二、买手产品采买预算决策

（一）产品经营中的数据分析

使组货更理想的依据主要是数据分析。这包括,商圈选址数据分析、流行趋势数据分析、SKU数据分析、面料数据分析等,下面择重进行举例分析。

1. SKU数据分析

SKU是Stock Keeping Unit的简称,包括三个概念：编码、品项、单位,是物流管理的一个必要方法。SKU是存货管理单位，俗称单款单色单码，是库存的最小单位。SKU数据分析是买手组货经营中最重要的数据分析之一。

店铺SKU数据计算对组货数据的把控很重要。SKU数据量为品牌企业提供精确把握消费群体的基础，是时尚买手组货工作的重要衡量尺度，主要体现在品牌店面陈列及库存上。SKU数据的分析运用，为更好地研究该品牌店面区域销售情况的变化，制订更好的营销策略，达成更高的销售额提供非常积极的作用。

2．新店选址中的数据分析

商圈的饱和度是确定品牌新店是否适合在该区域开店设址的重要依据。这需要依据大量准确而全面的调查分析报告。分析报告一般包括以下几项内容：该商圈区域的人口数量及组成特点、人流动向情况、收入水平构成、公共设施情况、交通情况、地区建设规划、商业发展潜力等。正确及时地把握这些数据，有助于品牌自身制订市场开拓目标，明确其针对的基本顾客群和潜在顾客群，也能让品牌企业在严酷的市场竞争中脱颖而出。

3．面料数据分析

面料数据分析是时尚买手成本预算的根本所在。订货生产与货品组合必须要根据面料数据进行分析。时尚买手组货的最优方案依据精准的数据分析。

4．流行趋势数据

各品牌在遵循其自身特质及受众人群的基础上，组货的方向和依据均参考时装流行趋势。流行趋势的运用分析属于组货的根本依据，其保证了一个品牌的高度时尚化和经典持久度。

（二）数据分析与采买预算决策

数据分析在采买决策中占的比重约为70%～80%，剩下20%～30%一般来自买手对市场流行资讯的判断。

采买计划就要建立在强大的数据分析基础之上。要完成事先分析规划的诸多要素，比如商品结构调整、商品属性分析、安排上货波段、跨地域订货、采买金额测算、采买款式数量的分析，才能形成有效性和完整性。其中，确认商品结构最重要，其次是商品属性分析。买手根据不同的库存情况制订销售策略，以最小损失换取合理库存，让商品达到赚钱效率最佳化。买手职能在两个阶段发挥管理作用，一个是订货阶段，另一个是销售阶段。

确认采买金额实际上是确认当年的投入。这应该是针对销售目标来倒推投放金额，投放金额的测算可以参考商品的周转率或消化率，以及商品销售的折扣率。确认商品结构，测算好投入金额后，依据采买商品的品类来确认在整个投放金额中的分配。分配的依据建立在对毛利率、库存周转率和交叉比率的分析基础之上，一般合理的商品结构应该控制在1.8%～2.4%。

商品属性分析包括款式、颜色、材质、尺码、价格带。货品的消化率是这些商品属性分析的指标，通过对往年当地销售历史数据的分析得出货品的消化率，从而判断市场上消费者喜好，以分析结果指导选货。值得注意的是，每个品牌必不可少有概念款的存在，且每年会在这部分进行较为固定的投入。因为概念款是针对时尚领袖们的消费需求的品牌风格的体现，在具有较高的库存的同时也具有较高的毛利率。

买手在采买订货中，还要考虑到地域差，跨地域订货必须要做地域分割，订货一定对不同地区有效季节分割是为了安排上货波段。主要是因为各地的季节温差、消费者特点不同，因此都要考虑销售当地消费者的需求安排合理上货波段。买手可以根据商品生命曲线的分析安排上货波段，然后根据每个细分的上货波段进行设计，顾客每次光顾都有新的东西，让终端货品随季节改变而变化。

最后，买手采买中在做SKU计算时最怕出现的两个问题是无货可展和压货。买手铺货时要考虑卖场展示区库存容纳的量，采购款式数量的分析对终端陈列的分析是买手落单确定款式数量的依据。比如终端卖场最大能挂多少，最少能挂多少，再定款式数量。

以ZARA为例，其采买及铺货运作中，供应链依靠更加精确的预测和更多更及时的市场信息，反应速度比一般的公司要快得多。ZARA采买及铺货运作中，最多2周是所有的产品在ZARA连锁店里销售的时间。每季初，为将风险控制在最低的水平，只生产最低数量的产品。而当市场中一旦出现新的需求，ZARA可以通过其有效的供应链管理迅速组织生产。ZARA的存货指标也最大不会超过储存下个季度出货量的20%。

三、买手货品管理数据分析

良好的货品管理可以起到提升销售量、降低库存和货品积压额、提升利润和效率的作用，货品管理运营中的各种报表也是买手进行判断的各种依据。报表类型一般包括：销售金额、时间、数量分析报表；分队列总结报表；销售情况查询报表；销售排名报表等。

（一）货品分析

行业中，普遍将产品分为：导入期、成长期、成熟期和衰退期（图2-5-2）。而对货品的分析，主要是针对产品的定位、风格、系列、库存、产销率、类别等的分析。结合起来货品分析就是通过运用分析工具结合实际情况分析货品，在不同阶段存在的不同问题的分析及解决方法的探寻。

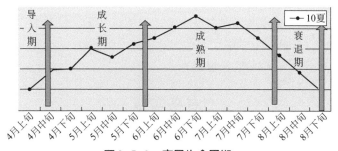

图2-5-2 产品生命周期

服装店铺的货品分析是需要有规律的长期坚持。如果想要及时了解店内产品销售情况，并且及时地进行产品铺货、补货、货品调整等的货品控制，必须要有规律地进行货品分析，比如每天、每周、每月都要进行定期的货品销售业绩和业绩波动的分析，并在货品分析的基础上制订未来的销售目标。

（二）相关数据分析

采集、分析、整理是货品数据分析的整个过程，可以通过表格分析和公式计算等途径完成。将采集的数据通过库存和销售分析掌握，将相关的数据进行筛选分析。

1．报表分析

货品跟进内容与相应的报表挂钩进行分析。例如，新货反应的好坏，是否需要转位需要参考销售排名报表；主打货品销售业绩需及时参考销售情况查询相应报表；建议式推销的货品需要参考销售金额、时间、数量分析报表等，甚至调查每单金额来确定货品补货量等信息。

买手需要对货品报表定时了解掌握，并进行货品间或按时间段进行比较。例如，同期货品的比较、大围货品的比较等。及时观察店铺内部及外部环境，随时调整货品铺货的合理性。例如销售和库存的持衡，陈列区域货量的合理配置，甚至细致到外部环境中的天气变化，也要及时地了解把握，并及时地落实到货品的调整中，最终落实到产品的报表体现中，为将来货品持续上升发展提供参考。

2．生命周期分析

合理地补订货，恰当地降低库存是货品分析的目的。对滞销商品管理、存货管理是提高业绩的关键之一。货品分析主要是针对店内卖场和仓库的货品进行的，包括货品问题分析与措施制订，货品销售分析、销售计划、销售目标的制订与分解，有效地优化货品结构、提升店铺的销售业绩、提升货品产销率、提高货品周转速度等。

3．公式分析

① 毛利 = 实收额 − 成本

毛利率 = （实收额 − 成本）/ 实收额

实收额 = 成本 /（1 − 毛利率）

把握毛利的目的是了解目前货品销售的盈亏状况。

② 单效 = 金额 / 总票数（以实收金额来计算）

把握单效的意义是可以看出个人推销技巧。

③ 产销率 = 销售 /（库存 + 销售）

产销率以零售金额来计算，主要目的是清晰了解目前货品销售的进度。

④ 附加 = 总件数 / 总票数

主要意义是可以看出整体店铺或者个人的服装搭配技术、陈列等。

⑤ 占比 = 单位量 / 总量 × 100%

计算占比的目的是主要看如何去运用。

-------------------------- **任务实施** --------------------------

案例一、为某新店铺的出样SKU数计算

好的商业格局离不开好的商业空间，要想合理地做好店铺的SKU，首先要解决三个问题：

① 卖场 + 仓库共需要多少件货品。

② 店铺可以一共可以陈列多少件货品。

③ 该新店铺一共可以陈列多少个SKC（单款单色）。

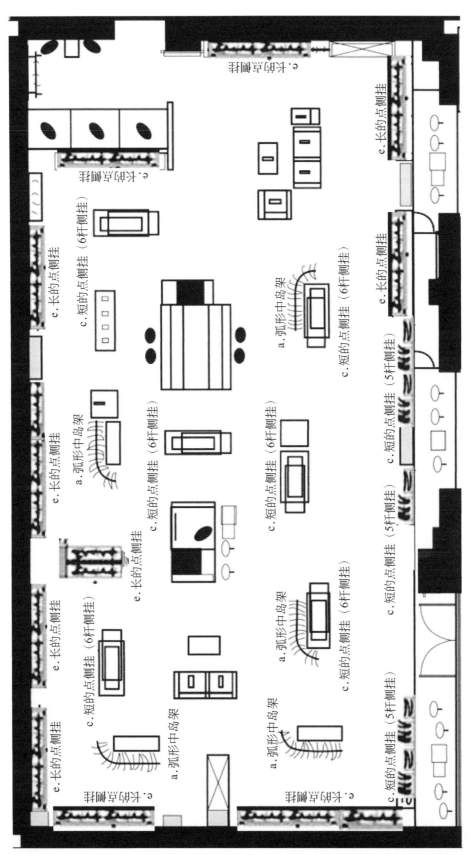

图2-5-3 终端店铺的SKU数和铺货量计算（引自慧聪服装网）

根据图2-5-3（店铺效果图）确定算出所有相关货架和数量。

货架（长的点侧挂、短的点侧挂、弧形中岛架）、饰品层板与展示台。例如，弧形中岛架：5杆（每杆陈列24件左右）；

a. 弧形中岛架：24件/杆×5杆=120件；

b. 短的点侧挂：6杆侧挂+5杆点挂（每杆侧挂陈列9件左右，点挂陈列5件左右）；

c. 短的点侧挂：9件/杆×6杆+5件/杆×5杆=79件；

d. 长的点侧挂：24杆（每杆陈列件数为20件左右，其中侧挂15件左右，点挂5件左右）；

e. 长的点侧挂：20件/杆×24杆=480件。店铺陈列加起来一共为：480+79+120=679件，店铺陈列SKU数量为650～700件货品。

a、b、c、d、e五种货架共算出SKU是679件，那该店铺一共铺多少个SKC合适呢？

可以这么计算，共679件SKU。

① 如果款色不充足，可以是部分款再出一件4码（平时出3码），假设重复出了30款产品的4码，才有679件，那么只有649个SKC。

② 如果款色充足，即可出679个SKC（单款单色）。

③ 如果有些品牌是每个SKC都出2件（S码和M码），那么只需要340个SKC就够了（每个SKC两件，就是680件了）。

④ 如果每个SKC只出一件的情况，可以出样679个SKC，这个数字可以上下浮动20多件。

以上是为这家新店铺进行的SKU铺货计算。

案例二、产品利率计算

（一）某休闲女装品牌专卖店，6月份做活动，其活动力度为：1件8折，两件7折，三件6折。公司对价格策略平均倍率为5倍（倍率=零售价/成本）

问题：

（1）该店铺最高毛利率为多少，最低为多少？

（2）商家规定，今年6月份公司规定各家店铺毛利率最低不得低于70%，而且活动的形式只为满400送 X 元，那么 X 应为多少？

① 1件8折毛利率=（销售额－成本）/销售额=（1×0.8-0.2）/（0.8×100%）=75%

2件7折毛利率=（销售额－成本）/销售额=（2×0.7-0.4）/（2×0.7×100%）=71%

3件6折毛利率=（销售额－成本）/销售额=（3×0.6-0.6）/（3×0.6×100%）=67%

从以上毛利率得知，最高毛利率为1件8折，最低毛利率为3件6折毛利率。

② 毛利率=（实收额－成本）/实收额；实收额=成本/（1－毛利率）

实收额=400/5/（1-70%）=266.7

又因为实收额=400-X

X=400-266.7=133.3

（二）某自营店铺，10月份共做了100单小票，共销售200件服装，实际收到金额4万元，零售标价5万元。

问题：

（1）该店铺单效和附加分别是多少？

（2）假设该店铺去年11月份做了5万，今年11月份制定目标必须比去年提升30%的业绩，同时也规定该店铺11月份附加为2.5，今年均价为200元，问该店铺11月份的单效和小票数应指定多少？

问题解决：

① 单效 = 实收金额/总票数 =40000/100=400

附加 = 总件数/总票数 =200/100=2

② 12年7月份销售业绩目标=5万×（1+30%）=6.5万

12年7月份销售数量目标=6.5万/200=325件

12年7月份小票目标 =325/2.5=130

12年7月份单效目标=6.5万/130=500

案例三、产品经营中货品分析方法举例

产品的生命周期一般分为导入期、成长期、成熟期、衰退期四个过程。产品在店内整个过程各阶段存在的问题可以通过分析工具对货品进行关键分析。下面进行产品不同阶段的货品分析举例。

（一）导入期阶段

工作要点：

① 产品类别的分配把握。

② 单款的推广。

③ 掌握新老产品占比的合理性。

铺货中新老产品合理性的检查分析见表2-5-1。

表2-5-1 铺货中新老产品合理性的检查分析表

季 节	业绩占比/%	销 售	季 节	业绩占比/%
		本周	上周	对比
10春季	1	15580	20168	-23
10夏季	2	46957	55896	-16
10秋季	5	110162	117830	-7
10冬装	3	67080	26789	150
		239779	220683	9
11春装	8	177755	132214	34
11夏装	60	1262692	1375318	-8
11秋装	20	354887	301889	18
		1795334	1809421	-1
总 和	100	2035113	2030104	0

问题分析：

① 须掌握了解目前店铺的销售结构。

② 了解有无申请补货或延迟上货的需求。

③ 分析是否需要改变销售策略。

（二）成长期阶段

成长期阶段需要及时掌握店铺的问题和定期分析店铺表单数据。工作要点如下：

① 掌握产品类别分配。

② 了解单款的推广情况。

③ 及时掌握库存情况。

④ 分析新老品占比的合理性。

⑤ 分析店铺陈列推广情况。

⑥ 跟踪与调控畅销款和滞销款的备货等。

在进行货品问题分析时，买手需借鉴运用常用表单，帮助自己发现掌握店铺的问题。比如，借鉴店铺的销售排行榜（结合库存表），包括店铺销售排行榜、区域销售排行榜（对比）、公司销售排行榜等。

（公式计算要点：周转率、销售周期、尺寸）

店铺补货表见表2-5-2。

表2-5-2　店铺补货表

产品编号	产品名称	第1周	第2周	第3周	第4周	第5周	店存
AA1050851	细格罗纹相拼棉服	0	1	3	2	4	12
AA1050810	水洗棉服	1	1	2	2	4	12
AB1050626	牛仔风衣	6	5	3	3	3	5
AJ1050663	格子相拼衬衫	5	6	5	5	5	10
AJ1050617	假两层相拼衬衫	4	5	3	6	5	10
AA1050860	两件式棉服	1	2	4	3	5	10
AB1050708	两面穿风衣	6	4	4	3	3	6

问题分析：

① 店铺有无补货的需求。

② 所在店铺的主推方向是否有误。

③ 店铺货品结构是否合理等。

（三）成熟期阶段

工作要点：

① 了解判断单款存在的畅滞销、动销率正常与否。

② 掌握销售目标结合产销率目标的达成情况。

③ 需要及时了解库存状况。

④销售目标结合产销率目标的类别。

⑤针对有压力的类别及单款的促销推广等。

货品消化进度对比表见表2-5-3。

表2-5-3 货品消化进度对比表

波 段	日期	销售金额	目标产销率/%	目标累计产销率/%	实际累计产销率/%
春装第一波	1.17之前	345000	1.4	1.4	1.4
	1.18～1.24	341357	1.4	2.8	3.3
第二波	1.25～1.31	788066	3.0	5.8	5.7
	2.1～2.7	1060886	3.5	9.3	9.3
	2.8～2.14	1253057	4.0	13.3	13.7
第三波	2.15～2.21	1840090	5.5	18.8	21.3
	2.22～2.28	1570481	4.5	23.3	26.6
第四波	3.1～3.7	1337449	4.5	27.8	31.4
	3.8～3.14	2075674	5.0	32.8	40.1
第五波	3.15～3.21	2040165	5.0	37.8	45.9
	3.22～3.28	1429595	5.0	42.8	49.3

问题分析：

①及时根据实际情况调整目标。

②制订销售策略。

③连贯性地分析店铺货品的消化情况。

（四）衰退期阶段

①对库存情况的及时掌握。

②对可继续销售款式的分析。

货品销售对比表见表2-5-4。

表2-5-4 货品销售对比表

项目	星期一	星期二	星期三	星期四	星期五	星期六	星期日	合计
本周	10000	12000	14000	16000	18000	22000	20000	112000
上周	25000	30000	30000	12000	15000	22000	21000	155000
对比	−60%	−60%	−53%	33%	20%	0%	−5%	−28%

问题分析：

①店铺营运是否存在问题。

②货品结构是否合理。

③促销活动与日常销售中的差异。

④所在店铺的主推方向是否有误。

（五）货品品类分析

各季货品品类分析见表2-5-5。

表2-5-5　各季货品品类分析表（件数）

类　别	库存/件	比　例	销售	比　例
AJ/衬衫	1912	3%	151	1%
AE/外套	2002	3%	224	2%
AH/毛衫	862	1%	33	0%
AI/背心	6279	9%	1200	10%
AM/针织衫	9973	14%	2824	23%
AL/连衣裙	10072	14%	2250	18%
AB/风衣	500	1%	20	0%
AQ/上衣	4005	6%	1312	11%
AR/马夹	897	1%	95	1%
S_饰品	13114	19%	1360	11%
AK/裙子	2384	3%	176	1%
AG/裤子	18578	26%	2542	21%
合计	70578	100%	12187	100%

问题分析：

①货品的周转情况是否良好。

②货品结构是否合理（内外搭、上下装、饰品成衣比）是否该调整货品主推方向。

-------------------------------- 知识拓展 --------------------------------

买手在产品开发流程中经营运作分析

以目标品牌ZARA为先导，展开分析论述，掌握产品经营策略中各种经营运作手段的积极科学的运用对产品开发流程环节起到的重要作用分析。

买手工作模式流程如图2-5-4。

ZARA是买手模式较为成功的典范，下面以ZARA为例来了解一下买手在产品开发流程中的作用分析。

ZARA的成功源于其始终围绕着顾客，从顾客角度出发，发现挖掘顾客的需求，以最快的速度推出消费者最想要的产品。而"时尚"本身也涵盖在最短的时间内满足消费者对流行的需要。所以ZARA以最快的速度同时满足了服装时尚产业成功的双重要素，即顾客与时尚。

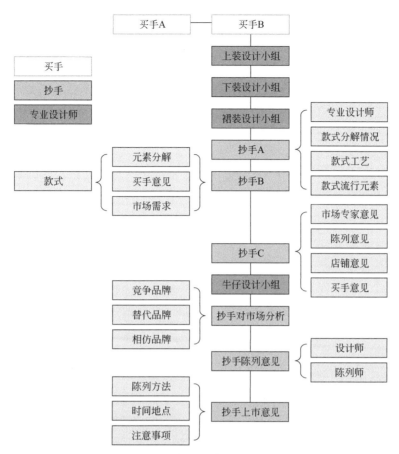

图2-5-4　买手工作模式流程（引自穿针引线）

（一）流行信息的快速反应

以ZARA为例，买手在产品开发流程中，与顾客保持同步也是其谨遵的目标。快速地识别和抓住时尚潮流，从颜色、款式到价格等点滴细节，用心聆听消费者对产品的建议，店长及时、快速地将汇总得到的市场顾客信息上报总部，半月后，依顾客建议而产生的新产品便可在店内找到。

买手迅速捕捉流行的作用在ZARA中也展现得淋漓尽致。从流行趋势的识别到将迎合流行趋势的新款时装摆到自己的店里，一般的服装企业需要八九个月。ZARA的快速供应链可以做到仅需半个月的时间。ZARA出现在高档的商业区和繁华的交通枢纽，统一品牌形象与店面规划，将顾客喜欢追逐时尚的欲望诠释在萌芽中。

（二）供应链的快速反应

ZARA虽然在服装技术方面不比中国，但服装业方面却超越了中国，因为他们把握了行业的本质，通过整个产业链从订单处理、设计、制造，到物流、销售，同时把市场快速反应的经营思维融入产业链整合当中，使其在竞争中脱颖而出。

1. 供应链实现一体化的优势分析

ZARA一体化供应链的特点：一是掌握从设计到销售的整条供应链；二是精简供应链；

三是应用信息系统，将服装设计、生产加工、物流配送和门店销售四个主要环节融为一体，实现供应链协同管理；四是进行了相应的组织变革。一体化供应链是ZARA快速供应链的主体。其中，最主要的是实现对客户需求的快速反应。ZARA在巴黎、纽约、米兰等时装时尚发布地建立了完备的时尚情报站。同时，ZARA专卖店将每位消费者的身份、商品特征录入联机计算机，保证上下信息的紧密联系和反馈能力。

2. 产品设计中团队一体化的战略模式

以ZARA为例，ZARA进行产品开发的核心是始终把握潮流、从顾客需求出发。ZARA通过由设计师、采购专家、市场专家组成一体化的开发设计团队来解决将顾客需求和时尚潮流转换成设计理念，最后演变成标准化的生产指令投入生产。

关注潮流和消费者的购买行为，收集顾客需求的信息，快速响应市场需求。ZARA总部充斥着关于时尚潮流趋势的各种信息，几百名设计人员每天研究的可能流行的服装款式、花色、面料等必须建立在可靠严谨的当天的发货数量和每天的销售数量的基础上。与此同时，新产品的成本和单价也在市场专家和采购专家的讨论下相应产生。接着，设计师快速手工绘制修改服装的样式，经多次讨论后在CAD上进行细化和完善，提供出详细的尺寸和相应的技术要求，并完成更得当的搭配，总体上保持体现完整的"ZARA风格"。小型的样衣随之出现，经过多次修正，最终确定产品款式和数量。

3. 生产管理纵向快速整合

ZARA的生产环节呈现的是一个垂直整合的团体，周期短、按需生产是其最大的特点。生产加工过程的细致分析和长期优化，是ZARA成功的必备因素。

ZARA拥有染色、设计、裁剪和服装加工配套式的最新设备，保持对染色和加工领域的控制。ZARA的时尚性在一定程度上也得益于对面料的把控度，同时，对面料成本的掌控力也使品牌可以尽可能地降低产品的平均成本，保证了品牌的低价。

为何ZARA可以有效控制采购成本，快速进行订单反应？以百分比来分配ZARA的定购物料渠道，40%的原料布来自本集团公司工厂（可以随时应对市场对颜色的需求而进行即时的染色变化，紧跟时尚），剩余60%的布料来自于另外二百多家不同的供应商（每个厂家所占的份额不足总量的4%，可以避免对某一家供应商的过度依赖）。

接下来，是ZARA的生产环节。在对已有的布料染色、自动裁剪之前，采购专家先决定面料是向供应商购买还是自己生产，同时采购人员和生产人员开始制订原料布生产、采购计划。板型确定好后，机器裁片，为更加快捷地控制产品的产量与质量，ZARA的工人们把剪好的面料及配套的拉链、佩饰、纽扣等及布样装进临时的小袋子，下送到附近几百家各类家庭作坊或小工厂等进行缝制加工，基本上每个生产单位只接受一种款式、被安排一个班次。产品完成后再统一送回进行集中熨烫并接受严格检查，通过检查合格后的产品被送到ZARA的仓库存放待发。

4. 高效物流体系的本位合理创新

几百英里的生产基地，几十家的剪裁印染中心，几百家代工的终端厂，地下挖空架设地下传送带网络，双车道高速公路直通各配送中心，庞大的总部中心面积，中心仓库连接着14个工厂，仓库机器人的使用，错误概率仅有0.5%光学读取工具分拣产品运用，web的供应商管理平台的监控设施，如此高效的物流体系，促成了ZARA的成功，也是买手模式成功构架的基础。

5. 信息系统和技术业务速度的提高

业务速度的信息系统和技术在运作中体现了其重要的特点。工作强度的降低得益于运用此技术带来的高速度、高质量、高生产率，而公司可以随着管理者对市场等的认识而提高，及时的设计公司也是公司紧跟市场的核心关键。这种品牌文化的关键在于在组织上下培养一种被广为接受的信息系统和技术与流程紧密结合的意识。

标准化的产品信息组合，通过独特的包括设计、物流、制造及销售的高度垂直整合的供应链信息系统和技术确立，最新的信息能快速地送到产品决策者和设计团队那里，使得ZARA的设计团队可以相对轻松地在掌握数以千计的各种规格的装饰品、设计清单、布料和库存商品信息的同时，完成任意一款服装的设计。并且在设计完成后，被裁剪后的衣料配备了标准化的条形码，并且在生产、运输、配送到专卖店的整个过程中，一直沿用此条形码。

（三）供应链节奏的控制掌握

ZARA对每个环节的时间限制的管理非常严格，每个环节的一点差错将会影响到整条供应链。例如ZARA门店每周两次订货，每天用标准化的信息把销售数据传送给总部，如果错过了最晚下订单的规定时间则只有等到下一次；在ZARA，如果有产品超过2～3周还没销售出去就会被送到所在国某专卖店里进行集中处理。相应的控制节奏的例子贯穿于ZARA运作的始终，整个供应链能够快速运行得益于每个供应链环节的严格把控。

思考与训练

对某一休闲品牌的产品通过市场与店面的数据整理，对其产品经营效果通过下面整合表格数据进行分析整理练习。

通过以下案例，对该店产品运营中的产品经营情况进行分析练习。

表2-5-6　款式大类分析

款式	大类	数量					金额				
		库存/件	销售/件	库存占比/%	销售占比/%	售罄率/%	库存/元	销售/元	折扣/%	库存占比/%	销售占比/%
新款	服装类	1182	70	41	31	6	300678	18200	66	44	31
	鞋类	1424	143	50	63	9	379626	39237	66	55	67
	配件类	264	13	9	6	5	9432	778	88	1	1
	合计	2870	226			7	689736	88218	67		

表2-5-6说明：

分析店铺的服装、鞋类、配件销售占比情况，如表2-5-6店铺的销售结构鞋类占比达到67%，服装类占比为31%，说明这家店铺的鞋类销售非常好；

服装售罄率低是店铺的人流问题，还是货品结构问题，这就需要片区管理人员通过与督导、店长沟通实际情况，也可以安排时间到店铺了解实际情况，同时也需要更深一层次分析店铺的库存与销售结构。

表2-5-7　性别分析

款式	大类	性别	数量					金额				
			库存/件	销售/件	库存占比/%	销售占比/%	售罄率/%	库存/元	销售/元	折扣/%	库存占比/%	销售占比/%
新款	服装类	男	679	53	57	76	7	177731	15067	66	59	83
		女	503	17	43	24	3	122947	3133	66	41	17
	合计		1182	70	45	33	6	300678	18200	66	44	32
	鞋类	男	852	105	60	73	11	240188	30105	66	63	77
		女	572	38	40	27	6	139438	9132	68	37	23
	合计		1424	143	55	67	9	379628	39237	66	56	68
合计			2606	213				680304	57437			

表2-5-7说明：

我们在分析店铺的大类结构时，要分析店铺各大类的男女库存与销售结构状况，各大类是男款销售好，还是女款销售好，通过表2就可以清晰地知道了。我们可以看到销售的数量比是3：1，金额比是4：1，但库存的数量与销售的比率是完全不匹配的，如果是店铺的人流及消费特点造成的，我们在以后的产品分配上，就要注意男女款的配发比率。

表2-5-8　采买铺货结构分析

大类	性别	品名	数量							金额				
			sku/件	库存/元	销售sku/件	销售/元	库存占比/%	销售占比/%	售罄率/%	库存/元	零售/元	库存占比/%	零售占比/%	折扣/%
服装类	男	薄棉衣	4	65	1	9	9	17	12	25115	3501	14	23	68
		长袖T恤	3	21	1	1	3	2	5	4179	199	2	1	76
		带帽卫衣	3	55	2	3	8	6	5	12595	707	7	5	48
		厚棉衣	3	37	2	9	5	17	20	12173	2961	7	20	65
		篮球服	2	21			3			3129		2		
		毛衣	4	23	1	2	3	4	8	5867	518	3	3	85
		丝光绒单裤	14	171	6	17	24	32	9	31359	3133	17	21	80
		丝光绒风衣	4	43	2	5	6	9	10	12827	1475	7	10	45
		网里单裤	6	63			9			12537		7		
		网里风衣	1	6			1			1974		1		
		摇粒风衣	9	103	5	7	15	13	6	36557	2573	20	17	61
		针织单裤	4	74			10			14726		8		
		针织套装	1	13			2			5447		3		
		针织外套	1	2						398				
		针织卫衣	1	9			1			2601		1		
		男汇总	60	706	20	53	58	75	7	181484	15067	59	81	66

表2-5-8说明：

（1）门店采买的货品品名结构分析就好像一面镜子，它将店铺的库存与销售的结构照得非常清楚，如表2-5-8中，我们可以从几个方面去进行门店铺货分析。

①　店铺的SKU陈列铺货数：通过店铺的基础档案资料中我们可以了解店铺的SKU实际的陈列铺货数，现有店铺的SKU数量是否存在过少或者过多的现象。

②　如果存在过多的现象，我们可以分析哪些产品是可以组合陈列的，哪些产品已经过季或是无效库存；

③　如果SKU过少，就要补充SKU数量，但要清楚补充是哪些款式；

（2）各类产品的销售状况：从分析报表中我们可以看到，目前主卖的分别是薄棉23%、丝光绒单裤21%、厚棉20%、摇粒绒风衣17%，从4类的库存结构分析来看，厚棉的贡献率最大，应及时调整厚棉上货的宽度（款量）、深度（数量），让销售发挥最大作用。

同时薄棉销售了1个SKU 9件，查看这款货品是否存在断货的现象，同时也要分析另外3个SKU，为什么没有销售，没有销售的原因是什么？另外也需降低针织单裤、网里单裤、篮球服的陈列面，主推厚棉服和薄棉服。

通过对门店货品数据分析，寻找采买的计划依据，将品牌采买任务落实到实处。

情景三　创新品牌
产品策划与开发

学习目标

通过完成一个完整的新品牌产品的策划与开发方案，掌握新品牌产品策划与开发相关的专业知识与技能。

任务提出

某公司为推出一个新的服装品牌，要求设计总监带领设计师群体根据企业自身产品特点与本企业的资源优势，通过市场调研策划一个新的品牌，并根据品牌定位，确定开发方向，推出一个季节的系列产品。并通过与营销团队合作，完成产品推广、采买。

项目分析

当某公司决策层有推出一个新服装品牌的想法时，这时候通常是由于本公司在服装品牌领域占有一定的资源，这种资源包括了生产优势资源、产品特色资源、原料开发资源、特色人力资源、品牌经营资源等。因此在策划调研时要先弄清楚自己的优势是什么，在这个大背景下确定新品牌大方向后再做具体调研与策划的工作。"创新品牌产品策划与开发"这个项目是一个大项目，因此在操作的时候可以把它分解成以下五个任务。

任务一：消费群体需求调研。

任务二：创新品牌VI方案制订。

任务三：艺术面料开发策划。

任务四：品牌产品策划与系列开发。

任务五：产品推广方案策划。

同时完成这样一个项目，是一个团队合作工作的过程，需要项目组人员积极配合来完成工作。

任务一　消费需求调研

---------------- **学习目标** ----------------

1. 了解服装消费需求市场调研相关内容和方法。
2. 会实施消费需求调研工作。

---------------- **任务提出** ----------------

　　设计总监根据决策层的意图初步确定品牌的需求群体范围，组织工作人员进行消费需求的市场调研，为新品牌策划和产品开发提供有价值的信息。

---------------- **任务分析** ----------------

　　服装创新品牌的产品开发是建立在对消费群体与市场充分调研的基础上进行的。通过对市场消费者群体进一步细分，在调研以后确定其他品牌忽略的但具有很大市场价值的方面，或者通过调研明确消费群体的特征，为品牌策划与产品开发提供有力的支撑。

　　消费需求调研主要是针对消费需求量、消费结构、消费行为、消费心理等方面。调研的方法有很多，其中问卷调研是常见且切实有效的方法。

---------------- **相关知识** ----------------

一、消费需求

　　消费需求是新品牌产品开发的一个重要关注点，消费需求包括消费需求量、消费结构、消费行为、消费心理等方面，消费需求调研也就是针对以上部分展开的调研活动。

（一）消费需求量

　　影响消费需求量的因素包括服装自身的价格、消费者的偏好、消费者的收入、消费者的人数、收入分配、其他商品的价格。

　　1. 服装自身的价格

　　服装价格的变化对需求量有着直接的影响。由于要满足同一种需求可以有多种品牌的服装供选择，在其他服装产品价格不变的前提下，如果某种品牌产品的价格下降了，消费者就会购买更多的这种产品服装，因而服装需求量将增加；反之，需求量将减少。

　　此外，因为消费者的收入在一定的时期内是既定的，当某种服装价格上升的时候，消费者将感觉到实际收入下降而减少购买这种类服装，因而这种商品的需求量将减少；反之，这种商品的需求量将增加。因此通过问卷设计调研消费者可承受的价格范围，有利于准确把握消费的替代效应和收入效应效果，架构合理的产品数量比例。

2. 消费者的偏好

需求量是消费者希望购买的商品数量，需求量必然受到消费者偏好的制约。如果把握好消费者对服装产品偏好的重点，有利于产品消费量的增加。服装产品的色彩、款式、面料、做工、板型、搭配性、实用性，这是构成服装产品消费的非常主要的因素，也是满足顾客对服装功能的基本需求，更是实现消费交易的载体。在问卷调研中通过特定问题的设计，可以确实了解消费者偏好的重点，为产品开发把握准确的方向。在服装推广中也可以根据消费群体的偏好，通过强化偏好将消费的潜在偏好变成现实偏好，提升产品的需求量。

此外，产品的包装形象、品牌的文化体验等也对消费者的偏好产生积极的影响。

3. 消费者的收入

服装需求量是一种有效的需求，因而它还取决于消费者的收入。当消费者的收入逐渐提高时，将改变所购服装的价格、款式与品牌结构，这样，有些款式和价位服装的需求量会增加得快些，有些服装的需求量会增加得慢些，有些服装需求量将会减少。因此，在调研中不仅要了解消费人群的收入水平，同时还要了解消费人群的收入增长水平。

4. 消费者的人数

服装消费者人数的增加与消费者的收入增加、流行传播时期有很大关系，人数增加必然带来需求量的增加。当消费人群的收入增加，使有潜在需求的人群的购买能力得到实现，从而实现需求量的增加。流行对消费人群也存在深远的影响，当流行进入全盛期，消费人群争先模仿，带来服装产品需求量的大幅度上升。

5. 收入分配

在现实的经济社会中，由于收入水平的差别，人们购买商品的结构也是不同的。这样，在总收入不变的前提下进行收入再分配时，譬如减少高收入阶层的收入和增加低收入阶层的收入，各收入阶层就会改变他们对各种商品的购买量，从而引起商品需求量的变化。因此，了解经济形势和经济政策，有利于知道不同收入水平的阶层的收入变化，以制订与之对应的产品开发重点。

6. 竞争品牌服装的价格

某种品牌服装的需求量不仅取决于自身的价格，而且还取决于竞争品牌服装的价格。竞争品牌服装的影响可以分两种情形分析：一是替代品，如果款式风格接近，相对竞争品牌服装而言价格优惠，则会争取到更多消费人群，有利于产品的需求量增加；二是互补品，对于竞争品牌中的热销品而言，价格优惠但能搭配的产品将同样畅销。

（二）消费结构

服装产品的消费结构主要包括产品结构和消费人群结构两个方面。在产品上可以细分为价位结构、款式结构、风格结构等。例如，同样年龄层次消费者会存在不同的消费水平和心理价位。同样收入的消费者对于裙与裤、梭织与针织等的偏好不同。同样收入的消费者在服装风格的选择上，由于消费者个人气质、生活方式的不同，其产品风格偏好也不相同。消费人群结构可以分为习惯型、理智型、选价型、冲动型、想象型、不定型。不同特性的人群产生的消费行为特征不相同。通过调研掌握以上资料，可以有针对性地制订产品开发方案和推广策略。

（三）消费行为

决定消费行为的主导因素是消费者固有的习惯，而商家的营销策略、品牌体验、广告推广等都能在一定程度上改变消费习惯，并能达到逐渐改变消费习惯的作用。消费行为的调研可以从购买服装的场所、购买服装的频率、单位时间内购买服装件数、购买服装原因、购买偏好等方面设计调研问题。通过调研可以准确地了解目标人群的消费动向。

（四）消费心理

消费心理是指消费者进行消费活动时所表现出的心理特征与心理活动的过程。大致有四种消费心理，分别是从众、求异、攀比、求实。消费者的心理特征包括消费者兴趣、消费习惯、价值观、性格、气质等方面的特征。

消费过程分为七个阶段：产生需要、形成动机、搜集商品信息、做好购买准备、选择商品、使用商品、对商品使用的评价和反馈。消费心理往往受到消费环境、消费引导等多方面因素的影响。企业往往通过对消费者心理的影响，制订相应的营销策略。而对于产品策划而言，能准确把握消费者对品牌文化实体店体验、产品形象视觉体验的心理需求，将有利于增加消费的需求量，激发更多的潜在需求。

二、服装消费需求调研

（一）目标市场

目标市场是指服装品牌所面向的顾客及其群体。服装消费需求调研就是针对目标市场消费群体的调研。目标市场定位是消费需求定位的首要工作，其工作程序包括划分、评估、判断、定位。在进行目标市场定位的时候，同时要注意以目标顾客群体在关键要素上的一致性为依据，而非简单地以年龄、职业、收入等为依据进行品牌策划。

（二）调研指标

1. 地理区域指标

（1）城市规模　1万人以下、1万～2万人、2万～5万人、5万～10万人、10万～25万人、25万～50万人、50万～100万人、100万～400万人、400万人以上。

（2）气候　热带、亚热带、温带、寒带。

（3）城市或农村　城市、郊区、农村。

2. 人群指标

（1）年龄　6岁以下、7～12岁、13～19岁、20～29岁、30～39岁、40～49岁、50～59岁、60岁及以上。

（2）性别　男、女。

（3）教育状况　初中及以下、高中、大专、本科、本科以上。

（4）职业　工人、农民、专业技术人员、教师、文体工作者、职员、管理者、家庭主妇、退休、失业。

（5）个人或家庭月收入　按照具体收入划分。

（6）家庭生命周期　单身未婚、年轻已婚无子女、已婚有6岁以下子女、已婚有6岁以上子女、年老子女已独立、年老丧偶。

（7）社会阶层　超级富裕阶层、富裕阶层、小康阶层、温饱阶层、贫困阶层。

3. 情感行为指标

（1）时尚创新意识　创新者、早期接受者、早期大众、晚期大众、落伍者、不接纳者。

（2）时尚态度　积极的、中立的、消极的。

（3）品牌信赖程度　信赖、一般、厌烦、惧怕。

（4）价格敏感性　高度重视、轻度重视、一般、不重视。

（5）服务敏感性　高度重视、轻度重视、可有可无。

（6）广告敏感性　易受影响、无影响、反感。

（7）促销敏感性　高度重视、轻度重视、可有可无。

（8）品牌忠诚度　一贯忠诚、有点忠诚、不忠诚。

（9）购买频率　很长时间购买一次、阶段性购买、经常购买。

（10）购买准备阶段　无意、有意、了解、感兴趣、渴望、有购买意图。

（11）使用场合　社交场合、工作场合、家庭生活、户外活动。

（12）购买动机　经济、便利、质量、外观、品牌、舒适、表现力。

4. 产品偏好指标

（1）生活方式　学习生活、工作生活、社交生活、私生活朴素型、崇洋型、时髦型、奢华型。

（2）个性特征　强制性与自主性、外向与内向、独立与依赖、乐观与悲观、保守与激进、时髦与朴素。

（3）购买重点　品牌、价格、款式、做工、材质、产地、风格、购物环境、其他。

（4）面料特征　全棉、亚麻、棉麻、真丝、羊毛、莱卡、化纤、其他。

（5）色彩特征　黑白色系、灰色系、金色系、绿色系、红色系、蓝色系、粉色系、米色系、其他。

（6）尺码特征　S（小号）、M（中号）、L（大号）、XL（加大号）、XXL（特大号）。

（7）风格特征　摩登的、乡村的、女性味的、男性味的、优雅的、古典的、运动休闲的、其他。

（8）价格特征　100元以下、101～200元、201～300元、301～500元、501～800元、800元以上。

-------------------------------- 任务实施 --------------------------------

案例、服装消费需求调研

1. 确定所要调研产品属性

服装创新品牌的产品开发调研是以产品为基础的一种调研方式，因此明确产品的具体属性才能进行准确的市场定位。首先确定产品属于男装、女装、童装大类，然后进行年龄阶段的细分。接下来确定产品的用途范畴，是休闲类的、职业类的、运动类的、日常生活类的、家居睡衣类的……在此基础上再进一步确定产品款式风格、工艺面料、板型号型等，以最终明确产品属性要点。

2. 确定产品所对应的目标消费人群属性

目标消费人群包括性别、年龄、收入、消费观念与习惯、主要接触媒体等。同时通过调研可以确定人群中的性格特征、时尚敏感度等。

3. 确定所要调研人群范围

调研中对所有人进行调研是不大现实的，因此合理地选取样本，确定调研的区域和调研的数量是相当重要的，科学地选取样本可以使调研结果更加科学。

4. 确定排除因素

为了使调研的结果更加合理而客观，在调研的过程中选取样本时应做适当排除，如排除广告从业人员、排除在1个月内做过类似工作的调研人员、排除从事该产品的行业人员及有家属从事该行业的人员、排除有从事过调研工作经验的人员等。

5. 确定访问形式

调研的方式有很多种，包括问卷调研、拦截式访问、座谈式访问、邮件式访问、委托网络调研公司访问等，可以根据具体的有利条件选择合适的方式，以取得最佳效果。

6. 根据访问形式确定问卷的长度及内容

对于不同的调研方式应该采取不同的问卷长度和内容。例如，在随机的拦截式访问中，你的问题不适宜太长和太多。如果是拦截式访问，问题原则上不要超过一页A4纸；而对于积极配合、有充裕时间的人群，问卷就可以设计得详细和相对长些，如表3-1-1。

表3-1-1　服装消费需求调研问卷

您好！我们是××公司的调查员，我们正在进行一项关于×服装消费需求的市场调查，现在打扰您一些时间，麻烦您帮我们做一份问卷，您的答案将对我们很有帮助。非常感谢您的配合！

一、基本信息

1. 您的年龄：（　）

A. 24岁以下　　B. 25～30岁　　C. 31～40岁　　D. 40岁以上

2. 您目前所从事的职业：（　）

A. 教师　　B. 职业白领　　C. 商务人士　　D. 公务员　　E. 医生　　F. 律师　　G. 服务业　　H. 学生

I. 私企业主　　J. 其他＿＿＿＿＿＿＿＿＿

3. 您本人平均月收入（包括所有各种收入）：（　）

A. 3000元以下　B. 3001～5000元　C. 5001～8000元　D. 8001～15000元　E. 15001元及以上

二、消费行为调研

1. 您在购买服装时一般能接受的价位是：（　）

A. 100元以下　　　B. 101～200元　　　C. 201～350元　　　D. 351～600元

E. 601～1000元　　F. 1001～2000元　　G. 2000元以上

2. 您每年在服饰上的费用大约是：（　）

A. 1000元以下　B. 1001～2000元　C. 2001～5000元　　D. 5001～10000元　E. 10000元以上

3. 您喜欢在下列哪些地方购买服装？（可多选）（　）

A. 品牌专卖店　　B. 百货商场　　C. 个性小店　　D. 超市　　E. 外贸店　　F. 网店

4. 请问您在过去一年中购买服装的频率？（　）

A. 不固定　B. 平均一月购买一次　C. 平均一季度购买一次　D. 平均一年购买一次　E. 其他＿＿＿＿＿＿＿＿＿

5. 请问您最近半年购买服装的件数？（　）

A. 1件　　B. 3件　　C. 5件　　D. 8件　　E. 10件以上

续表

6. 您最近几次购买服装是因为：（　　）

A. 亲友建议　　　　B. 电视广告宣传　　　　C. 户外广告宣传　　　　D. 网络资料

E. 现场销售人员的介绍　　　F. 以前自己使用的经验　　　G. 逛街偶尔发现　　　H. 其他_____

7. 您喜欢及经常穿着的品牌有_____；它给您的第一印象是_____。

三、产品偏好调研

1. 选购服装和配饰时，您看重的是什么？（最多选择2项）（　　）

A. 品牌　　　　B. 设计风格　　　　C. 板型舒适合身　　　　D. 产品质量　　　　E. 价格

2. 您喜欢的服装的面料是（最多选3项）：（　　）

A. 天然纤维类的（棉、麻、丝）　　　　B. 羊毛或混纺　　　　C. 黏胶（如府绸、竹碳等）

D. 皮革　　　　E. 莱卡类　　　　F. 针织　　　　G. 其他_____

3. 您喜欢的服装的颜色是（最多选择3项）：（　　）

A. 蓝色系　　　　B. 白色系　　　　C. 黑色系　　　　D. 灰色系　　　　E. 红色系

F. 绿色系　　　　G. 金色系　　　　H. 黄色系　　　　I. 米色系　　　　J. 银色系　　　　K. 其他

4. 适合您身材的服装的规格型号是：（　　）

A. S（小号）　　　B. M（中号）　　　C. L（大号）　　　D. XL（加大号）　　　E. XXL（特大号）

5. 您在购买服装的款式上主要倾向于：（　　）

A. 优雅职业风格　　　B. 都市休闲风格　　　C. 时尚个性风格　　　D. 乡村田园风格　　　E. 其他

7. 常规问卷的问题提问技巧

在对样本提问中，问题应避免直接提问，如被访者的收入、年龄（尤其是女性）等涉及个人隐私类的话题，而这类问题应当借助其他的问题来进行推断，比如被访者的职业特性、兴趣爱好等问题去推断。此外，对问题中所涉及的产品应当避免出现产品的品牌及竞争对手的品牌这类信息，仅可提到该产品属于哪一类产品即可。同时，在问题的设置上要注意尽量避免主观题，而以选择题为主。最后，访问结束要准确地记录被访者的姓名、联系方式、电子邮箱等信息，以备后期回访。还有，在制作问卷的时候，应当同时制作问卷录入表，因此需要对问卷各问题编以明细的录入编码，以便后期的数据处理和分析。

8. 调研分析

根据调研内容进行具体分析，为品牌故事、品牌消费者具体定位、产品的设计风格定位、价格定位区间定位、品牌形象策划等提供科学的数据和材料支撑。避免新品牌的盲目性。

思考与训练

1. 服装品牌策划研究的内容有哪些？

2. 如何确立品牌名称？

3. 请同学自由组合项目组，进行消费者需求调研，设计调研问卷，实施调研工作，并进行调研分析。

4. 根据调研结果，虚拟一新品牌进行品牌定位策划。完成新品牌定位报告，并准备工作汇报。

任务二 创新品牌VI方案制订

1. 创建统一的服饰品牌视觉形象，通过视觉形象表达品牌理念，推广品牌。
2. 掌握服装品牌视觉形象的设计要点。
3. 能够制订一套完整的服装品牌VI手册。

任务提出

为某男装品牌建立一套基本的 visual identity（以下简称VI）系统，形成一个最直接的视觉形象。结合这些基本设计在应用系统中的广泛应用，统一而充分地表达企业理念和内在特质，以求得广大公众的认同，最终形成自己的品牌形象。

任务分析

品牌的VI设计过程主要有以下几个方面：

1. 分析及设计策略发展

由设计部了解该男装品牌的风格及消费群定位，并对品牌形象分析结果及设计准则以书面形式提出建议。

2. 设计基本视觉元素

本阶段是整个品牌视觉形象的创意中心，基本视觉元素——标志和字体是沟通的主体。

3. 形象识别系统

为了传达统一的视觉形象，上述基本元素被确定后，就要从事这些要素的精细化作业，开发各种应用项目，当各种视觉设计要素在各种应用项目中的组合关系确定后，就应严格地固定下来，以期达到通过统一性、系统性来加强视觉祈求力的效果。

相关知识

一、服装CI简介

（一）CI与CIS

（1）CI是 corporate identity 的缩写 即企业形象识别，20世纪50年代出现于美国，60年代传到日本，70年代末传入我国港台地区，80年代末传入我国大陆地区。

（2）CIS是 corporate identity system 的缩写 即企业形象识别系统。是对CI进行运用的一种系统方法，通过传送系统，将企业的文化理念传达给社会大众及内部员工，并获得他们认同的一种方法系统。

（二）CI的内容

包括四项内容。

（1）MI（mind identity，企业理念识别）　主要包括经营方针、精神、标语口号、企业经营风格、企业文化、企业理念、企业战略、企业建筑、招牌、制服、吉祥物等，是企业所蕴含的内在动力，影响着企业其他活动的开展和进行。

（2）BI（behavior identity，企业行为识别）　包括教育培训、福利待遇、礼仪规范、环境规划、公关、营销活动、公益活动等，是行为活动的动态形式。

（3）VI（visual identity，企业视觉识别）　包括企业标志、标准字、标准色、广告设计、事物用品、交通工具、辅助产品设计等，是CI系统中最外在的部分，通过直接刺激人的视觉神经，在人的大脑里迅速形成记忆。

（4）AI（audio identity，企业听觉识别）　包括企业团队歌曲、企业形象音乐、商业名称、广告用语、广告音乐等。以听觉的传播力来感染媒体，把企业理念、文化特质、服务内容、企业规范等抽象事物转化为具体事物，以声音的手段塑造企业形象，彰显个性。

二、关于VI

（一）VI概念

VI（visual identity）是视觉识别的英文简称。它借助可见的视觉符号在企业内外传递与企业相关的信息。品牌的VI设计也称为品牌的视觉形象设计，指在企业经营理念的指导下，利用平面设计等手法将企业品牌的内在气质和市场定位视觉化、形象化的结果；是企业作为独立法人的社会存在与其周围的经营及生存的经济环境和社会环境相互区别、联系和沟通的最直接和常用的信息平台。

VI好比是企业品牌形象的脸。它将企业理念、企业价值观通过静态的、具体化的、视觉化的传播系统迅速准确地传播出去，使企业品牌的精神、思想、经营方针、经营策略等主体性的内容通过视觉的方式得以外在化表现，社会公众能一目了然地掌握企业信息，产生认同感，进而达到企业识别的目的。

（二）VI作用

一套优秀的VI对于企业品牌的作用主要表现在以下方面。

① 在明显地将该企业品牌与其他企业品牌区分开来的同时，又确立该企业品牌明显的行业特征或其他重要特征，确保该企业品牌在经济活动中的独立性和不可替代性；明确该企业品牌的市场定位，属于企业品牌无形资产的一个重要组成部分。

② 传达该企业品牌的经营理念和企业文化，以形象的视觉形式宣传企业。

③ 以自己特有的视觉符号系统吸引公众的注意力并产生记忆，使消费者对该企业所提供的产品或服务产生最高的品牌忠诚度。

④ 提高该企业员工对企业的认同感，提高企业士气。

一个现代企业如果没有一套标准的VI，就意味着它的形象将消失在茫茫的商海之中，让人辨别不清；就意味着它是一个没有灵魂的赚钱机器；就意味着它的产品与服务毫无个性，消费者对它若即若离；就意味着团队的涣散和士气的低落。

（三）服装VI的构成

VI是由两大部分组成的，一个是基本设计系统（VI设计的基本元素），另一个是应用设计系统。

在基本设计系统中，以标志、标准字体、标准色为核心，一般称为VI的三大核心。整个VI设计系统完全建立在其三大核心所构成的基础之上。而标志又是其核心之核心，它是促发和形成所有视觉要素的主导力量。

在应用设计系统中，以服装产品为中心的VI系统内容包括吊牌、主标、副标、合格证、洗水标、尺码标、内包装、外包装等，而相关外延的VI设计内容还有店面形象、宣传用具、POP广告、办公用品等。

三、VI方案的设计开发过程

（一）准备阶段

根据企业品牌的经营理念与未来发展规划，确定VI方案的大体样式、规模和风格。如果企业本身就有一些可利用的元素，如品牌名称、标志等，并且在以后的发展过程中对企业还会产生一定的影响，可以将这些元素保留、修改和完善，使其更具有时代感。如果是要确立一个新品牌，就必须重新构思名称和其他元素，树立起崭新的视觉形象。

在VI设计机构的选择上，最好在专业设计机构的指导下，以企业委托、公开设计竞赛等方式，尽可能地创造选择机会，选择一种或两种组合形式，取得最佳设计方案。

（二）VI基础元素的设计开发

基础元素的设计师是整个VI系统中的主要载体，起到统领作用。

1. 产品名称及标志设计

名称和标志是VI系统中的核心，容易记忆及富有美感的称谓加上独特清晰的服饰品牌识别体系，才能易于品牌的传播及提升产品的识别价值。任何成功的品牌在视觉表现上都有其鲜明的标记性，这种标记在与消费者沟通的过程中远远超过了单个商标的作用。它是运用规范化的图形、色彩、字体来突出视觉的整体形象，传递美感。任何强势品牌，除了卓越的产品品质这个内在的核心外，有一个重要的特征就是它们的标志鲜明、醒目，让消费者一眼可以认出。

标志设计在设计上要具有以下特点：

（1）识别性强　因为标志在视觉识别基础要素中起到核心和主导的作用，是应用最广泛、出现频率最高的图形，所以标志的图形应该简洁鲜明，便于识别和记忆。

（2）个性化　独具一格的标志才能体现出品牌间的差异，更能表达品牌精神的所在。

（3）形式美观　标志设计是一种视觉艺术。具有美感的标志能引起人们对美的共鸣和冲动，标志设计的造型要素有点、线、面、体四大类。设计者要借助于这四大元素，通过掌握不同造型形式的设计规则，使所构成的图案具有独立于各种具体事物的结构美。

如图3-2-1皮尔·卡丹商标的表现手法：字母"P"与"C"的完美结合，将文字以艺术符号的形式展现出来。其标志采用英文"Pierre Cardin"的首字母"PC"为创意源头，正形"P"与负形"C"的相互交织，对比强烈，映衬出男服挺拔、女服柔美的品牌特征。

图3-2-1 皮尔·卡丹商标（源自亚洲CI网）

如图3-2-2杉杉集团的标志，以"杉杉"的音译"Shanshan"及象征中国杉树"Chinafirs"作为设计题材，并将来自大自然的设计灵感融入设计，其中字母"S"象征公司有如流水般生生不息，杉树则有节节升高之意。

图3-2-2 杉杉服饰集团商标（源自亚洲CI网）

杉杉标志的色彩规划采用了自然、沉稳的青绿色与象征现代、清新的水蓝色的搭配组合，视觉上的生动力令人耳目一新，象征杉杉集团的发展如青山绿水般永无止境。

标志结构以两个"S"做曲线变化，意味杉杉集团由单一生产西服迈向多元化发展。而耸立挺拔的杉树图形令人一眼看上去即能联想到杉杉从传统到现代的串联，更象征集团创新突破的成长，以实现"杉杉"创一流世界品牌的企业目的。

2. 标准字体的设计开发

标准字主要包括品牌商标标准字、品牌全称标准字和用于活动主题、广告语的标准字。它的设计要具有个性和特点，对字间距、笔画的配置、线条的粗细、编排形式的统一等要素都应做到周密的考虑和严谨的制作，如图3-2-3。

企业在设计标准字体的时候，必须考虑到字体是否符合品牌的特点。如儿童品牌服饰可选择轻快活泼、略显幼稚的字体。女性服饰品牌应选择线条柔和、圆滑的字体，使人产生柔美的感觉。男性品牌则应该选择较刚劲、帅气干练的字体。

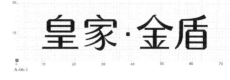

图3-2-3 标准字体

3. 标准色、辅助色设计

企业应选择恰当的色彩有效地传达出品牌的经营理念和形象特征，一般来说，标准色不超过三种，在应用时可配置一定的辅助色，以创造最佳视觉效果。如图3-2-4。

同样，在色彩的运用上也应考虑到品牌的特点。如面向青少年开发的服装品牌，在色彩的选取上应具有活跃灵动的特点。可运用冷暖对比色加强这种感觉。如面向职场人士推出的服饰品牌，应用比较

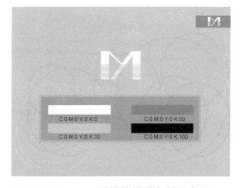

图3-2-4 VI系统的标准与辅助色彩

理性的冷色表达出干练的感觉。

4. 标准组合设计

标准组合就是对标志和其他主要视觉基本要素的组合关系所做的规定。它是根据相应的媒体（如报刊、电视广告、网站、DM广告等）的规格而设定的横排、竖排、大小、方向等不同形式的组合方式。

（三）VI应用系统的设计开发

品牌视觉识别的基本要素设计完成后，就要进行应用系统的开发设计。应用系统的设计必须以基础要素的设计风格为指导，在运用中应严格遵循品牌基本要素的组合规范，不可随意更改。在服装产品策划中，以产品中心的VI系统中的核心部分包括服装吊牌、主标、副标、合格证、洗水标、尺码标、内包装、外包装等，而相关外延的VI设计内容还有店面形象、宣传用具、POP广告、办公用品等。

1. 服装吊牌

服装吊牌上标明公司名称、地点、电话、传真、网址和其他说明。如图3-2-5。

图3-2-5 服装吊牌（金利萍提供）

2. 合格证

服装合格证的内容有产品名称、款号、尺码、颜色、成分、等级、执行标准、安全类别、单价、检验员、条形码以及洗涤说明等。如图3-2-6。

图3-2-6 服装合格证（卫佳玲提供）

3. 服装主标、副标、尺码标

服装主标、副标、尺码标等为服装起到标识作用，便于消费者进行选购。如图3-2-7。

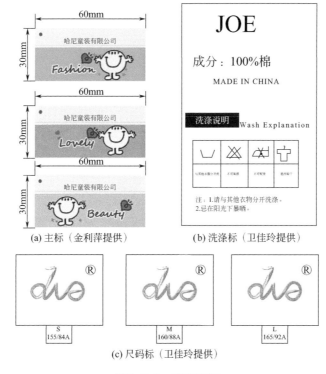

(a) 主标（金利萍提供）　　　　　(b) 洗涤标（卫佳玲提供）

(c) 尺码标（卫佳玲提供）

图3-2-7　服装主标

4. 服装内包装袋

服装内包装袋对服装起保护、防尘、标识等作用，通常是一件衣服一个包装袋。材料以透明的塑料袋最常见，在设计上应该符合国家相关规定，同时注意品牌VI标识作用。如图3-2-8。

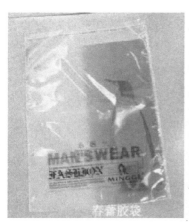

图3-2-8　服装包装袋

5. 服装手提袋

服装手提袋不仅要注重实用性，还要注重其装饰性。其构成要素有企业署名（标志、标准字体、标准色、企业造型、象征图形等）、图形（摄影、插图等）、文字（使用说明、质量保证等）、材质（纸、塑料、金属、布、皮等）、结构、制作工艺。如图3-2-9。

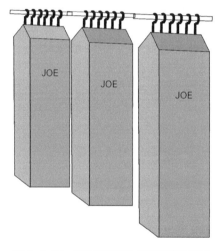

图3-2-9　服装手提袋（金利萍提供）

6. 打包袋

对于某些产品，例如高档的西服、大衣、外套等，一般采用挂件包装的形式，因此打包袋是服装运输中常用的一种包装形式。可以采用单件包装的形式，也可以采用多件包装的形式。对于品牌服装的打包装袋，应该纳入VI设计系统，建立良好的品牌形象。如图3-2-10。

JOE　JOE　JOE

图3-2-10　服装打包袋（张晓晓提供）

7. 纸箱

折叠包装的产品在运输中采用纸箱包装形式，服装货品纸箱包装纳入VI设计系统，便于产品在物流中被识别。如图3-2-11。

图3-2-11　服装纸箱（金利萍提供）

8. 办公用品

办公用品包括名片、信封、信纸、便笺、传真纸、公文袋等事务性用品以及发票、预算书、介绍信、合同书等。统一的VI设计，对于提升品牌公司的形象、传达品牌意识有着重要意义。如图3-2-12。

图3-2-12　办公用品（金利萍提供）

9. 店头招牌设计

店头招牌设计的设计要素包括产品形象、品牌标志、名称、色彩、装饰造型等。如图3-2-13。

图3-2-13　店头招牌设计（金利萍提供）

10. 其他

根据不同行业特征及因时代变迁形成的新需求，可增添新的应用项目，如网站等。

(a) 品牌标准标志

(b) 品牌标准标志反白

图3-2-14　七匹狼服饰商标
（源自穿针引线网）

任务实施

案例一、七匹狼服饰品牌形象专卖系统设计

　　七匹狼商标图形是一匹向前奔跑的彪狼，以昂头挺尾奔越的形状、四脚蓄积爆发的立姿表现公司创业者勇于突破传统、独具个性的舒展形象。它整体呈流线型，充满动感，给人奋勇直前的感觉，象征着企业不断开拓的奋斗精神。英文专用词"SEPTWOLVES"及中文"七匹狼"，象征着公司以一个团结的整体面向未来的经营作风和企业凝聚力。墨绿色是企业的标准色，象征着青春、活力，孕育着勃勃生机。如图3-2-14～图3-2-19。

(a) 品牌标准标志

(b) 品牌标准标志反白

(c) 品牌标志标准制图

(e) 品牌标准英文字

SEPTWOLVES

七匹狼

(f) 品牌标准中文字反白

SEPTWOLVES

(g) 品牌标准英文字反白

七匹狼

(d) 品牌标准中文字

(h) 品牌专卖店店头招牌

(i) 品牌专卖店店内陈设

C90 M10 Y60 K50
(j) 品牌标准色

C0 M3 Y11 K0
(k) 品牌辅助色1

C0 M0 Y0 K10
(l) 品牌辅助色2

图3-2-15　七匹狼服饰品牌VI基础要素（源自穿针引线网）

(a) 标准旗舰店效果

(b) 标准单店面效果

(c) 无墙专厅效果

(d) 单墙专厅效果

(e) 双墙专厅效果

(f) 三墙店中店效果

(g) 店堂天棚及地面效果

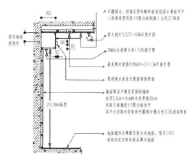

(h) 店堂天、地、墙剖面示意图

(i) 店堂天棚布灯示意图

(j) 墙面特效射灯

(k) 橱窗特效射灯

(l) 天棚照明筒灯

图3-2-16　七匹狼服饰品牌VI——专卖形象系统1（源自穿针引线网）

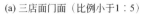

(a) 三店面门面（比例小于1∶5）　　　　　(b) 双店面门面（比例小于1∶3大于1∶5）

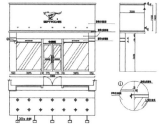

(c) 双橱窗效果图　　　　　　　　　　　　　(d) 门面施工图

(e) 单店面门面（比例大于1∶3）　　　　　　(f) 单橱窗效果图

(g) 形象主墙效果图　　　(h) 配饰展示墙架效果图　　(i) 配饰展示墙架效果图

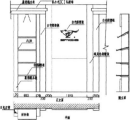

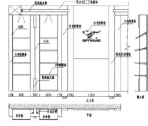

(j) 形象主墙施工图　　　　　　(k) 配饰展示墙架施工图

图3-2-17　七匹狼服饰品牌VI——专卖形象系统2（源自穿针引线网）

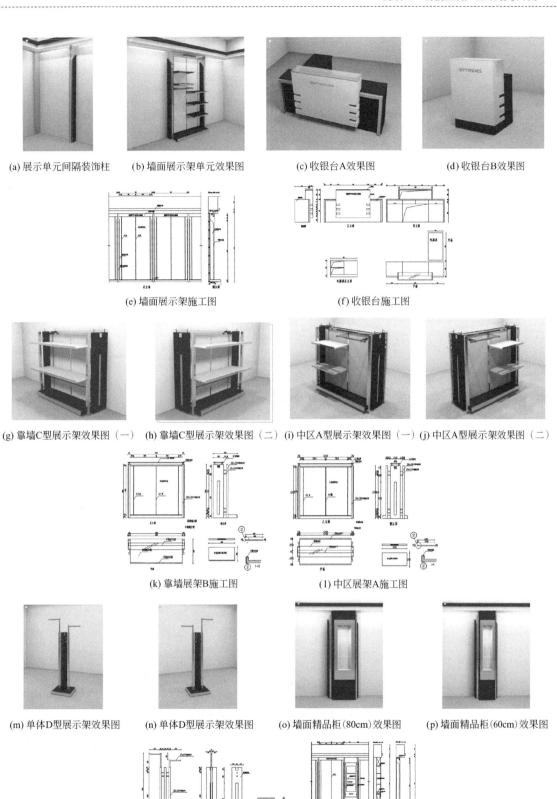

(a) 展示单元间隔装饰柱　　(b) 墙面展示架单元效果图　　(c) 收银台A效果图　　(d) 收银台B效果图

(e) 墙面展示架施工图　　　(f) 收银台施工图

(g) 靠墙C型展示架效果图（一）　(h) 靠墙C型展示架效果图（二）　(i) 中区A型展示架效果图（一）　(j) 中区A型展示架效果图（二）

(k) 靠墙展架B施工图　　　(l) 中区展架A施工图

(m) 单体D型展示架效果图　(n) 单体D型展示架效果图　(o) 墙面精品柜(80cm)效果图　(p) 墙面精品柜(60cm)效果图

(q) 靠墙展架施工图　　　(r) 墙面精品展示柜施工图

图3-2-18　七匹狼服饰品牌VI——专卖形象系统3（源自穿针引线网）

(a) 高低展示台效果图（一）　　　(b) 高低展示台效果图（二）　　　(c) 试衣间效果图（一）　　　(d) 试衣间效果图（二）

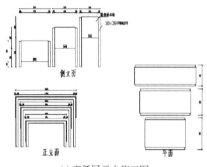

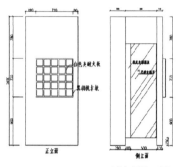

(e) 高低展示台施工图　　　　　　　　　　　　(f) 试衣间施工图

(g) 不规则空间处理范例　　　　　　　　　　　(h) 专卖主墙配置示范

(i) 超高空间处理范例　　　　　　　　　　　(j) 左右展示墙配置示范

(k) 柱子处理正面效果图　　　　　　　　(l) 柱子处理侧面效果图

图3-2-19　七匹狼服饰品牌VI——专卖形象系统4（源自穿针引线网）

案例二、报喜鸟服饰品牌形象设计

报喜鸟以弘扬民族服饰品牌为己任，一直坚持名牌战略，秉承"创新"的原则，以"质量是品牌的基础、市场是品牌的活力、设计是品牌的灵魂、创新是品牌的根本、文化是品牌的源泉"为品牌运作理念，始终将我国独特的民族文化与创新精神融入品牌和产品，尊重原创设计，不断提升品牌内涵，形成了"东情西韵、古风新律"的品牌风格，通过品牌推广措施，宣传自己的品牌文化主张，传达自己的流行文化，确立了国内男装著名品牌之一的地位。如图3-2-20。

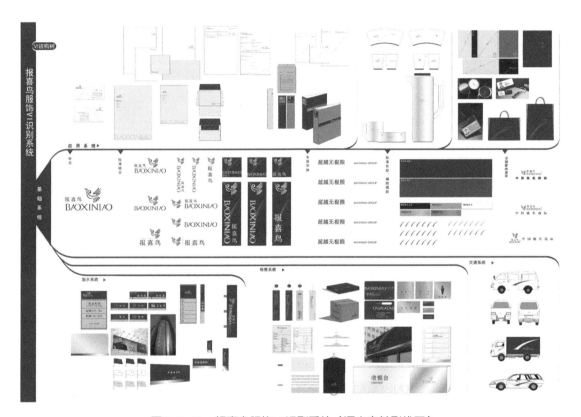

图3-2-20　报喜鸟服饰VI识别系统（源自穿针引线网）

思考与训练

1. 服装VI设计包括哪些几个方面的内容?

2. 服装产品VI应用系统主要包括哪些方面?

3. 请虚拟一服装品牌并进行VI标志设计。

4. 根据虚拟的品牌，完成以服装产品为中心的VI应用系统设计方案册一份。

任务三　艺术面料开发策划

1. 掌握服装面料再造的定义及意义。
2. 掌握服装面料再造过程中不同面料再造的艺术表现及在不同风格服装中的应用。
3. 能够独立完成面料艺术再造设计并运用于某一风格系列服装中。

任务提出

寻找某种面料，对其进行再造设计，并运用再造后的面料设计一套系列服装。研究某种面料的基本特质，寻找面料再造的灵感来源，运用不同的方法进行面料二次设计，将不同手法塑造的面料艺术效果进行比较分析，选择面料再造后的最佳面料效果进行一套系列服装设计。

任务分析

在现代品牌服装中，艺术面料开发往往是很多品牌获得款式创新的重要途径，对于往季销售很好的款式，在当季销售时，通过面料的艺术效果处理，往往可以结合畅销款的优势获得新意，是现代品牌服装开发中不可忽视的一个重要手段。

服装面料再造是艺术面料开发的一个重要手段，是在现有的面料上进行二次处理后完成的，因此需要从寻找合适的基础面料入手，最终将所预想的面料的效果实现在该面料上，并用于服装设计中。具体步骤如下：

① 选择基础面料。
② 寻找面料再造的灵感来源。
③ 绘制面料设计草图，定位服装风格。
④ 运用工艺手法对面料进行再造设计。
⑤ 面料再造设计在服装设计中的运用。

以上每个环节在进行时，都应将最后的服装设计效果考虑其中。

相关知识

面料二次设计打破传统一次面料运用纤维材料直接进行批量加工的方式，在一次面料设计的基础上，运用各种工艺手法进行强化面料美感的艺术设计，多用在高级成衣或个性鲜明的服装设计或纺织品设计中。

一、搜集面料

面料是有生命的，其本身被赋予了丰富的个性，如粗犷、温柔、丰满、轻盈、沉稳、活泼、立体、平面等，都给人们带来不同感官效果；面料的质地也体现了其丰富的内涵，如它的张力、弹性、透气性、防水性、防静电、色牢度等；同时其色泽、图案纹样、组织结构又体现了其多样的综合素质。在面料二次设计中，选择基础面料是关键。

🎵 二、面料的流行资讯的收集

面料的流行信息来源和服装的流行信息一样，渠道众多，主要有以下几个方面的来源。

（一）流行行业协会机构

这些机构包括国际纤维协会、国际羊毛局、国际棉业协会、德国法兰克福福特斯道夫国际衣料博览会等。通过全面分析，总结流行现状、过去和各种影响因素，对纺织物的当下流行和关键影响因素进行分析评估之后，对未来的纺织品流行做出预测。流行信息通过杂志、网络或纺织品衣料博览会等进行市场导向和传播，如图3-3-1。

图3-3-1　2012/2013秋冬季流行色彩与面料趋势（源自时装网）

（二）市场信息

指当前市场中服装面料的流行状况、消费者意见、竞争对手的信息资料。

（三）社会环境

指社会生活的各个方面、人们的生活方式和观念对服装面料的要求。

（四）企业资源

指企业对面料的设计定位、面料产品开发的信息、产品风格、市场定位和销售业绩等。

（五）科技发展

指新型高科技面料的研发对面料流行趋势产生影响。

🎵 三、面料与服装风格

通常来讲，服装的风格一部分因素取决于面料，服装面料的二次设计能起到改变某种服装整体风格的作用。例如，一条简单的H形丝绸连衣裙，通过将其裙腰处进行抽褶的设计，使丝绸面料经过抽褶设计产生波浪褶的效果，整条裙子风格也因面料的二次设计处理由简约风格变成具有女性化的浪漫风格。

前面提到，面料再造设计与服装设计有着密不可分的关联性，因此了解服装的各种不同风格类型也是十分重要的。现将常见的服装风格类型与常采用的面料特性归纳如下。

（一）都市风格服装与面料

都市风格透着中心城市的自信，表现着市民追求多彩生活的情趣，大胆，富有个性，带有引领现代生活审美潮流的动力意识，将现代工业及建筑设计融入服饰，更多显示出结构的构成性、机能性、超现实的未来感。造型没有确定的模式，一般干净利落，线条及轮廓多呈现直线和由几何图形构成，裁剪精美，并以短套装、紧身装等展示简洁实用的特点。面料选择以合成纤维为主的紧密织物，可以适当加入弹性纤维，如弹性针织布、光亮度好的漆皮面料、闪光的人造丝、人造棉织物、毛呢类织物、斜纹厚呢、缎面、真丝、雪纺和皮件以及新型纤维织物，能和色彩、图案、纹样相结合。如图3-3-2。

（a）MaxMara 2008春夏用塑胶雨衣、缎面、
真丝演绎都市情

（b）Cabbeen 2010春夏纯棉、针织物、
牛仔布创造都市风

图3-3-2　不同材质都市风格服装

（二）休闲风格服装与面料

**图3-3-3　Emporio Armani 2011
秋冬休闲风格男装**

注重健康的生活意识下，慢休闲时尚完全步入现代人的生活当中，休闲风格是以穿着与视觉上的轻松、随意、舒适为主的，年龄层跨度较大，适应多个阶层日常穿着的服装风格。造型元素的使用没有太明显的倾向性，轮廓简单，面料造型感较强，讲究层次搭配，搭配随意多变；图案、刺绣、花边、缝纫线等点造型和线造型的表现形式很多；面造型以重叠交错为主，表现一种层次感；体造型元素较少，一般选择用部件形式表现，如坦克袋、连衣腰包等。面料多为天然面料，如棉、麻等，经常强调面料的肌理效果或者面料经过涂层、亚光处理，或选用绒面织物等。如图3-3-3。

（三）复古风格服装与面料

复古风格服饰多以欧洲传统艺术为基础，诸如哥特式、洛可可式等，具有传统服装的特点，追求严谨而高雅、文静而含蓄，服装式样相对稳定、正统。造型中点造型仅仅作为小面积的装饰使用，多选择分割线和少量装饰线的线性特征，面造型相对较为规整，以褶饰出现，体造型较少使用。典型面料包括苏格兰呢、羊绒、天鹅绒等。适用于礼服的式样一般多用X形、Y形、A形，强调人体华丽流畅的线条和传统的手工感觉，面料选择相对豪华，印花织物、提花织物、素缎、丝绸、塔夫隆等均使用。用于生活装的风格则将经典的绅士衬衫和外套作为基本点，面料的选择要保守一些，多以毛呢料为主；辅料以亮片、铆钉为多。如图3-3-4。

(a) 瓦伦蒂诺2008春夏成衣以丝绸薄纱打造复古风　　　(b) 阿玛尼2009秋冬复古风以半透明轻薄闪光布料为材质

图3-3-4　不同材质复古风格服装

（四）浪漫风格服装与面料

此类服装强调女性温柔、甜美的形象特征，表现出细腰丰臀。大而多装饰的帽饰，注重整体线条的动感表现，使服装能随着人体的摆动而呈现出轻快飘逸之感。设计中增加更多清新的元素，少去硬朗机械的感觉，利用透、通、轻、软的面料营造浪漫氛围。用于社交和青年群体，社交中以X廓型为主，带有古典特征的合体造型，细节以层次感和面料的量感化为主，面料选用一些带有花草纹样、闪光金银丝的精美、高雅的缎、蕾丝、肖纱等提花、手绘、刺绣类面料。用于青年群体时往往于浪漫中表现热情、活力的一面，面料以细布、泡泡条、绉纱等天然织物为基础，变化多样。如图3-3-5。

（五）田园风格服装与面料

田园风格服饰体现了原始、自然的朴素美，手工和民族成为风格的特点之一，具有较强的活动机能，很适合人们在郊游、散步和做各种轻松活动时穿着，迎合现代人的生活需求。服装廓型随意性较大，具有手工艺特征的绗线设计，传统民族风情的滚、镶等手法较为常见。面料选择以棉、麻、毛等天然纤维为主，具有光泽感的缎类、提花绸类、印花棉

(a) 品牌Chloé 2009秋冬成衣以轻纱、蕾丝表现浪漫　　　　(b) 品牌Fendi 2008春夏成衣透明绸缎、针织纱

图3-3-5　不同材质的浪漫风格服装

织物、羊毛编织物等构成丰富图样，纯棉质地、小方格、均匀条纹、碎花图案、棉质花边等都是田园风格中最常见的元素。如图3-3-6。

(a) Kenzo 2011天然织物的春夏田园风格　　　　(b) Anna Sui 2011春夏雪纺、牛仔、针织物的田园风格

图3-3-6　不同材质田园风格服装

（六）前卫风格服装与材料配置

前卫风格属于年轻人的服饰风格，一种反传统，一种叛逆，一种颠覆，可以cosplay任何她们喜欢的事物，怪、异是其装扮的重点，受波普艺术、抽象派别艺术等影响，服装造型的结构和比例超出正常的理解，以怪异为主线，使用多种形式的线造型，分割线或装饰线均有，规整的线造型较少，线形变化较大，强调对比因素、局部夸张的立体造型，如立体袋、膨体袖等，追求一种标新立异、反叛刺激的形象；造型元素排列不太规整，可交错重叠使用面造型，可大面积使用点造型而且排列形式变化多样，其面料多使用以年轻人喜欢的非日常性的、奇特新颖的、富有光泽效果的织物为主，如各种真皮、仿皮、牛仔、上光涂层面料、弹性的针织物、水洗牛仔布、金属性织物等，而且不太受色彩

的限制。如图3-3-7。

图3-3-7 光泽涂层织物、牛仔布、金属织物等不同材质打造的前卫风格服装（图片来源：网易时尚）

（七）中性风格服装与面料

　　服装中性风格一直以来被女装中性化或男性化统治着，将女性社会主体的个性等通过服饰的追求体现出来，女装设计中融合如男装正统规范的特征；而实际上男性社会地位的变化引出的男装中性化也是不可忽视的，男装中柔情、温和因素越来越明显，使男女装设计刚柔结合，营造出新时代特征下主体的新形象。服装造型中女装呈现男装绅士特征，直线型的套装、长款的大衣等，以方正、有型的轮廓强调修长的整体形象，注重上下装的长短变化的组合性，整体简练；男装则呈现明显的收腰状态，强调腰部形态变化的短外套、紧身外套，修长包身的长裤，整体视觉柔美。中性女装将都市男装面料作为主体，精纺的人字呢、细条、大小方格的精纺天然织物、驼毛、羊绒、华达呢、哔叽、灯芯绒、皮革类以及多种棉布和化纤织物；中性化男装则将女性雪纺绸、塔夫绸、云纹绸、闪光织物、丝绸以及针织物、毛织物用于男装，大绣花、印花亚麻面料、华丽花卉、条纹、格子的丹宁布、镂空织物等女性化织物细节与男性的刚毅相结合，呈现设计风格不同寻常的特质。如图3-3-8。

　　服装的风格分类除了上述几种主要风格外，还有其他多种分类形式，面料的合理选择与配置在服装的风格中有着极为重要的作用。

四、面料再造设计的灵感来源

　　面料的二次设计的第一步，是寻找面料再造的灵感，灵感可以来自各个方面，从自然界到生活的每一个角落，只要你有双善于捕捉灵感的眼睛，灵感无处不在。

(a) Homme 将薄纱、乔其绉、丹宁布大绣花织物用于男装中性设计   (b) 粗厚的羊毛织物及皮革

图3-3-8 不同材质中性风格服装（图片来源：网易时尚）

（一）从自然中寻找灵感

从大自然中寻找灵感并不是难事，四季变换的风景、各种类型的动植物、自然界的雷电风雨雪、大海、森林都可以用来成为灵感的元素。如动物的羽毛、海洋里的贝壳、森林里的树叶、灌木花草等。如图3-3-9。

图3-3-9 2011/2012秋冬季毛针织服装的灵感来源（源自全球纺织网）

（二）从历史轨迹中寻找灵感

历史总是能给我们带来一些思考、带来一些回味，历史所遗留下来的痕迹也通常给我们带来一些灵感的素材，一扇古老的门、一扇雕花的窗、一个朝代的兴衰所留下的古迹都是创作的源泉。

（三）从民族传统文化中寻找灵感

每个民族都有其自身的特点，民族元素作为灵感的素材常被用在设计作品中，民族传统服饰、民族传统习俗、民族的饮食文化、民族的语言文字等都可以成为设计师最好的素材。

（四）从各自艺术形式中寻找灵感

灵感的寻找还可以来自于各种门类的艺术形式中。精美的建筑、一幅名画、一首动听的音乐、一支优美的舞蹈、一件精致的工艺品等都可以激发设计师的灵感，从而设计出好的艺术品。

（五）从日常生活中寻找灵感

在我们的日常生活中，灵感处处存在，一杯茶、一次谈话或者一本好书都可能成为我们灵感的来源。

总之，作为一名设计师，只要拥有敏锐的观察力，便能将宇宙间的各个元素幻化成灵感的来源。面料二次设计的第一步便是寻找到这样一份灵感，并将其实现在面料的创作中。

五、面料再造设计的工艺手法

面料的创新再造始于创意的灵感。在创作的过程中常追求在面料的外观视觉效果和触觉肌理感上找到新的突破。需要强调的是，在进行面料创新再造的过程中，要考虑到生产工艺及批量生产的可行性，往往一种创新灵感的实现要经过许多次工艺实验和产品尝试制作才能成熟和确定下来，从而实现面料再造的创意设计。

关于面料再造的工艺手法由来已久，追溯东西方的文明历史，都有着面料再造手工艺的鼎盛时期。中国的纺织业尤其发达，自殷商时期就产生了刺绣。如今在中国不少地区仍保留着自己的独特工艺技术手法，其中有许多经典的工艺技巧被运用在当下的服装设计中，成为一种独特的时尚元素。

以下将面料再造中常见的工艺手法进行归纳，具体如下。

（一）服装面料再造的平面造型技法

服装面料二次设计中，对面料本身进行平面效果处理的技法包括三种，分别是染、印、绘。印染形式主要分为手工染绘和机器印花。手工染绘对服装面料二次设计的表现形式十分丰富，是面料二次设计的常用表现形式之一。

1. 扎染

扎染属于服装面料图案的二次设计。它是对面料织物本身进行不同的扎结或针锋缝方法，在适当的染液溶剂、适当的温度下有意识地控制染液渗透的范围和程度，形成不同的色差变化，而产生自然的纹理变化和斑斓的渐变色效果。扎染图案种类繁多，在服装设计中，常常不会整体采用，而是通过合适的比例布局分配，将纹样、色彩、缝扎技艺结合起来，使服装达到和谐统一的美感效果，体现一种质朴、休闲、随意、民族等风格特点。如图3-3-10。

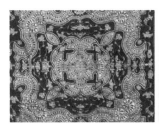

图3-3-10　扎染艺术效果（源自时尚品牌网）

2. 蜡染

蜡染是利用蜡的防水性，在面料上按纹样的需要进行"封蜡"处理。具体先将石蜡或木蜡或蜂蜡溶化后，用铜蜡刀或毛笔蘸蜡在面料上进行绘制（封蜡）。待冷却后，进行浸染，最后在温水中除蜡。面料会因蜡的防染作用而呈现各种自然的纹样效果。蜡染的面料图案常常体现一种粗犷、自然、典雅、古朴的独特韵味。蜡染可以根据不同的设计主题进行图案表现，粗犷或细腻，浓烈或淡雅，也可通过传统的工艺表达极具现代感的图案。

3. 手绘

手绘是以手工绘画的技法在现有面料上直接绘制的一种方法，其最大特点是不受花型、套色的限制，可以是图案，也可以是随意形。手绘染料常采用印花色浆、染料色水以及各种涂料等无腐蚀性、不溶于水的颜料。常用的绘制工具是各种软硬画笔、排刷、喷笔、刮刀等。所使用的面料包括棉、麻、丝、毛、化纤，着色手法上，轻薄的面料上采用中国传统水墨画的表现技法，营造一种浓淡虚实、层层氤氲的效果。厚实的面料上采用水彩画或油画的表现技法，体现一种粗犷、豪放的艺术效果。手绘技法与绘画作品一样，有着不可复制的唯一性，因此不适用于批量的成衣生产中。

4. 机器印花

机器印染是指在面料表面印上图案，其手法有丝网印花、加热转移印花、数码印花技术等（图3-3-11），一般以局部印花为主。机器印染的图案表现形式多样化，题材涉及广泛，是服装设计师们的首选方式。机器印花是进行面料图案二次设计广泛采用的方法，表现能力强，图案效果逼真，深受服装设计者和消费者的喜爱。

图3-3-11　数码印花技术的效果（源自时尚品牌网）

（二）服装面料的立体造型技法

面料二次设计强调的是对整理加工过的面料进行第二次处理，它可以是二维平面的，也可以是三维立体的，其方法和处理手段多种多样。以下是几种面料立体造型的常用技法。

1. 皱褶

面料的皱褶设计是指通过外力对平面的面料进行打皱、抽褶或局部进行挤压、拧转、堆积等处理，改变面料的表面肌理形态，使其产生由光滑到粗糙的转变，有强烈的触摸感觉和三维立体感。现代服装面料皱褶设计可以用于整块面料，对面料外观进行重塑。如日本设计师三宅一生，以褶皱为设计的出发点，充分展现了褶皱面料本身所具有的独特表现力，其褶皱的运用改变了面料平板、单调的传统风格，使服装更具有层次感、韵律感和美感。面料的皱褶设计可以用于局部，也可以用于整体，通过捏褶、抽缩、缝饰、堆积等手法使面料形态发生改变，突出面料的肌理感与空间感，形成一种极具装饰性的艺术效果。如图3-3-12。

图3-3-12 皱褶设计的效果（源自服装工程网）

2. 缝压

面料的缝压设计可以通过机器绗缝或压印的手法对面料进行图案处理，使面料具有浮雕般的立体外观。机器绗缝按照设计好的图案在面料表面进行缉缝而形成纹理效果，也可以在面料的反面附加一层海绵或是腈纶绵，来强化面料表面的立体感。如冬天的棉服进行面料图案处理多采用绗缝，展现服装材料凹凸不平的立体图案。压印设计选用的面料要求厚实且可以模压成型，一般选用较厚的皮革或经过特殊处理的可以压拓成型的面料。通过压印立体图案使原本平淡的面料焕然一新，不同的压印方法可以使同种面料形成风格迥异、新颖独特的视觉艺术效果。

3. 叠加

叠加是通过多层面料叠加来营造面料的立体造型，形成一种层层叠叠又互相渗透、虚实相间的层次感强烈的立体造型空间。面料的重叠可采用同种面料或多种面料以不同的叠加手法来完成。通过织物不同的质感对比，使服装产生层次感、丰盈感和体积感，使平面呆板的面料变得充满活力，具有强烈的视觉冲击力。

（三）服装面料再造的加减法

除了常用的平面和立体技法对面料进行再造外，还有缝、绣、缉线、插褶、钉缀、穿刺、黏合叠加、拼接等手法。这些装饰处理的手法也被视作是对面料表面的加减处理，通过对面料局部材质的加与减，产生与面料本身的风格截然不同的装饰效果，这种装饰效果主要通过各种工艺技术得以完成。

1. 添加法

面料的添加设计是在成品面料的表面添加质地相同或不同的材料，从而改变织物原有的外观，形成具有特殊美感的对比设计效果。如绣、贴、挂缀等手法，把线、绳、带、布、珠片等材料运用其中，对服装面料进行美化装饰。

（1）刺绣　刺绣是通过手工绣或机器绣的方法对服装面料进行美化改造，使面料更具装饰性。传统手工绣花通常是对面料的局部进行图案的设计加工，表现面料图案的艺术性，其手法包括刺绣、平面贴补绣、立体贴补绣、贴补再刺绣等方法。机器绣在服装设计中应用范围较广，除了对面料局部再加工，还可对服装面料进行全面的外观改造。刺绣装饰面料，除了用针线作为基本材料外，还可以结合多种材料，如毛线、缎带、金属线、珠片、羽毛、贝壳等来使面料获得生动、富有变化和精致的效果。

（2）烫贴　烫贴是一种新型的面料再造技术。主要方法是将添加物和面料黏合在一起，对面料的外观进行美化装饰。烫贴的材料种类繁多。如水钻、金属粉、亚克立、塑料等。烫贴多用在面料的局部装饰。烫贴的方法操作简单，通过熨斗加温就可将印有装饰图案的烫贴材料熨烫在服装面料上，因此，在面料二次设计创作时也较受欢迎。

（3）挂缀　挂缀是通过缝、悬挂、吊等方法在面料的表面添加不同的材料，使面料或服装出现变化的方式。挂缀的材料也很丰富，如珠片、丝带、蕾丝、缎带、羽毛、毛皮、皮革、金属等。

2. 减损法

服装面料的减损设计是指在原有面料上，通过抽丝、剪切、撕裂、镂空、磨损、腐蚀、烧熏等手法，对面料进行局部破坏，改变其原来的肌理效果，打破完整，使服装更具层次感、空间感，形成一种新的美感。

（1）抽纱　抽纱是指抽取面料局部经线或者纬线，形成不同大小、不同形式、局部只有纬纱或经纱的"洞"，使面料呈现透空感。如带破洞的牛仔裤。还可在服装的边缘部分进行拉毛处理，如流苏。抽纱是通过破坏面料的基本结构，打破完整、平面、单一的面料概念。设计师通常用这种手法来打造非主流的服装设计风格（图3-3-13）。

（2）挖孔　应用切、剪、激光、腐蚀等手法在面料表面造成孔洞，打造出通、透、镂空的装饰效果（图3-3-14）。使面料具有丰富的装饰感，打破沉闷单一的特性，运用在服装设计中使其变得层次丰富。

（3）破损　在整块的面料上通过切割、损毁的方式使面料残缺，形成不规则的破损形态，营造出一种粗犷不羁的视觉效果。

（4）做旧　通过水洗、打磨、化学腐蚀等方法改变纺织面料的物理性能，使服装面料产生减色、磨损。做旧设计的面料呈现出一种自然、柔和的外观视觉效果。如石磨做旧的

图3-3-13 抽纱的面料效果（源自Style网和逛街网）

图3-3-14 伦敦设计师Erdem Moralioglu
利用性感的紧身乳胶衣融合柔软的蕾丝展现女性魅力所具
有的独特一面（源自全球纺织网）

牛仔面料表面出现柔和的光晕效果，水洗过的牛仔面料手感更加柔软。做旧一般用在裤腰边缘、裤管口、袖口边缘、领部等局部，体现粗放、洒脱的设计效果。

-------------------------------- 任务实施 --------------------------------

案　例

通过前面了解面料的种类及性能、面料对人心理的影响、如何搜集流行面料信息以及服装面料再造与服装设计的关系等知识后，下面将对面料的再造设计的任务进行具体实施，具体步骤如下。

（一）选择基本面料

基本面料的选择离不开对面料材质特性的了解，在熟练掌握其性能及其对人的心理影响并洞悉当下面料的流行信息后，可选择一块具备一定的可塑性、能够为强化服装设计风格的面料进行二次设计打造。在选择面料时，除了考虑从其材质特点体现服装风格外，还要结合当下的流行元素。每一种面料都有它每一季的流行趋势，因此，对流行趋势的把握也是选择面料时的一个重要参考。

（二）寻找面料再造的灵感来源

灵感是设计师创作的灵魂，每一件艺术品都有其独到的设计思想和主题。如何为面料的二次设计寻找灵感，需要设计师去洞悉身边每一件事物，一切皆可能成为设计师灵感的源泉。如图3-3-15。

图3-3-15 灵感来源题板
（源自穿针引线网）

（三）绘制面料再造的设计草图

绘制面料二次设计草图是指将想象中的灵感构思通过画笔描绘在图稿上的过程。面料再造设计草图分两种，一种是作为捕捉灵感的瞬间，可以在任何时间、任何地点，以任何工具，如一支铅笔、一张纸便可进行绘制，具有一定的概括性、快速性，并配以文字加以说明，同时又必须让包括设计者在内的读者通过简洁明了的勾画、记录，读懂设计者的构思。另一种则是通过描摹将构思好的创意表达在图纸上，再经过多次反复修改，达到最佳的设计效果，即可作为最终实物制作的参考图。

图3-3-16 日本Elle服装比赛奥村由纪作品
（源自穿针引线网）

（四）运用工艺手法对面料进行肌理再造设计

面料再造的工艺手法形式多样，手绘、印染、刺绣、钉珠、剪切、镂空、叠加、堆积等都可以运用在面料再造的过程中，这些手法既可以单独使用，也可以组合运用，且在不同的面料中会呈现不同的肌理效果。如图3-3-16，采用钩针镂空编织，表达了图3-3-15中的感觉特征。这种作品往往是原创性的题材，可以是服装成品，也可能是样片小样。

（五）面料再造设计在服装设计中的运用

面料再造的最后一步就是将二次设计制作好的面料元素，运用在实际的服装设计中，这也是作为面料再造设计真正价值体现的一个重要环节。它的关键是其创新特征能够为系列款式开发提供灵感源泉，往往完成的素材可以被吸收进入新产品开发的面料灵感题板中，成为系列款式开发的重要设计元素。

思考与训练

1. 谈谈面料的性能与服装风格的关系。

2. 结合某一服装品牌风格，运用面料二次再造的各种工艺技法，设计出与之风格相应的面料再造作品。

-- **知识拓展** --

面料再造设计的审美原则。

关于面料再造设计的审美原则，是与所有设计领域的审美法则相通的，即对比与调和、节奏与韵律、对称与均衡、变化与统一等。

1. 对比与调和

在面料再造设计中，存在两种或两种以上的设计元素时会产生对比与调和。对比强调的是差异性。差异性因素存在于相同或相异的性质之间。将相对的两要素进行互相比较，产生大小、明暗、黑白、强弱、粗细、疏密、高低、远近、动静、轻重等对比。对比的最基本要素是显示主从关系和统一变化的效果。调和是指适合、舒适、安定、统一，是近似性的强调，使两者或两者以上的要素相互具有共性。对比与调和是相辅相成的。在面料再造设计中，一般整体风格是调和的，局部细节设计中可体现对比。

2. 对称与均衡

在面料的再造设计中，对称作为一个美学法则是常被运用的。对称能给人带来稳定、平静、端庄、大方的感觉，从而产生秩序、理性、高贵、静穆之美。体现了力学原则，是以同量不同形的组合方式形成稳定而平衡的状态。对称的形态在视觉上有安定、自然、均匀、协调、整齐、典雅、庄重、完美的朴素美感，符合人们通常的视觉习惯。均衡是指均衡中心两边的视觉趣味、分量是相等的，但并非两边完全雷同。它是服装美学原理的重要组成部分，并对设计的效果起着决定作用，在面料的再造设计中，如果加入均衡效果的运用，将会使视觉上产生均衡的效果，给人以美的享受；反之，如果不能取得均衡，将会使观者感到心理上的不适。

3. 变化与统一

变化在服装面料再造中的表现是以一种活跃的形式而存在的，它往往将不同元素中的差异性，采用对比的手段，造成视觉上的冲击力，强调的是个性。而统一是一种达成和谐的方式，往往是将不同的面料元素组合、拼接在一起，并能使其达到统一的方法。统一的手法可借助均衡、调和、秩序等形式法则。变化与统一是形式美的总法则，是对立统一规律在面料再造设计上的应用。两者完美结合，是服装设计的最根本的要求，也是面料再造艺术表现力的因素之一。

任务四　品牌产品策划与系列开发

学习目标

1. 掌握品牌男装主题风格与品牌风格定位与表达。
2. 掌握男装的商品群策划的过程与方法。
3. 能够独立完成一季男装商品的规划。

任务提出

某男装休闲类品牌公司进行下一季男装商品的规划。根据调研，规划主题预案实施预案，包括主题、色彩、面料、流行细节等。进行产品类构架，制订价格。为下一季产品设计架构主题方向与品类框架。

任务分析

　　设计总监在调研的基础上，为开发下一季产品，必须对产品进行总体的规划与部署，进行商品企划。商品设计企划的内容包括以下几个内容：

　　① 主题看板。

　　② 款式分配表。

　　③ 款式系列表。

　　④ 开发分配表。

　　⑤ 生产索引表。

　　⑥ 产品搭配表。

　　以上内容都是在对品牌定位的把握与市场流行的充分调研与分析的基础上完成的。

相关知识

　　品牌男装商品群设计预案规划的过程就是品牌男装商品架构与整合的过程。这是企业进行品牌策划和产品开发的关键，每一季的产品企划都必须以流行趋势的预测为指导进行，在以往销售的基础上结合具体的流行趋势进行产品组合的设计和策划。

一、流行信息收集与分析

1. 服装流行信息

　　品牌男装流行信息的来源和其他品类的品牌服装一样，来源的渠道是多元的，概括起来主要有以下几个方面。

　　（1）企业资源　企业具有的设计理念、产品风格、市场定位和销售业绩等。

　　（2）流行预测　是通过全面分析、总结流行现状和各种影响因素，并对主要的流行趋势和关键因素进行分析和准确评估之后，对未来有影响力的和导向性的服饰形态、消费模式和市场状况所做出的定性和定量的预测资料。

　　（3）市场信息　市场销售状况、消费者意见、竞争对手的信息资料。

　　（4）社会风尚　社会生活的各个方面、服装产品开发的信息分析。

2. 流行信息分析

　　收集到的信息往往是零散、无规律、片面的，必须进行加工整理才能提炼并形成系统的、有用的信息，为产品开发提供指导。主要通过以下三个手段进行提炼以获得有用的信息。

　　（1）归类　分为服装类和非服装类信息两大类，如果缺少哪一类信息，立刻查明原因并及时进行补充。

　　（2）筛选　可直接利用、可间接利用、不可利用的信息。

　　（3）挖掘　首先从社会发展、生活方式的变化、心理状态等方面进行综合的分析信息；其次把流行要素进行拆分并进行重组，或是把流行要素与流行要素进行重组，或是把流行要素与稳定要素重组等。

　　在对流行信息分析后，通过提炼，以流行题板的形式表达出流行的主题、色彩、造型与细节元素，如图3-4-1。流行题板为系列商品的设计与策划指引方向。

图3-4-1　男装流行题板（源自穿针引线网）

3. 架构系列主题

品牌男装主题看板（图3-4-2）又称基调板、故事板或概念板，是一种向他人展现设计者所聚焦的设计信息的方法。这些图板可以形容为系列设计的封面，并且应该通过一定数量的筛选图片资料来讲述系列主题故事。

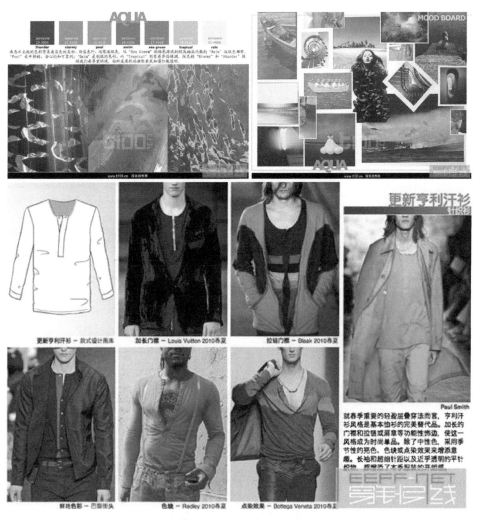

图3-4-2　男装系列设计主题看板（源自穿针引线网）

主题看板是以国际流行方向为始发、与品牌定位和风格呼应的主题概念看板。主题看板中可以看出系列主题、色彩、面料、流行细节。主题看板的形式多样，主要以表达系列规划方向、激发设计灵感、提供流行信息元素为目的。

4. 面辅料架构

面料架构在设计初期是系列面料整体的总体规划。这时可以规划出面料与系列的比例关系，如表3-4-1。这时只是一个面料整体的分配方案，可以为系列设计规定了较为具体的面料规划量的概念（表3-4-2），但在具体设计的时候还是可以调整的。

表3-4-1 面料整体的总体规划

总 量	面料数量	用 途	品类风格
春季 面料运用 共25块	3块面料	风衣	2块净色常规、1块暗纹或新品种
	4块面料	针织衫	3块净色、1块纹样面料
	4块面料	夹克	4块净色、1块纹样；2块含棉、2块含麻
	7块面料	裤	5块净色、2块纹样；丝或含棉、麻料
	3块面料	衬衫	1块印花、2块净色；纯棉、真丝
	5块面料	单衣	3块净色、2块纹样；棉、麻、混纺
夏季 面料运用 共35块	5块面料	上衣	2块净色、3块纹样；真丝、棉、混纺、麻
	5块面料	针织衫	1块织花、2块印花；2块净色；丝、毛等混纺
	6块面料	长裤	4块净色、2块纹料；棉麻或混纺
	3块面料	夹克	2块净色、1块花纹；丝、麻、混纺
	6块面料	衬衫	1块净色真丝料、3块有花纹、2块棉麻
	4块面料	沙滩短裤	1块净色、3块花料；丝、棉、混纺
夏末 面料运用 共14块	4块面料	针织	3块净色、1块印花；棉、毛、丝、混纺
	4块面料	上衣	3块净色、1块花料；涤棉、丝、混纺
	4块面料	单裤	3块净色、1块暗纹；棉、涤纶、混纺
	2块面料	中裤	2块净色；棉、混纺

表3-4-2 系列面料架构信息单

TUYA FEVER 10秋冬产品上市系列分配

上市时间： 月 日 主题系列：

系列面料	系列款式 特征：

风衣：
外套：
毛衫：
针织衫：
衬衫：
马夹：
牛仔裤：
梭织裤：
连衣裙：
半裙：

在系列设计完成好，面料就可以根据具体的系列进行系列面料架构，其主要内容包括面料品种、面料克重、价格范围和打板用量预估，如表3-4-1。它由设计部初步制订，再转交板房、面料部、采购部，表中打板用量预估一栏的依据是计划打板数量，并比该数量再多一些，以备不时之需。板房将较为准确的面料用量算出来，面料部根据设计部的需求进一步开发新产品，采购部则开始寻找相关供应商，并可根据用量进行采购。

二、系列产品架构

1. 产品架构

品牌男装商品架构，是指对新季度开发的整盘产品中，产品与产品之间的设计关系规划，是对新产品的品种与款式的规划，因此又名产品架构，它规定了所有产品品种的比例和数量，是产品开发品种和数量的依据。系列产品架构的拟定是品牌男装策划理性环节，它起到了承上启下的作用，并将设计概念具体化。

（1）产品品种的规划　品牌男装产品的品种有很多，按类型可分为外套、衬衫、T恤、裤子、背心、棉袄、披风、风衣、大衣等；按面料可分为机织服装（包括牛仔服）、针织服装（包括毛织服装）、无纺布服装等，按服装风格可分为运动风格服装、乡村风格服装、时尚休闲风格服装、前卫个性风格服装等。

（2）产品款式的规划　同一种男装产品品种里有不同的款式，如同样是外套，可分为长外套、中长外套、普通外套、短外套等；裤子可分为长裤、九分裤、八分裤、七分裤、六分裤、中裤、短裤、热裤、背带裤、高腰裤、中腰裤、低腰裤、直筒裤、宽筒裤、喇叭裤等。

（3）产品编号规划　产品编号是品牌服装产品策划中的一个必要环节，虽然行业内并无统一的标准，但它是必不可少的。无论什么样的产品编号都要能反映出品牌、季节、产品类别、面料属性、年份、系列、品种、色号等产品属性。它的特点是简洁明了，便于识别、记忆与交流。

产品编号一般包括两个部分：商品说明与商品编号。

① 产品说明：即服装款式简短的描述，例如全棉无袖立领女衬衫。一般由三个部分组成。如图3-4-3。

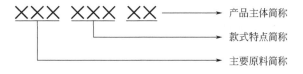

图3-4-3　商品说明示意图

② 产品编号：通过字母与数字统一策划，准确地表现出品牌、季节、产品类别、面料属性、年份、系列、品种、色号等产品属性。例如，GQ72025表示G品牌裙子2006年2系列第02款蓝色。如图3-4-4。

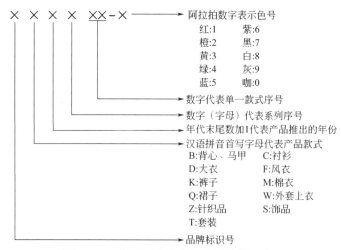

图3-4-4 以系列为主分的产品编号示意图

当然，如果在策划中也可以单品类别为主线进行编号，同时如果是男女混搭的品牌，要注意设计男女装标识符号以示区别。

2. 产品架构的制订原则

（1）每个季节里目标消费者的常规穿着方式　比较成熟而完整的服装品牌，可以为消费者提供各种各样的、互相搭配的服装产品，以满足目标消费者的常规穿着需要。比如休闲品牌真维斯，在秋季可以为消费者提供长袖针织衫、薄毛衣、风衣、针织外套、休闲裤、休闲裙、围巾、帽子等，喜欢这种风格的消费者走进它的专卖店，就可以从上到下装扮好自己。

（2）本企业的产品品种优势（包括加工优势和设计优势）　服装产品的品种多样，根据自己的加工优势和设计优势来确定产品的品种就是一种有效的竞争策略。如一些有牛仔加工优势的品牌Levi's、Lee、Diesel等，主推牛仔产品，在牛仔的后加工工艺（如水洗、刺绣、印花等）方面做文章。所以此类企业的产品架构不需要很多品种，应主要针对关键产品进行分类系列化。

（3）根据销售反馈逐渐调整产品品类结构　上年度该季节的销售反馈一个服装品牌的产品架构并非一成不变，而是在逐渐调整的。例如，以正装为主打产品的男装品牌，不断顺应消费潮流，增加部分T恤、毛衣等相关产品，扩大它的产品架构内容。

（4）本年度该季节的消费预测　对本年度该季节的消费预测应该是服装企业获取利润的最佳途径。无论以往的业绩如何，只有当年的市场需求是最有价值的。根据当年的消费预测对产品架构进行调整，这个过程非常有必要，许多成熟的服装企业会就此召开多次会议来讨论决定。一般情况下，销售部的意见最重要，但它的观点通常有滞后性和保守性，设计部的意见则带有直觉性和敏感性。企业只有综合了感性的判断和理性的分析，才可能做出正确的决定。

3. 产品架构的内容

（1）产品比例表　产品比例规定了整个季度开发中各类别的款式所占比例和数量与款式比例。包括上市批次间的产品比例、产品类型比例、主题系列比例、各类不同款式的比例等。恰当的比例既能很好地满足消费者一个季节的服装需要，也能搭配出富有层次感的品牌效果。款式数量则要根据企业的实力和规模而定，如表3-4-3。

① 产品上市比例：假定按照表3-4-3的产品上市计划，秋季产品将分两个批次上市，那么可以初步确定这两批产品的比例。一般的原则是第一批产品比第二批产品多一些，因为早上市就可以获得更长的销售期，增大销售量。

表3-4-3　某男装品牌一季产品比例表

序　号	产品类别	比重/%	主　次
1	正装衬衫	27	重点产品
2	休闲衬衫		
3	T恤	7	次要产品
4	毛衫	10	主要产品
5	夹克	7	次要产品
6	棉衣、尼克服	15	重点产品
7	皮衣	3	次要产品
8	休闲裤	16	重点产品
9	西裤	6	次要产品
10	围巾、手套	2	搭配产品
11	帽子、皮鞋	2	
12	内衣、袜子	2	
13	挎包、钱夹	1	
14	眼镜	1	
15	钢笔、打火机	1	

② 产品类型比例：产品类型的划分便于板房和生产部分配任务。例如，针织产品和机织产品就由不同的制板师和车工完成，牛仔和毛织产品需要外发加工，同时各种产品的制作工序、完成时间和成本均不同。因此，在产品规划中确定不同类型产品比例，可以控制成本，做好时间计划，提早与外加工厂联系。

③ 主题系列比例：主题系列的产品比例确定，既要根据产品上市计划，也要根据该系列风格特点。属于本品牌经典风格的产品每一季都要保持一定的比例，因为经典系列每年都在销售，价位适中且销售量稳定。属于时尚风格的系列比例可以相对小一点，时尚系列是指比较符合本品牌概念的、适合今年潮流的系列，价位中等，有一定的风险。前卫风格的系列比例应该最小，以减少销售风险，它是季度产品中的亮点，起吸引消费者眼球的作用，价位较高，不作为销售重点。

（2）各系列产品数据表　产品总架构表规定了整个季度中所有产品的比例、品种和上市时间。制订该表的依据是该品牌倡导的穿着方式、流行信息的搜集、同类产品销售调查比较、加工资源以及上一个季度的销售反馈报告。

产品总架构表是一份开发工作的总指导表。在产品总架构表中对各个服装系列进行了款式数量分配，如表3-4-4，而产品数据表就是将各个系列的款式数量提取出来，使其直观，便于设计小组分别完成。

表3-4-4　某品牌男装一季商品总架构表

类别	正装衬衫	休闲衬衫	毛衫、背心	T恤	休闲裤	西裤	夹克	棉衣	休闲西服	正装西服	袜子	领带	合计
数量	116	30	76	80	84	56	65	65	56	35	6	30	699
比例/%	16.6	4.3	10.9	11.4	12.0	8.0	9.3	9.3	8.0	5.0	0.9	4.3	100

（3）服饰配件比例表　一个时尚的品牌，卖的不仅是服装，而且是一种生活方式，所以根据服装的整体风格搭配合适的服饰配件（如围巾、包、鞋、帽等），将会给品牌起到锦上添花的作用。但配饰的数量不要多，重要的是与服装风格一致，并且别致，是消费者在别处无法买到的最合适的搭配品，如图3-4-5。

图3-4-5　男装系列商品设计与整合（源自穿针引线网）

三、品牌男装系列设计

就男装品牌而言，每个季节推出的系列产品一般在3个左右，这主要根据品牌公司的开发能力与推入市场的节奏与营销策略而定。而每个系列的主题都是基于流行信息提炼的。系列主题可以通过主题故事得到体现。

1. 品牌男装的系列

系列设计就是在一组产品中至少有一种共同的元素，这个共同的元素可以是风格、款式、面料、色彩或工艺等，使一个设计点可以扩大、延伸至一组产品，使该组产品既多样化又统一和谐。系列产品有共同元素，便于陈列，也便于消费者搭配，有利于销售。所以，在产品设计中，越来越多的企业采用系列设计的策略。常见品牌男装系列的分类如下：

（1）按穿着搭配风格划分　按穿着搭配风格划分是最常见、也最符合消费者使用的一种划分方法，在中大型服装品牌中较为适用。同一种风格的产品包含不同的款式（上装、下装、外套等），但是都非常易于搭配，可以形成很多种穿着方式。在零售陈列的时候，往往陈列在一起。

（2）按款式特征划分　按款式特征划分方法较适合一些小的系列产品。比如，同时推出一个宽松但结构别致的上装系列，面料虽然不同，但是款式线条的设计手法类似，可以为消费者塑造独特而持续的服饰形象。这种方法也是节约设计思维的一种有效途径，同一个灵感，经过微调使用在不同的面料中，既丰富产品，又统一格调。

（3）按主色调划分　按主色调划分是视觉上最为统一的一种划分方法。无论是陈列或穿着，都给人以非常和谐的感觉。难点是不易寻找同一种主色调的面料、辅料。大中型服装企业可以采用定织、定染的方法来达到理想的效果。

（4）按主面料划分　按主面料划分的方法便于生产，是企业常用的方法，尤其适用于特殊或昂贵的面料。设计该系列时，突出主面料的风格，辅以相配的其他面料、辅料，所设计的款式以最大限度地体现主面料的优点为佳。

（5）按主图案风格划分　按主图案风格划分的方法常用于产品品种较为单一的服装企业。比如专门从事T恤开发的企业，就往往以图案风格来划分其产品系列。

（6）按工艺手法划分　按工艺手法划分的方法常用于需特殊工艺处理的产品。比如牛仔产品，不同的洗水方法可以形成完全不同的产品系列。即使是常规产品，如T恤，不同的印花工艺也可以形成不同的产品系列。

2. 系列面辅料搭配的原则

（1）系列面料搭配　系列面料搭配是指按照主题要求对系列的服装进行面料搭配，遵循以下原则：

① 风格统一：系列面料要符合本企业的总体风格、季节产品规划的季度风格和本系列主题的风格。一个系列必须形成一种统一的面料搭配方式，这种搭配方式将每种面料的特性都发挥得既淋漓尽致又主次分明。好的面料搭配使系列产品成功了一半。

② 控制面料品种：系列面料搭配的原则是以有限的面料品种搭配出丰富有序的变化。面料品种的控制主要是考虑到成本的因素，因此好的搭配使用的面料品种不多，但是经过各种处理（面积色彩、图案、比例的变化、面料肌理再造等），能达到丰富而时尚的效果。

③ 注重色彩与图案的搭配：图案的色彩要与服装的色调要协调，注意整体的美感与服装风格的统一。

④ 注重肌理的统一与变化：面料的肌理带给人的是切身的感受，有视觉的、有触觉的，它是品质的体现。肌理的统一很容易做到，但在统一的前提下做出微妙的变化却不容易。有些面料在色彩和图案上与主面料非常协调，但是在光泽度上产生了不和谐的感觉，就难以采用。

（2）系列辅料搭配　系列辅料搭配是指按照主题要求对系列的服装进行面料搭配，遵循以下原则：

① 风格统一：辅料的系列化可以体现在使用相同的材料、相同的风格或使用相同的色彩，总之，有一种相同的元素，就会使它们之间产生联系，彼此呼应。辅料本身带有一定的风格倾向，搭配时需与本企业产品风格一致。

② 品种相对固定：由于辅料的生产一般外包给相关的加工型企业，因此，建立良好的、长期的合作关系非常重要。对于中小型企业来说，选择几种主要的辅料长期使用，只在款式、色彩、图案上做变化，会使合作伙伴更为稳定。如有些T恤在印花图案上做文章，

既缩小了外加工的范围，也形成一种产品特色。在得到市场认可后，既可大批量采购以降低价格，也可以形成强大的设计优势，让设计师在一个点上钻研下去。

③ 注重辅料色彩与造型的统一和变化：辅料的色彩可以与系列服装产品相一致，也可以形成对比，起到画龙点睛的作用。辅料的造型与服装产品的造型一致，如果服装的圆弧线条多，款式比较可爱，那么辅料也采用简洁的直线造型。

④ 注重材质的统一和变化：辅料的材质与服装面料有类似的，也有区别很大的。辅料材质变化非常丰富，同样是花边，材料就有纯棉、化纤、丝绸、牛仔布、皮革、人造毛、带塑料薄膜、带塑料珠等；工艺上可以是提花、绣花、印花、压花、编制、钉珠片等。在品种相对固定的前提下，可以进行多材质的组合搭配。

3. 系列款式设计

系列款式设计遵循形式美的原则，如重复、节奏、渐变、对称、均衡、比例、对比、调和等。比如，系列款式的节奏感可以从以下几个方面体现。

（1）外轮廓的节奏　一个系列的产品可以有类似的外轮廓，形成一种鲜明的特色，H形与Y形是男装常用的外轮廓型。如H形的长风衣、H形的短外套、H形的裤、H形的夹克形成的一个系列。有些品牌在整个季度的新产品中都使用相似的外轮廓，以便形成一种独特而可识别的产品风格，如图3-4-6。

图3-4-6　H形轮廓造型（源自穿针引线网）

（2）结构线的节奏　一个细节可以成为整个系列的线索，前提是这个细节正在流行，并且市场接受度高。如有很多节奏性强的排褶，可以出现在外套的前面、裤子的后面、裙子的腰部、衬衫的下摆处等。

四、男装商品定价系统规划

品牌成衣设计应有针对性地锁定消费群，并针对该群体的特点进行市场定位，力求品牌能够体现该群体的审美要求和生活主张，从而使被锁定的消费群对品牌产生认同感，使服装具有良好的销量。

价格定位应与目标市场的期望一致，与目标市场的购买力一致，与品牌定位一致，但可以与品牌理念定位有不同呼应，如高质量、高品位的服装以中档的价格投入市场可能更易被目标顾客所青睐。价格一经定位切忌随意变动。此外在制订价格中可以将重点款式高定价、搭配款低定价，保证整套服装总价在消费者的能承受的范围，这是一种很好的定价方式。

1. 服装产品成本分析

在服装产品成本分析和计算时，会出现各种费用的名称，对此应全部列出，划分到所属区域，明确做到以下几点：

① 要素成本（成本三要素）。

② 部门成本（各部门成本）。

③ 产品成本（不同产品的成本）。

2. 服装产品加工费用确定

加工费的确定方法如下：

（1）预算法　确定该年度工资预算总额以及相关费用，再与预计生产数量相除即为加工费。

（2）扣除法　扣除从销售到订货为止每件服装的各项费用和利润所剩下的即为加工费。

加工费＝销售价－（利润＋销售费＋一般管理费＋技术开发费＋材料费＋间接费＋直接劳务费＋租金＋杂费）。

（3）行市法　根据市场情形确定加工费。

（4）估算法　提出估算方案，从中选择一种方案确定加工费。

（5）投标法　做大量交易时可用投标法进行加工费的确定。

（6）成本核算法　决定一件服装加工花多少时间，计算工厂每分钟生产单价，然后相乘算出加工费。

（7）由成本分析列表计算的方法　以每件服装产品的基本构造为基础，由此再加上变动值做成图表，并对这些内容事先确定好加工费。根据加工规格单，计算时加上该产品的变动部分的加工费，算出规格单中的成本，以此确定出加工费。

3. 降低产品成本的方法

根据产品成本构成要素降低产品成本的方法如下：

（1）降低材料费　降低材料费可以通过防止裁剪和缝纫加工时出废品；降低购买价格；改进样板和规格；提高布料利用率；改变服装材料，进一步降低成本；尽量利用剩余材料；减少辅助费用等达到目的。

（2）降低劳务费　标准成本中有关的劳务费是以作业效率为尺度进行管理的。

（3）降低制造经费　在制造经费中，作为固定经费的有机器设备、建筑物的折旧费、税金、保险金、利息、建筑物的修理费等；作为变动的经费有动力费、测试经费、外加工费等。

五、品牌服装搭配形象手册

1. 品牌服装搭配形象手册的概念

品牌服装搭配形象手册是品牌形象手册中的一种形式，属于品牌的广告宣传小册子的一种。以简明的图例和文字说明结合典型服装款式搭配效果图，按一定的编制形式集结成册，以便广告宣传和推广应用。其设计样式较为灵活。

2. 品牌形象小册子编制形式

① 编制装订成一册，多采用活页形式，以便于增补。掌握好设计的尺度和样式，有助于提升企业形象。

② 各类别装订成册，多采用活页和目录形式。

③ 根据企业不同机构（如分公司）或媒体的不同类别分册编制，以便使用。

3. 品牌形象小册子具体内容

① 封面部分。

② 公司简介。

③ 产品介绍与宣传部分。

④ 封底部分。

---------------------------- **任务实施** ----------------------------

案 例

通过对已有目标市场进行动态市场调研与分析，有利于新产品品牌定位更准确。运用大量真实有效的数据、图表对市场调研的结果进行量化和理性分析，根据目标品牌风格，推断出在一个特定条件下，品牌男装产品设计应该采取的方案方向。根据流行信息的调研与提炼，对下一季节的产品进行主题与品类上的整体的架构。主要由以下几个步骤完成：

（一）主题看板

主题看板是以国际流行方向为始发，与品牌定位和风格呼应的主题概念看板。主题看板中可以看出系列主题、色彩、面料、流行细节。主题看板的形式多样，主要以表达系列规划方向、激发设计灵感、提供流行信息元素为目的。主题看板的表现形式多样，如图3-4-7。主题看板关键在于能很好地体现主题，而系列主题的提炼则是建立在流行分析与品牌风格方向统领的基础上。

对于一个男装品牌而言，每个季节推出的商品系列不是一个，至少是两个以上的系列。但每个系列都有自己的主题方向，在设计上留有不同灵感拓展空间。

（二）款式分配系列表

款式分配系列表是在归纳了产品的比例表（表3-4-3）和商品总架构表（表3-4-4）两个表格基础上，通过款式设计图稿组合而成的，产品比例表能很好地从整体上把握产品的比例，而商品总架构表则可以将产品的数量与款式具体化，为系列设计的款式分配提供一个总量的控制，不仅可以控制成本，同时也是对产品定向销售的方向有一个很好的宏观把握。产品策划者通常根据一盘货的总量，按品种数量比例，将产品数量和品种类别具体分配到每个系列中，并用列表形式表现出来，称为款式分配系列表，如图3-4-8。

图3-4-7　流行主题看板（源自穿针引线网）

款类及项目	波段	上货时间	针织上衣	机织上衣				毛织上衣		棉衣				羽绒服				裤类				裙类		总款数合计
			T恤	衬衫	外套	夹克	风衣	背心	毛衣	棉背心	短裤	中裤	长裤	羽绒背心	短羽绒	中羽绒	长羽绒	羽绒裤	棉裤	机织长裤	牛仔裤	半类	连衣类	
初秋	秋一波	7月15日																						
正秋	秋二波	8月5日																						
深秋	秋三波	8月25日																						
秋总合计			21	25	20	5	6	2	18											18	17	10	8	150
比例/%			14	17	13	3	4	1	12	0	0	0	0	0	0	0	0	0	0	12	11	7	5	100
初冬	冬一波	9月15日																						
正冬	冬二波	10月8日																						
深冬	冬三至五波	10月20日																						
冬总合计			4	26					26	8	33	25	10	4	12	7	3	2	8	15	15	10	2	210
比例/%			2	12	0	0	0		12	4	16	12	5	2	6	3	1	1	4	7	7	5	1	100

图3-4-8　款式分配系列表（源自穿针引线网）

（三）款式系列图

款式系列表是款式分配系列表的数量细化与形式具体化。在设计过程中设计师先根据系列款式细化数量进行单款式设计，通过款式设计评审后，可以对细化数量进行调整，最后以图稿的形式展示主题系列，如图3-4-9。

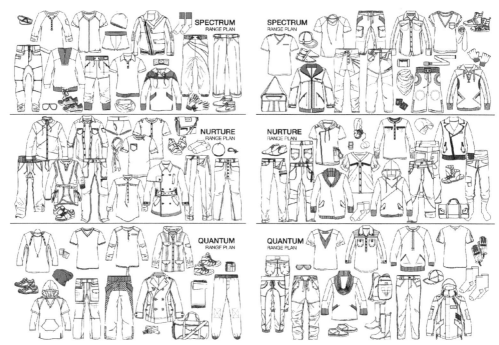

图3-4-9　款式系列图表（源自蝶讯网）

（四）开发分配与进度控制

开发分配与进度控制如图3-4-10。

设计工作速度表	第一周	第二周	第三周	第四周	第五周	第六周	第七周	第八周	第九周	第十周
日期 / 工作任务	10月10日–10月17日	10月18日–10月25日	10月26日–11月2日	11月3日–11月10日	11月11日–11月18日	11月19日–11月26日	11月27日–12月4日	12月5日–12月12日	12月13日–12月20日	12月21日–12月28日
春装颜色确定及打色	■									
春装格仔确定及起板	■	■	■							
春装面辅料收集	■	■	■							
春装下单及制作			■	■	■	■	■	■		
春装每周审板					■	■	■	■		
确认款富色工作					■	■	■	■		
中途整理及补充款式							■	■		
后期整理及补充款式									■	
系列整理及订货资料									■	■
春装结束夏装开始										■

图3-4-10　开发分配进度图表

制订工作计划并分配设计打样工作给设计小组，以确保工作能有序按时完成，如图3-4-10。在开发分配过程中可以通过将任务分解成若干阶段与通过计划安排时间进度以确保开发工作有序进行。一般样品从设计到开发的周期在2～3个月，加上产品订货与批量生产，因此企业里至少要提前半年开发新产品，有的甚至是提前9～12个月就开始开发下一季的产品了。

（五）生产索引表

生产索引表又称样品生产通知单，是记录具体款式头样样品设计与工艺开发的具体要求，包括款式、面料、主要的配料、产品规格要求等。当然这种生产索引表与大货生产指示书在细节上还存在一定的距离，大货生产指示书是头样样品在多次修改后定样的最终产品指示书，因此要比样品的生产索引表更加详细。无论是样品还是最终产品，对于男装而言，服装的内部工艺结构设计也是重要的部分，因此对于外套、裤腰等的内衬的装饰设计也需要在款式设计中表现出来，如图3-4-11。

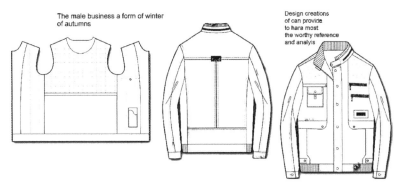

图3-4-11　款式要呈现出服装内里设计（源自蝶讯网）

（六）产品搭配表

打出样的样品，首先进行单品的筛选与调整，然后进行系列组合与款式取舍调整，确定最终大货生产的款式。并将系列产品组拍成组合照片，以作为准备生产与推广的资料。当然有的企业也采用服装效果图片的搭配形式。如图3-4-12。

图3-4-12　款式搭配（源自穿针引线网）

思考与训练

1. 通过市场与网络调研，分析某一男装品牌当季产品的架构特点。

2. 根据创新的男装、女装或童装品牌，进行下一季节产品规划，包括主题架构、产品数量与品类架构、产品单品系列整合（可以直接采用产品图片或趋势手稿进行整合训练）。

任务五　产品推广方案策划

---------- **学习目标** ----------

1. 了解新品牌产品推广方案的种类与方法。
2. 会模仿制作推广方案。

---------- **任务提出** ----------

××品牌服装公司在确定新一季产品款式设计规划、打样制作以及大货生产后，根据整体营销规划由销售部门进行新产品推广方案的设计和实施。

---------- **任务分析** ----------

设计新产品推广方案的目的在于提高产品销售量并提升品牌的市场占有率和消费者认知度。推广方案的主要内容包括根据产品特征、地区差别进行有针对性的宣传，以及宣传的技巧和方法等。主要的工作任务是订货会、发布会和广告宣传等方式的策划制订。

---------- **相关知识** ----------

产品推广是指为了使更多的受众了解并接受某一产品而采取的介绍活动，这些活动具有系列性、整体性以及强烈的目标性。其主要目的是实现产品销售的最大化使厂家获得利润，使品牌获得市场占有率。方法有订货会、发布会和广告宣传等。

一、订货会

订货会是指品牌服装公司为了产品推广和获取订单在某地某时面向专业客户举办的会议。参加订货会的专业客户一般由品牌加盟商、品牌代理商、百货商、批发商和面料供应商等构成。

（一）形式

1. 意向性订货会

意向性订货会的目的在于品牌服装公司根据专业客户对产品的专业性鉴定来调整未来

的产品结构和生产计划。品牌服装公司获得的主要是意向性订单而不是实际订单。同时客户不需要预交定金而只是填写订货意向。所以这类型订货会的重点是"展示产品信息"与"获取市场反映"。

2. 实质性订货会

实质性订货会的特点是客户正式下订单并交付订金，而品牌服装公司也必须按订货合同及时供货。在这个过程中产品不仅转化为商品并即将流通到市场上去，同时双方也实现了实质的货币交易。这类订货会所面向的客户具有更强的专业性和针对性。

3. 单独订货会

由品牌服装公司自行举办的独立产品订货会。主要面向常年客户或有订货意向的新客户。举办这类订货会的服装公司一般品牌发展比较成熟，并具有一定的经济实力。

4. 联合订货会

联合订货会是指由一个组织机构承办的类似服装博览会性质的订货会，也能是几个品牌服装公司共同举办的组合式订货会。在举办规模、品牌汇集密度和订单成交量上会明显高于单独订货会。

（二）企划

1. 时间

品牌服装公司要根据自身的生产能力和货品上柜时间来确定订货会时间，过早举行可能导致产品款式提前曝光并且有被同行抄袭的可能，而过迟举行将有可能被对手品牌捷足先登并导致流失一些客户订单。同时要考虑尽量避开大型服装节等活动。一般订货会举办时间是在新产品上市时间的前三个月或半年左右，而订货会的具体时间安排上一般为2～3天，每天时长为6～8h。

2. 地点

根据订货会的性质差异，订货会举办的地点也不同。比如意向性订货会、实质性订货会以及单独订货会可以在以下两个地点举行：一是具有一定影响的星级酒店，可以借助星级酒店豪华的硬件设施衬托品牌；二是公司内部。而联合订货会更适合在空间开阔的场地举行，如大型会展中心。

3. 客户

品牌服装公司根据对品牌的重要程度将客户进行划分，依次是分销商（包括代理商、经销商、批发商等）、商场代表（包括商场经理、楼层主管、采购经理等）、供应商（包括面料供应商、辅料供应商、生产协作单位等）、本方人员（包括品牌经理、销售主管、店长、专门接待人员等）。其中分销商是主要买主，商场代表和供应商是品牌服装公司邀请的对象，本方人员则是订货会接洽人员。

4. 内容

首先，订货会整体策划方案主要包括：项目背景、目标对象、会议目的、整体策略、会议流程、会议预算。其次，订货会内容主要由新产品展示、业务洽谈、企业参观等构成。在进行会议场地安排时，要完成产品出样区、业务洽谈区、客户休息区和新产品概念店样板等区域的布置和人员安排；同时，在订货会前准备好企业简介、纪念礼品，对会议车辆、客户用餐以及其他活动安排进行策划。

5. 宣传

订货会宣传方式一般是报刊广告（如专题采访和标题新闻）、网络广告、户外广告、大型招贴等，还可以放置样品册（即产品样本）在订货会现场以提供给客户，从而起到信息传播、广泛宣传的目的，如图3-5-1。

图3-5-1　某品牌订货会宣传广告
（图片来自穿针引线网站）

二、发布会

发布会是品牌服装公司将新一季产品进行搭配后以完整的系列和着装状态呈现给专业客户的推广形式。参加发布会的客户一般有新闻媒体、品牌加盟商、代理商、百货商、批发商等。

（一）形式

1. 室内发布会

室内发布会是指在室内空间举行的品牌服装发布会。这是最常见的发布会形式，特点是专业性强，可根据不同品牌服装产品设计不同的风格氛围以及灯光、舞美和音响，观赏条件舒适，不受天气条件限制。主要面对专业客户开放，但场地租用费用较贵，如图3-5-2。

图3-5-2　某品牌产品室内发布会（图片来自穿针引线网站）

2. 室外发布会

室外发布会是指在室外空间举行的品牌服装发布会。特点是气氛自然、形式多样，但专业性较差，同时受到天气条件的制约。一般比较适合普通观众观赏。

3. 单独发布会

单独发布会是指某一品牌在特定时间和场地所进行的产品发布。这一类发布会的目标观众明确，尤其针对专业客户。可以集中凸显品牌的文化理念和设计风格。

4. 共同发布会

共同发布会是指数个品牌在同一场地、时间段所联合举办的发布会。常于服装节或博览会等大型活动期间举行，主要是针对一般观众。多是同类型服装品牌所采用的发布会形式。

（二）企划

1. 时间

具有一定规模的发布会从前期企划到正式举行其筹备时间一般不少于3个月。在具体时间安排方面，一般在下午或晚上举行。同时，为保证观众不产生疲劳感，现场表演时间不宜太长，一般在1h以内或左右为宜。

2. 地点

发布会地点的确定与其性质有关。专业性发布会主要放在星级酒店或大型会展中心举行，显示其正式、庄重的特点。而普及性发布会主要放在室外公共空间举行，显示其平易、亲和的特点。

3. 模特

展示模特主要承担展示品牌服装产品的任务。所以表演任务主要委托声誉良好的模特经纪公司。同时为了保证演出效果又节约开支，在模特阵容上可采用以一两位知名模特担纲，其余用普通模特的做法，如图3-5-3。

4. 舞美

服装发布会的舞美制作主要根据发布会主题来进行策划，原则是充满设计感的同时力求简洁明快，并给观众留下过目不忘的感觉。"声"、"光"、"电"、"色"的综合运用是发布会舞美设计的重要因素。除此之外，规划合理、舒适敞亮的后台也会为模特提供优良的演出条件（包括了餐饮区、化妆区以及换衣区等），如图3-5-4。

图3-5-3　某品牌产品发布会
（图片来自穿针引线网站）

5. 宣传

为了达到宣传品牌产品的目的可采用多种宣传方式。而不同的宣传方式取决于发布会对面向的对象。品牌可以通过发邀请函的形式向特定客户进行宣传；利用多种媒体（如出版媒体、网络媒体等）进行广泛宣传；也可以通过设计制作宣传册、POP等在专柜或专卖店面向固定购买客户进行宣传。

6. 其他

根据不同的服装发布会规模，还应设有业务洽谈会、贵宾接待处、招待酒会等内容，其规模和级别视发布会的预算而定。

图3-5-4　某品牌产品发布会（图片来自穿针引线网站）

（三）预算

发布会的费用比订货会的高得多，发布会本身的费用也因发布会的档次、规模和效果存在很大差异。发布会费用主要包括服装样品费用、表演费用、场租费用、宣传费用、礼品费用、招待费用、组织费用等。

三、广告推广

当服装产品准备进入市场前，向顾客提供产品信息可以有效地提高产品知名度，并调动其的积极性和购买欲望。因此，广告宣传在传递产品信息的过程中有着很重要的作用。同时，广告宣传是企业指导顾客购买产品从而提升销售的有力手段。如果企业采取有效的广告宣传激发需求，可以促使潜在需求转变成现实的需求，使市场朝着有利于企业的方向发展。

（一）种类

1. 声音媒体

声音媒体主要是利用声音进行信息传播的媒体，如广播。特点是受众面广且稳定，主要针对人群为司机、学生等。

2. 移动媒体

移动媒体是将传播内容附着于移动物体上进行信息传播的媒体，如车身广告。特点是受众面广但不固定，主要针对人群为行人、游客等。

3. 出版媒体

出版媒体是通过出版刊物的形式进行信息传播的媒体，如报纸、杂志、刊物等。特点是受众面广且比较固定，针对人群为企事业单位、家庭、个人等，如图3-5-5。

4. 固定媒体

固定媒体是以某个醒目位置上的物体作为信息传播的媒体，如灯箱、路牌、霓虹灯等。特点是受众面广但不固定，针对人群为行人、游客等。

5. 社交媒体

社交媒体是通过各种形式的社交活动传播信息的媒体，如公益活动、体育比赛等。特点是受众数量有限但影响较广，主要针对人群为观众、行人等。

6. 影视传媒

影视传媒是利用电影电视作为媒体进行信息传播的媒体，如电影广告、电视广告、新闻广告等。特点是其受众面广且效果显著，主要针对人群为观众、家庭等。

7. 网络媒体

网络媒体是利用互联网进行信息传播的媒体，特点是受众面广并呈年轻化，主要针对企业、团体、网民个人等。

8. 展示媒体

展示媒体是利用各种展览方式进行信息传播的媒体，如博览会、发布会等。特点是受众面有限但比较专业，针对人群有客户、百货商等。

图3-5-5 某杂志封面
（图片来自穿针引线网站）

（二）媒体选择要点

以广告媒体为媒介推广服装品牌可以选择一种或几种同时进行。服装品牌选择广告媒体的原则如下。

1. 受众面广

不同的广告传播途径决定了受众面的大小，所以服装广告应尽可能选择受众面广且影响较大的媒介进行宣传，如固定媒体、网络媒体、出版媒体等。

2. 投资额少

由于服装产品成本以及利润影响的关系导致服装品牌在广告宣传上所花费的支出不多，也很少会在全国性电视台的黄金时段看到花费昂贵的服装品牌广告。所以，多数服装品牌更倾向于使用稳定的、投入资金较少的广告宣传方式，但是一些具有雄厚实力的国际品牌仍然会在广告宣传方面花费相当比例的支出。

3. 制作简便

由于服装产品季节性、流行性强的特点，所以服装产品往往选择一些制作简便、快速见效的广告媒体来进行宣传。如出版媒体、展示媒体等。投资浩大、制作艰辛的广告媒体并不适合服装产品的宣传，尤其不适合以宣传新产品为目的的服装广告。

（三）宣传要点

1. 内容

服装品牌广告宣传所传递的内容不仅包括品牌信息（品牌名称、品牌标志等），同时还包括服装产品信息（如季节、价格、货号、款式、色彩、整体搭配效果等）。服装广告的特点是形式感强，内容高度概括、语言精练。

2. 时段

广告时段有两个概念：一是一年或一季中的某几天；二是一天中的某个时段。前者多采用出版媒体、移动媒体、固定媒体、社交媒体、网络媒体、展示媒体进行宣传，后者多采用声音媒体、影视媒体进行宣传。采用的媒体不同，所选择的时段也不应相同。由于服装产品季节性的特点，所以广告时段的选择往往是春夏或秋冬季新产品上市前在服装杂志、报刊上进行宣传，或在商业重心以及人口密集处张贴大幅广告的形式。

3. 周期

广告周期是指根据产品上市需要所进行的反复、连续的广告宣传。就新产品上市推广而言，可先进行一轮周期的广告宣传来传播信息和吸引顾客。同时，在产品推出市场后所进行的周期性宣传可进一步加强市场影响和刺激消费。而在产品销售末期所进行的广告宣传则承担着促销的作用。

4. 频率

广告宣传的目的是依靠不断刺激人们的感官来加强记忆。所以在广告媒体相同和宣传频率许可的条件下，广告宣传的次数与宣传效果成正比。虽然广告宣传次数越多越能够达到预期的效果。但必须注意的是广告宣传的频率和广告费之间是呈递增关系。

5. 范围

广告宣传可根据时间、对象以及所选用媒介方式等确定其投放范围。若不认真选择，投入将打水漂。如服装产品的广告传播范围一般选择如专业服装杂志、购物网站等媒介面向大众，或选定目标顾客群进行有针对性的宣传。

6. 形式

服装品牌广告宣传的内容决定了所采用的形式。在传播过程中形式对于内容来说非常重要。在某种情况下，形式甚至超过了内容。可以通过叙述品牌历史和传统、传播品牌生活方式、营造品牌理念氛围、强调产品特性和代言人推广等形式来进行广告内容的策划与推广。

-------------------------------- 任务实施 --------------------------------

一、新产品推广方案的制作

1. 资料收集与整理讨论。
2. 模拟策划推广方案。

二、制作汇报用PPT

案例一、某服装品牌公司新产品上市推广方案

××服装品牌20××年春夏（秋冬）新产品上市推广方案

公 司 文 件 编 号 ： × × × ×

```
执 行 部 门：××××
监 督 部 门：××××
考 证 部 门：××××
```

（一）推广目的

① 加强与经销商的客情关系并提升经销商的信心和积极性。

② 使目标消费群产生购买欲望，并逐步将其培育成品牌忠诚者。以达到提高品牌知名度和市场占有率的目的。

③ 让目标消费群在最短的时间内认知新产品的功能、效果，缩短新产品推广期的时间长度，尽快进入成长期，创造效益。

（二）前期市场调查

调查内容：

1. 企业内部调查

① 管理层深度访谈：对品牌文化以及品牌理念了解。

② 营销人员小组座谈或问卷调查：对××服装品牌销售渠道类型及特点，知名品牌的渠道政策了解。

2. 品牌销售端调查

① 终端专柜以及专卖店调查：销售终端类型及特点，终端形象、终端陈列、终端导购、终端促销活动等。

② 经销商调查：经销商基本情况、代理品牌数量及销售情况、对当地服装市场的认识、是否有经销新品牌的计划等。

③ 消费者调查：对该品牌服装产品的认识、熟悉的品牌、影响购买的主要因素等调查方式深度访谈、问卷调查、小组座谈走访调查、二手资料等。

（三）产品策略

1. 产品定位。

2. 价格策略。

（四）产品推广

1. 广告方面

对××服装品牌新产品推广主要采用广告媒体、出版媒体以及网络媒体等媒介进行宣传。其中，广告媒体主要强调产品特性、实用价值及品牌差异和消费者所能得到的利益。出版媒体主要是为招商和促销活动的前期造势，同时充分借助网络媒体对××服装品牌新产品进行宣传。

2. 促销

采用在专柜以及专卖店进行满减、打折以及赠送小礼品的方式。

3. 事件营销

① 赞助有重大影响的活动。

② 参加相关的慈善活动。

（五）相关部门职责

① 招商部：主要负责整体招商方案的制订，招商活动的执行。
② 市场部：主要负责市场调研、营销策划和广告管理等工作。
③ 销售部：主要负责产品的销售、行业一线信息及客户反馈意见的收集。
④ 物流部：主要负责零配件的采购、产品的配送。
⑤ 客服部：主要负责客户关于产品技术方面的咨询、产品售后服务工作。

（六）工作进度安排

××服装品牌20××年春夏（秋冬）新产品推广工作大体安排内容如表3-5-1。

表3-5-1　××服装品牌20××年春夏（秋冬）新产品推广工作时间安排

＿＿月＿＿日～＿＿月＿＿日进行充分准备和市场调研； ＿＿月＿＿日～＿＿月＿＿日选择当地报纸、杂志、网站进行宣传； ＿＿月＿＿日～＿＿月＿＿日向部分人群赠送产品并做适当报道； ＿＿月＿＿日～＿＿月＿＿日针对终端开展促销活动		
编制日期：	审核日期：	批准日期：
修改标记：	修改处数：	修改日期：

案例二、学生作业　F&FOUR产品推广策划方案

学生作品如图3-5-6。

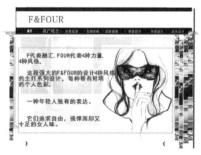

(a)　　　　　　　　　(b)

图3-5-6　学生作品（陈瑶提供）

思考与训练

1．产品推广的概念是什么？

2．订货会的形式有哪些？

3．发布会形式有哪些？

4．为了推广下一季节的女装新产品，如何根据市场以及企业具体情况制订相关的新产品推广方案？

情景四　品牌服装
产品陈列策划

学习目标

通过完成品牌服装新产品陈列策划方案，掌握服装产品展示与陈列策划的专业知识与技能。

任务提出

某服装品牌公司，为下一季服装产品展示与陈列策划。根据品牌风格和定位，以及下一季产品的主题、面料、色彩、流行细节等特点，进行产品卖点、搭配效果、卖场陈列特点等的设计规划，协助构建新品展示的SI系统。

项目分析

设计总监在调研与下一季节产品生产实现的基础上，为下一季节新品展示的SI系统规划给出具体的部署与实现策略，进行品牌新品展示的空间识别策划。内容包括，SI系统企划主题看板、产品搭配表、品牌陈列规划细节分配表、品牌橱窗规划细节分配表、视觉识别策划等。

这里的主题看板、产品搭配、视觉识别策划都已经在前面产品开发与策划中完成，在本项目里通过资料整理，通过对品牌定位的把握与市场流行的充分调研与分析后进一步确立进行服装产品展示与陈列策划。主要完成的任务如下。

任务一：服装陈列市场调研。

任务二：服装卖场空间规划。

任务三：服装产品陈列策划。

任务四：橱窗展示设计。

任务一　服装陈列市场调研

1. 了解SI系统，相关知识。
2. 了解服装展示的基本概念。
3. 掌握陈列设计的一般过程与方法。
4. 掌握卖场陈列调研的方法和主要内容。
5. 能结合陈列理论，对卖场进行调研和分析。

任务提出

在品牌服装系列产品策划与开发以后，由设计总监带领的陈列工作组配合完成SI系统规划中的产品陈列与展示工作。根据品牌风格、主题看版、视觉识别策划进行陈列与展示策划。首先进行品牌卖场进行实地陈列调研收集资料，分析出陈列空间特点，整体陈列风格是否与品牌风格相一致等，总结其陈列中的优缺点，为下一步策划提供有用的工作资料。

任务分析

完成这个项目，首先必须了解陈列设计的相关知识，掌握收集资料的方法，深入了解服装品牌的定位、风格等特征，综合多方面对卖场空间进行分析。

根据品牌服装产品的特征进行卖场陈列调研，调研的内容可以从以下几点入手。

① 品牌分析：了解品牌的相关定位、风格等。

② 卖场的环境分析：了解卖场的地理位置，所处商圈等。

③ 陈列空间设置：观察卖场区域的划分、货架摆放的位置是否合理等。

④ 产品陈列：产品的陈列摆放是否美观，符合形式美，是否便于消费者拿取等。

⑤ 客流情况：观察卖场的客流情况，分析陈列对产品销售的作用。

⑥ 卖场维护：观察店面形象、展具、照明设备维护及店员的表现等。

在调研过程中要读懂卖场陈列内容：卖场风格、品牌风格、卖场空间的组成要素、产品陈列特点、空间色彩与服饰色彩等，并完成相关资料收集与整理。

相关知识

一、SI系统概述

服装品牌SI系统规划的过程是以顾客体验为核心的终端体验识别系统。这是企业进行SI规划和产品销售的关键，每一季的SI企划都须以流行趋势的预测为指导进行，在以往销售的基础上结合具体流行趋势进行SI系统的设计和策划。

（一）概念

SI（space identity）称为空间识别或室内识别，它相当于VI的延伸，主要围绕"三维空间"及"装潢规格化"方面。

SI即连锁品牌形象，它属于系统性设计，是以顾客体验为核心的终端体验识别系统，并针对于有连锁加盟性质的企业而实施的店铺形象设计与管理系统。它顺应品牌风格特点，将下属的连锁店统筹在统一的风格特色中，并灵活地解决例如连锁发展时碰到的每个店面尺寸不一等问题。SI手册导向一般包括专卖店理念、文化及行为识别、专卖店宣传规范、专卖店展示系统等三个部分。

（二）品牌SI系统的基本原则及要求

1. 基本的原则

其基本的原则表现如下：顺应品牌的理念识别（MI）及行为识别（BI）特点；兼顾空间及美学、消费心理等多维层面；需在品牌视觉识别（VI）的基础上延伸应用；充分考虑市场定位的适应性。

店面LOGO需顺应VI规范，各连锁店店内装饰、主色调、门头、形象墙及辅助图形需保持统一和延续性，应严格延续VI系统的规范，SI系统必须与VI系统协调呼应，才能有效地传达品牌信息，让消费者多角度统一地了解品牌，从而推动产品的销售。

2. SI设计基本要求

SI设计中要掌握品牌形象的差异性；节约成本，优化服务；SI设计要遵守统一性原则，它包括整体风格统一、空间视觉统一、道具风格统一等。

3. SI设计项目及内容

空间视觉识别手册包含的内容有：手册使用规范、创意设计理念、专卖店分类应用规范、装修应用规范、辅助设备应用规范、材料应用规范、色彩用应规范、灯具应用规范、道具应用规范等。

SI设计包括展柜设计，展具设计，展示设计，形象店设计，专卖店设计，服装展示道具设计，商场整体规划，旗舰店形象设计，商场中岛、商场卖场、商场边厅设计商场专柜等。

其设计内容又可拓展开，举例来说，形象店设计内容又包括门头、橱窗、招牌、收银台、主形象墙、展台区、陈列板、单双面中岛展架、间隔柜、高柜、试衣镜、货架（中岛架、靠墙货柜）地面、天花、休息区、灯光（配电系统）灯箱位、专卖店卷闸门设计等，都属于SI设计中的细节问题。

SI设计构思一般先通过图纸的形式表现，其中包含布局图（功能区划分）、施工图（标注材料规格和施工要求）、效果图及材料说明、单独表现效果图（店面的表现形式）等。

（三）SI识别与CI、品牌终端形象的关系

1. SI识别与CI识别之间的关系

连锁店的CI和一般企业的做法有相当大的差异，连锁店与消费者之间最常发生的接触就是门店，影响形象的媒介来自不同的领域，也就是说顾客从很多场合都能直观地看到它，从招牌到店内装潢，都是直接累积的地方，所以说SI设计中如何巧妙地将CI理念运用到创造视觉的个性化上，来加深人们的印象是非常重要的竞争武器。

2. SI设计与品牌终端形象设计的关系

品牌终端形象包括SI设计。概括来看，品牌策划包括品牌规划、品牌推广、平面形象、终端形象。如果再接着细分，品牌规划包括品牌核心价值、品牌定位、品牌风格、品牌调性、产品规划、市场规划；品牌推广包括产品画册、形象画册、加盟手册、企业画册、企业内刊、创意广告、促销设计；平面形象包括VI系统、核心系统、延伸应用系统、产品系统、办公系统、产品包装系统；终端形象则包括SI手册、店堂POP、橱窗设计、展示展览设计、品牌文化展示、装修制作等。

二、SI系统策划中的服装品牌服装陈列

（一）服装陈列

"陈列"一词来自拉丁语"Dispicae"，Picae有"展示、摆放"之意。英文译为Display、Visual Presentation等，商品陈列是一种综合性艺术，是广告性、艺术性、思想性、真实性的集合，是消费者最能直接感受到的时尚艺术。

在现代社会里，进入品牌竞争年代的服装业，在整合营销的思维下，产品优劣只是决定销售成功的一部分，要取得好的销售业绩，还必须有好的令人愉悦的店铺形象以及好的导购技巧，而要达到这样一种良好的形象，就必须科学地规范终端卖场陈列，由产品、品牌文化、营销策略等多种元素组成一个全方位的终端推广系统，而在这个系统中，卖场陈列设计已经越来越显示出它的重要地位。

服装陈列是终端卖场最具实效的营销手段之一，通过对产品、橱窗货架、模特、灯光音乐、pop海报、通道的科学规划达到促进产品销售、提升品牌形象的目的。店铺陈列一般分为橱窗陈列与卖场陈列。通过服装陈列，在服装产品销售过程中可以吸引顾客、促进产品销售、提升品牌形象、传播品牌文化、建立差异化视觉形象。

包括终端卖场在内的服装陈列展示主要可以分为以下几种类型：

① 服装卖场展示：主要针对广大消费者，大部分集中在各主要的大商场，由于受展示空间和条件的限制，不可能完全按照自己的意愿进行设计和展示。

② 服装专卖店展示：是较为成熟的服装品牌根据销售的需要开设的独立的专营店。

③ 服装发布会展示：主要是品牌的设计师或品牌公司向广大消费者展示其最新的流行趋势和设计理念，创造流行，引导时尚，通常为动态展示。

④ 服装博览会展示：主要为各个城市、各个地区主办的不同规模的服装博览会，如服装交易会、订货会、展览会等。

（二）陈列的工作目标

根据工作目标的不同，大致可以把服装陈列分为三个层次。

1. 整洁、规范

卖场中首先要保持整洁。场地整齐、清洁；服装货架无灰尘；货品摆放有序、挂装整齐；灯光明亮等，这些是陈列工作或卖场空间中最基本的。其次是将卖场区域的划分、货架的尺寸、服装的陈列形式等，按照个品牌或常规的标准规范执行。

2. 合理、和谐

卖场的通道规划要科学合理，货架及其他道具的摆放要符合顾客的购物习惯及人体工程学，服装的区域划分要和品牌的推广和营销策略相符合。同时还要做到服装排列有节奏感，色彩协调，店内外的整体风格要统一。

3. 时尚、风格

卖场中的陈列要有时尚感，让顾客从服装中清晰地了解主推产品、色彩，从而获取时尚信息。另外，服装陈列要逐渐形成一种独特的品牌文化，使整个卖场从橱窗的设计、服装的摆放、陈列布局上都具有自己的风格，富有个性。如图4-1-1、图4-1-2。

(a)　　　　　　　　　　　　　　　　(b)

图4-1-1　MONKI品牌的店铺内外陈列风格保持一致（图片来自陈列之家网站）

(a)　　　　　　　　　　　　　　　　(b)

图4-1-2　LANVIN富有个性的橱窗展示

（三）人体工学在服装陈列中的运用

人体工程学（human engineering），也称人类工程学、人体工学或工效学（ergonomics）。工效学ergonomis原出自希腊文"Ergo"，即"工作、劳动"和"nomos"即"规律、效果"，也即探讨人们劳动、工作效果、效能的规律性。人体工程学诞生于第二次世界大战之后，它融合了技术科学、解剖学、心理学、人类学等学科知识，研究的目的是为了寻求"舒适+有效+美"。

人体工程学在陈列中的有效利用，主要是针对顾客的生理和心理的特点，使卖场的规划和环境更好地适应顾客购物和消费的需要，从而达到提高服装卖场环境质量和视觉感受的目的。在以人为本的经营理念下，只有围绕着人这一主体，充分了解和研究人体工程学知识，才能做到科学地规划卖场，使陈列更好地服务于顾客，达到促进销售的目的。人体工程学涉及的范围较广，其中尺度和视觉这两个要素对服装陈列工作影响最大。

图4-1-3 某运动休闲品牌的货品陈列

1. 尺度

卖场中的尺度就是研究人体和卖场空间、货架道具之间比例、大小的问题。卖场中所有的空间尺度、货架尺度、道具尺寸等要素都要围绕人体来设计、规划。消费者在卖场中的活动路径、浏览方式、选购动作都是在陈列之前要研究和考虑的问题。卖场尺度要考虑以下三个方面的因素：

① 货架和道具要符合货品的展示规格。

② 陈列的方式要符合顾客购物的基本特征，如服装货架设计得过高，顾客就难以拿到；较窄的通道使顾客没有进入的欲望。如图4-1-3。

③ 要和整体卖场的空间比例协调，合理、和谐的空间是建立一个理想卖场的前提上的。

2. 视觉

顾客在浏览和购买服装的过程中，首先是用眼睛看，看中一件满意或感兴趣的服装后，再拿起来仔细看或试穿。因此，卖场服装陈列高度的设计，除了考虑顾客的视觉还需要考虑顾客身体尺寸以及肢体的活动幅度等因素。

以我国人体平均高度165～168cm计算，人的眼睛位置为150～152cm，人体的有效视线范围大约是49.5°，按照顾客在货架前常规的观看距离和角度，有效的视线范围一般在高度70～180cm之间。根据尺度和视觉的原理，再进行综合考虑，通常把货架划分为三个区域：

① 印象陈列区域：高度180～240cm；有效吸引视线，顾客可以第一时间发现。但不能做主要销售，货品较为难拿，多做陈列造型以及广告宣传。

② 黄金视点区域：高度70～180cm；为主要销售空间，也叫主要陈列区域，顾客可以直接接触了解货品，卖场大部分销售量由此区域出现，货品容易拿取。

③ 次要搭配区域：高度在70cm以下；顾客相对能够容易看到，也相对较容易接触货

品。但主要以搭配和存货为主要功能，如图4-1-4。

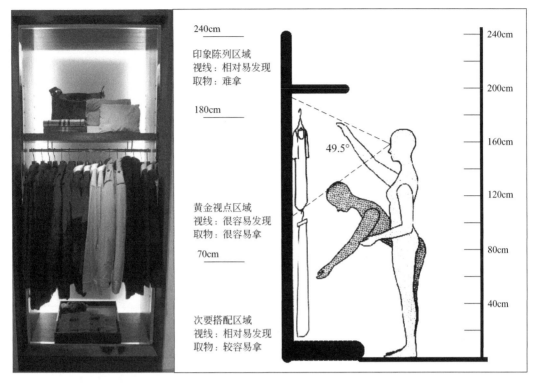

图4-1-4　陈列设计中的人体工学

　　了解人体工程学的一些基本原理，有助于我们有目的地将推荐的产品放在有效的陈列空间里，从而达到更好的促销效果。

（四）陈列色彩基础

　　陈列的色彩变化规律建立在色彩基本原理的基础上，只有扎实地掌握色彩的基本原理，才能根据卖场的特殊规律，灵活运用陈列的色彩变化规律。

1. 色彩名词——色相、明度、纯度、三原色

　　① 色相：色相是色彩的最大特征，指色彩相貌的名称。如红、橙、黄、绿、青、蓝、紫等。

　　② 明度：也称为光度、深浅度。明度是指色彩的明亮程度。如白色比黑色浅，明度就比黑色高。淡黄和大红相比，明度要比大红高。

　　③ 纯度：色彩的纯度是指色彩的纯净程度。纯度越高，色彩越鲜艳。

　　④ 三原色：所谓原色，又称为第一次色，或称为基色，即用以调配其他色彩的基本色。三原色包括色光的三原色和颜料的三原色。色光的三原色指红、绿、蓝三色。颜料的三原色指红（品红）、黄（柠檬黄）、青（湖蓝）三色。将不同比例的三原色进行组合，可以调配出丰富多彩的色彩。

2. 色彩的分类

　　色彩分为有彩色（红、橙、黄、绿、蓝、紫等）和无彩色（黑、白、灰）。

3. 色彩的感受

色彩的感受是指为大多数人共同感受到的色觉心理反应，也称为人的视觉心理感受，明显地表现在色彩组合时的冷暖感、空间感、重量感等具有生理特征的心理效应。

（1）色彩的冷暖　如红、橙、黄是暖色，青、蓝是冷色，紫色、绿色则处在较为中性的阶段，无彩色无冷暖差异，色彩冷暖的感觉是具有相对性的。

（2）前进色与后退色　一般来讲，暖色系的色彩是前进色，冷色系的色彩是后退色，明亮的色彩比暗的色彩显得近，前进色往往给人一种亲近感，后退色则会给人一种距离感。

（3）膨胀色与收缩色　暖色膨胀，冷色收缩，明亮膨胀，暗淡收缩，周围色彩越亮，图案色彩看起来越小。

（4）色彩的轻重　色彩轻重的感受与色彩的明度有直接关系，白色、浅蓝、淡红给人轻而柔的感受，黑、暗的色给人重而硬的感觉，此外还有一些高级感。

（5）兴奋色与冷静色　色彩的沉静与兴奋感和色相、明度和纯度都有关，暖色系的高彩度色彩是兴奋色，冷色系的低彩度色彩是冷静色。

（6）华丽色与朴素色　明度与纯度对这种感受影响大，色相的影响较小，纯度高、明度高的颜色显得华丽，纯度低、明度低的颜色显得质朴。

4. 卖场陈列的色彩特点

服装是流行的产物，不光包含物质层面的元素，也有精神层面的元素。服装同其他商品相比，具有自身的特性。只有充分掌握服装的特性才能做好卖场陈列的色彩规划。根据服装的产品特点、销售方法、销售对象进行分析，服装陈列色彩主要有以下特点。

（1）多样性　多系列、多色彩共存于同一卖场中是品牌服装的特点。每一个服装品牌都有自己特定的消费群，即使在同一顾客群中，其审美观也有差异。为了满足不同顾客的需求，除个别品牌外，基本上每个品牌都会在每一季中推出几个风格不同的系列，通常会有3～4个系列，这些系列的色彩和款式都会有所不同。这样，在同一卖场中就会出现多个色系并存的状况。多色系的卖场也在考验陈列师对整个卖场的色彩控制和调配能力。

因此，陈列师在考虑卖场的陈列色彩搭配时，必须要有整体感。不仅要考虑单套、单个货架上服装色彩的搭配效果，同时还要考虑整个卖场中各系列服装之间色彩搭配的协调性。

（2）变化性　服装是一种季节性非常强的商品，因季节、气候的变化更换非常频繁，特别是在两个季节交替的时候，卖场中经常会出现两季服装并存的状态，卖场中的色彩搭配由此也变得复杂起来。

因此，应对卖场中不断变化的色彩，衔接好季节交替时前后两季服装的色彩，也是一名陈列师应该具备的技能。

（3）流行性　服装是具有流行性的商品，每年国际流行色机构都会推出一些新的流行色。因此，作为一名服装陈列师，不仅要学习常规的色彩搭配方法，而且要不断地观察和发现新的流行色彩搭配方式，推陈出新，不断地为卖场色彩规划注入新的内涵。

卖场就是一幅画，要画好这幅画，首先就要确定这幅画的色彩基调，然后再进行细节的描绘。同样道理，卖场中的色彩布置既要重视细节，也要做好卖场整体的色彩规划。成功的色彩规划不仅要做到协调、和谐，而且还应该有层次感、节奏感，能吸引顾客进店，并不断在卖场中制造惊喜，更重要的是能用色彩来唤醒顾客购买的欲望。一个没有经过色彩规划的卖场常常是杂乱无章、平淡无奇的，顾客在购物时容易产生视觉疲劳，没有购物激情。

卖场的色彩规划要从大到小，经历卖场总体的色彩规划、陈列组合面的色彩规划、单柜的色彩规划流程。这样才能既在整体上掌握卖场的色彩走向，同时又可以把握好卖场的所有细节。

5. 卖场色彩规划的步骤

（1）分析卖场服装分类特点　根据服装设计风格、销售方式、消费群的不同，服装品牌对卖场的商品配置都有不同的分类方式。卖场的商品配置分类通常按色彩、性别、款式、价格、风格、尺码、系列、原料等方法进行分类。

不同的分类方式，在色彩规划上采用的手法也略有不同，因此在做色彩规划之前，一定要搞清楚本品牌的分类方法，然后根据其特点再进行针对性的色彩规划。

① 按色彩或系列主题分类：按色彩或系列主题的分类方式，在陈列色彩组合中就比较容易搭配。因为服装设计师在设计阶段就已经考虑本系列色彩搭配的协调性，陈列时只需按色彩搭配的一些基本方法去做就可以。

② 按类别及非色彩分类：这种分类法通常是按产品的类别、价格或规格进行分类。主要是考虑顾客购物时的第一衡量标准。如打折时，顾客首先关注的是价格，价格这时候成为购物的第一衡量标准，但问题是顾客考虑价格后，还要考虑色彩、款式等因素，所以我们同样还是要重视服装色彩的搭配。

这种分类法在色彩搭配上有一定的难度。有些服装色彩比较杂，色彩之间可能根本没有联系，特别是打折的时候。针对这样的情况，我们通常先进行大的色彩分类，如先分出冷色或暖色，或按色相的类别分为红、黄、蓝、紫等色系，然后再进行细的调整。一些不协调的色彩，可以放在正挂的背后，或采用中性色进行间隔；实在无法协调的色彩可以拿出去，单独归成一个柜；找出几种重点突出的色彩，加大其陈列面积。可采用正挂陈列，如果是挂多件服装的正挂，应将它放在最外面的位置；或在侧挂中可以增加其出样数，以增加其色彩面积。这样由于色彩比例的不同，就在陈列面中形成一个主色调，并和其他色彩形成主次关系。

（2）把握卖场色彩平衡感　一个围合而成的卖场，通常有四面墙体，也就是四个陈列面。而在实际的应用中，最前面的一面墙通常是门和橱窗，实际上剩下的就是三个陈列面——正面和两侧。这三个陈列面的规划，既要考虑色彩明度上的平衡感，又要考虑三个陈列面的色彩协调性。

卖场陈列面的总体规划，一般要根据色彩的一些特性进行规划。如根据色彩明度的原理，将明度高的服装系列放在卖场的前部。明度低的系列放在卖场的后部，这样可以增加卖场的空间感。对于同时有冷色、暖色、中性色系列的服装卖场，一般是将冷色、暖色分开，分别放在左右两侧，面对顾客的陈列面可以放中性色或对比度较弱的色彩系列。

另外要考虑卖场左右两侧服装明度的深浅，特别是在各系列服装色彩明度相差很大时就更要引起注意。在陈列中必须把握左右的色彩平衡，不要一边色彩重，一边色彩轻，造成卖场左右色彩不平衡的局面。

（3）制造卖场色彩节奏感　一个有节奏感的卖场才能让人感到有起伏、有变化。节奏的变化不光体现在造型上，不同的色彩搭配也可以产生节奏感。色彩搭配的节奏感可以打破卖场中四平八稳和平淡的局面，使整个卖场充满生机。卖场节奏感的制造通常可以通过改变色彩搭配的方式来实现。如可以将一组明度高的服装货柜和一组明度低的服装货柜在卖场中进行间隔组合，或有意识地将两组对比的色系相邻陈列，这些方式都可以增加卖场的活力和动感。如图4-1-5。

图4-1-5　有较好节奏感的服装陈列

6. 陈列色彩搭配方式

卖场陈列的色彩搭配方式有很多，这里列举几种常见的方式，这些方式也是国际、国内一些著名服装品牌在卖场中常用的。其原理都是根据色彩搭配的基本规律，再结合实际的卖场销售规律变化而成的，比较容易掌握。

陈列色彩搭配的主要目的，就是将卖场中多色的服装根据色彩的规律进行规整和统一，使之变得有序列，主次分明，易于顾客识别与挑选；同时运用色彩的明暗、强弱、面积大小等手法进行规划，用色彩制造卖场节奏感，调动顾客的购物情绪。

这些色彩搭配方式既可用在服装和装饰品中，也可在服装和背景中灵活地使用。主要有对比色搭配、类似色搭配、中性色搭配等方式。

① 对比色搭配：特点是色彩比较强烈、视觉的冲击力比较大，因此这种搭配方式经常应用于橱窗陈列中。不同品牌对卖场中对比色搭配的运用情况也有所不同，通常由于运动服装和休闲装的品牌特性，卖场中对比色的搭配范围比较广泛；高档女装和男装卖场内部

的对比色搭配通常进行部分的点缀，主要是丰富卖场的色彩搭配方式，调节卖场气氛。

②　类似色搭配：产生一种柔和、宁静的感觉，是卖场中使用最多的一种搭配方式，也是高档女装、男装常用的搭配方式。当然类似色过多的应用，也会使人觉得没有精神。因此在做类似色的陈列搭配时，要注意服装色彩明度上的差异，以丰富陈列效果。

③　中性色搭配：这种搭配方式会给人一种沉稳、大方的感觉，是男装卖场中最主要的色彩搭配方式。中性色具有协调两种冲突色彩的功能，如在绿色和红色之间插入中性色，就可以减少冲突，使整体色彩变得协调。因此在侧挂时要更好地灵活运用中性色。

中性色的面积太多，也会让人感觉单调和沉闷，在中性色中加入一些有彩色，可以增加卖场中的气氛。可以用有彩色的围巾、内衣等进行服饰搭配；以中性色为主的男装卖场中可以增加一些有彩色的饰品和道具进行搭配来丰富色彩。如图4-1-6。

(a)JIL SANDER的对比色陈列　　　　　　(b)GUCCI的类似色陈列

(c)中性色的陈列搭配

图4-1-6　陈列色彩基本搭配方式

对比色、类似色、中性色这三种色彩搭配方式在卖场陈列中是相辅相成的。如果一个卖场全部采用类似色、中性色的搭配就会感到过于宁静，缺乏动感。反之，太多地采用对比色也会使人感到躁动不安。因此，每个品牌都必须根据自己的品牌风格、顾客定位、卖场的不同区域等因素选择合适的色彩搭配方案，选择不同的色彩搭配方式，灵活运用。在掌握这些色彩基本原理后，然后再根据工作实践，就可以创造出更多的色彩搭配方式。

7.　陈列色彩具体操作方式

（1）渐变法　　渐变法将色彩按明度深浅的不同依次进行排列，色彩的变化按梯度递进，给人一种宁静、和谐的美感，这种排列法经常在侧挂、叠装陈列中使用。明度排列法一般适合于明度上有一定梯度的类似色、临近色等色彩。但如果色彩的明度过于接近，就容易混在一起，反而感到没有生气。

色彩无论是同色相还是不同色相，都会有明度上的差异。如同一色中，淡黄比中黄明度高，在不同色相中黄色比红色明度要高。明度是色彩中的一个重要指标，因此好好地把握明度的变化，可以使货架上的服装变得有次序感。

渐变法具体有以下几种方式。

① 上浅下深：一般来说，人们在视觉上都有一种追求稳定的倾向。因此，通常我们在卖场中的货架和陈列面的色彩排序上，一般都采用上浅下深的明度排列方式。就是将明度高的服装放在上面，明度低的服装放在下面，这样可以增加整个货架服装视觉上的稳定感。在人模、正挂出样时我们通常也采用这种方式。但有时候为了增加卖场的动感，我们也经常采用相反的手法，即上深下浅的方式以增加卖场的动感。

② 左浅右深：实际应用中并不用那么教条，不一定要左浅右深，也可以是左深右浅，关键是一个卖场中要有一个统一的序列规范。这种排列方式在侧挂陈列时被大量采用，通常在一个货架中，将一些色彩深浅不一的服装按明度的变化进行有序的排列，这样会在视觉上产生一种井井有条的感觉。

③ 前浅后深：服装色彩明度的高低，也会给人一种前进和后退的感觉。利用色彩的这种规律，我们在陈列中可以将明度高的服装放在前面，明度低的放在后面。而对于整个卖场的色彩规划，我们也可以将明度低的系列有意放在卖场后部，明度高的系列放在卖场的前部，以增加整个卖场的空间感。

（2）间隔法　间隔排列法是在卖场侧挂陈列方式中，采用最多的一种方式。这主要有以下几个方面的原因：间隔排列法是通过两种以上的色彩间隔和重复产生了一种韵律和节奏感，使卖场中充满变化，使人感到兴奋。卖场中服装的色彩是复杂的，特别是女装，不仅仅款式多，而且色彩也非常复杂，有时候在一个系列中很难找出一组能形成渐变排列和彩虹排列的服装组合。而间隔排列法对服装色彩的适应性较广，正好可以弥补这些问题。

间隔排列法由于其灵活的组合方式以及其适用面广等特点，同时又加上其美学上的效果，使其在服装的陈列中被广泛运用。间隔排列法虽然看似简单，但因为在实际的应用中，服装不仅仅有色彩的变化，还有服装长短、厚薄、素色和花色服装的变化，所以就必须要综合考虑，同时由于间隔的件数的变化也会使整个陈列面的节奏产生了丰富的变化。

间隔排列法的使用方式：在实际的应用过程中，陈列师面对着一堆纷乱的服装时往往不知所措。一般的步骤是，首先将服装按分类的原则进行分类，然后再进行色彩间隔。

在实际应用中可细分为色彩间隔、长度间隔和色彩、长度同时间隔三种方法。

色彩间隔将款式相近、长度基本相同的服装陈列在一个挂通上，通过色彩间隔变化来获得节奏感的一种陈列方式。

长度间隔将色彩相同或相近、款式长度不同的服装陈列在一个挂通上，通过长度的间隔变化而获得节奏感。

长度和色彩同时间隔把相同系列、不同色彩、不同长度的服装陈列在一个挂通上，从而获得更为丰富的节奏和韵律感。

色彩间隔的设计要点：在采用色彩间隔法的时候，通常先将本柜的服装色彩进行调整，将同样的色彩归在一起，然后找出本柜中数量最少、颜色最出跳的色彩作为间隔的色彩。

间隔法的原理就是采用明度上或彩度上比较高的对比，使柜子变得更加精神。因此，我们可以在陈列柜和橱窗中进行广泛的运用。如图4-1-7，整组挂通上以深色为主，加进了几件红色的衣服后，使整个柜子显得活跃了。间隔法和渐变法陈列所要注意的是，在一个陈列柜里陈列的服装，不光要注意色彩的协调性，还要注意款式的搭配性，切勿将一些风格不同或其他系列的服装放在一起。

图4-1-7　LILY品牌的间隔陈列

（3）彩虹法　就是将服装按色环上的红、橙、黄、绿、青、蓝、紫的排序排列，也像彩虹一样，所以也称为彩虹法，它给人一种非常柔和、亲切、和谐的感觉。

彩虹法主要应用在一些色彩比较丰富的服装品牌中。另外可以应用在一些装饰品中，如丝巾、领带等。除了个别服装品牌，实际当中我们碰到色彩如此丰富的款式在单个服装品牌中，还是很少的，因此实际应用机会相对比较少。

（五）卖场照明基础

光与色是密不可分的，人们之所以能看到千变万化的色彩，就是因为不同的物体对于各种单色反射与吸收的能力不同而产生的。灯光对于店铺陈列是至关重要的，灯光可突显店内所陈列的商品的形状、色彩、质感，并吸引路人注意，引导其进入店内。因此卖场灯光的总亮度要高于周围建筑物，以营造出明亮、愉快的购物环境。光线能吸引顾客对商品的注意力，因此卖场的灯光布置应着重照射商品，使之醒目，刺激消费者的购买欲望。

1. 光学概念

光是能量的一种存在形式，它的传播路径是直线，因此称之为光线。光源则是指能够发出一定波长范围电磁波的物体，一般分为自然光源和人造光源。卖场空间比较特殊，照明方式多采用人造光源，人造光源由于材质和技术不同，产生的光照效果也不同，通常光照效果的品质由以下因素来决定。

① 色温：是表示光源光色的尺度，单位为K（开尔文）。色温是按绝对黑体来定义的，光源的辐射在可见区和绝对黑体的辐射完全相同时，此时黑体的温度就称此光源的色温。低色温光源的特征是能量分布中，红辐射相对要多些，通常称为"暖光"；色温提高后，能量分布中，蓝辐射的比例增加，通常称为"冷光"。一些常用光源的色温为：标准烛

光为1930K，钨丝灯为2760～2900K，荧光灯为3000K，闪光灯为3800K，中午阳光为5600K，电子闪光灯为6000K，蓝天为12000～18000K。我们可以理解为色温低的光源偏暖色，色温高的光源偏冷色。

② 光亮度：指被照物体单位面积上的光线强度。

③ 光通量：描述单位时间内光源辐射产生视觉响应强弱的能力。

④ 照度：指光通量与被照射表面面积之比。

2. 灯具分类

卖场中灯具可以从光源和造型等角度进行分类。

（1）按发光原理分类　人造光源通常是通过灯具发出的，按其发光原理可分为热辐射光源、荧光粉光源、气体放电光源、原子能光源、化学光源。服装卖场通常用的光源以荧光粉光源（荧光灯）和气体放电光源（金属卤化物灯）为主。如图4-1-8。

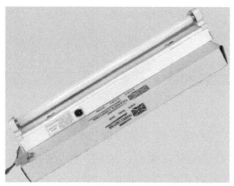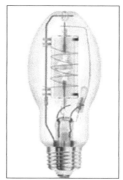

图4-1-8　常见的荧光灯和金属卤化物灯

（2）按安装形态分类　服装卖场灯具的作用是为了更好地展示商品，因此相对家用灯具来说造型要简洁，主要突出灯光照明、修饰物品等功能，灯具本身的装饰性不重要。

按安装形态可分为镶嵌灯、射灯、槽灯、吊灯、台灯、壁灯等。卖场中常用的有镶嵌灯、射灯和槽灯。

① 镶嵌灯：安装在卖场天花板内，简洁美观，有固定式和可调节式，如图4-1-9。

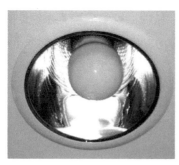

图4-1-9　左图为固定式的镶嵌灯，右图为组合式可调节镶嵌灯

② 射灯：有固定式和导轨式两种。射灯通常配有灯罩，特点是光束集中、指向性强，并且可以调节投射的角度，有一定的灵活性，主要用于局部重点照明，如图4-1-10。

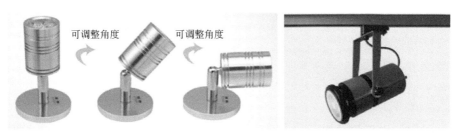

图4-1-10 左图为固定式射灯，右图为导轨式射灯

③ 槽灯：安装在天花板的凹槽内，光源比较隐蔽，往往通过反射起到照明的作用。其优点是光线均匀，没有明显阴影，不易产生眩光，能兼顾装饰和基础两种照明功能，如图4-1-11。

图4-1-11 某品牌的卖场槽灯布置

3. 卖场照明分类

简单来说，卖场照明可以按照照射方式和照明功能进行分类。

（1）按照射方式分类

① 直接照明：光源垂直往下或直接照在陈列商品上，以便充分地利用光通量的照明形式。其特点是对比强烈、照度高、消耗小，但容易产生眩光，如图4-1-12。

② 间接照明：又称建筑化照明，是将光源隐藏在天花板、墙壁内，借着反射的亮度照明的方式，其特点是光线柔和、含蓄，照度和消耗适中，不会产生眩光。

③ 漫射照明：利用灯具的折射功能来控制眩光，将光线向四周扩散，其特点是光线均匀柔和，照度小，没有眩光，但消耗较大。

（2）按照明功能分类

① 基础照明：基础照明也叫环境光照明，就是为环境提供基本的光照度，此类灯具一般安装在上方（天花板或顶部框架结构设上），提供范围较大的照明。基础照明的目的是提供一定的环境照明光线，使人可以在该环境中进行正常活动。

② 重点照明：重点照明是将光线以一定角度集中投射到某个区域或商品上，达到突出商品、吸引顾客注意力的目的，比如在橱窗的照明设计中，重点照明不仅要表现出服饰产品的外观、功能、面料等特点，还要突出一定的造型和质感等，如图4-1-13。

图4-1-12 某品牌的卖场基础照明（图片来自陈列之家网站）

图4-1-13 橱窗照明多采用重点照明的方式

③ 装饰照明：装饰照明也称气氛照明，主要是通过一些色彩和动感上的变化，以及智能照明控制系统等，在卖场的局部环境营造一些特殊的灯光气氛，完善购物环境，吸引顾客，促进销售。装饰照明通常不照亮陈列的物品，而是对陈列物品的背景、卖场的地面、墙面等做一些特殊的灯光处理，如图4-1-14。

4. 卖场照明运用

卖场照明的设计原则如下。

① 舒适原则：一个灯光通明的卖场给人一种愉悦的感觉；反之，一个灯光灰暗的店铺让人觉得昏暗、沉闷，不仅看不清服装的效果，还会使卖场显得毫无生气。舒适的灯光可以增加顾客进入停留和消费的机会。所以，一个卖场必须满足基本的照度。一些店铺由于生意不好，总是用减少灯光的亮度来节约费用，其结果只能带来恶性循环。

图4-1-14　某品牌的装饰照明效果

要使顾客在卖场中有舒适感，就要选择适当的照度和理想的光源。照度要适中，高的照度可以作为局部点缀，以加强顾客的关注度。照度会决定卖场内空间是否明亮宽敞，商品是否清晰易见，卖场各部分照度的高低要因其功能不同而有所差异。

常用光源包括卤素灯、荧光灯、金属钠盐灯等。光源色温应该同照度水平协调。在低照度的情况下，以暖光为好。随着照度增加，光源色温也要相应提高。

② 吸引原则：在终端卖场中，除了造型和色彩以外，灯光也是吸引顾客的一种重要元素，咖啡馆、酒吧、宾馆这些场所通常需要设计得富有温馨感，因为顾客来这里主要是为了放松心情。但对于一个购物场所，不仅要制造一种轻松感，还需要提高顾客的兴奋度，引起顾客对店铺以及店铺中产品的关注，激发购买欲。在同一条街上，通常灯光明亮的店铺要比一个灰暗的店铺更吸引人。因此，适当地调高店铺里的灯光将会提高顾客的进店率。同样在卖场内，明亮的灯光也会提高顾客对货品的注目度，所以店铺一般都会采用明亮的照度。

制造吸引顾客的灯光效果包括适当增加橱窗灯光的亮度，超过隔壁商店的亮度，使橱窗变得更有吸引力和视觉冲击力。善用灯光的强弱以及照射角度变化，使展示的服装更富有立体感和质感；卖场深处面对入口的陈列面要光线明亮。

③ 真实显色原则：服装和其他商品不同，它是直接穿在人身上的。因此顾客会在店铺中通过试衣，来确认服装的色彩和自己的肤色是否相配。顾客检验服装色彩的真实度，通常是根据日光照射效果来决定的。我们经常会看到一些有经验的顾客到店外的日光下检验服装色彩，就是因为很多卖场中的灯光照射效果和日光有很大的差别。因此，为了达到真实的还原色彩，在店铺中选用重点照明的灯光，应该考虑色彩真实的还原性，其色温一般要接近日光。

一般来说，外套基本是人们在白天穿着的，其穿着光源环境，主要是在阳光和办公室灯光照射下的。因此接近阳光和日光灯的照射效果应该是我们要模拟的照射效果。而且要首先考虑日光效果，其次考虑日光灯的效果。

根据不同部位对光源显色性能的不同要求，卖场中重点推荐以及正挂展示的服装灯光显色要好。为了达到一定的效果，橱窗灯光可以不用过多地考虑显色性。

④ 层次分明原则：卖场中的灯光也像舞台剧中的灯光一样，可以用灯光的强弱来告知卖场中的主角是谁。可以根据卖场区域功能的分类，用灯光来昭示。巧妙地用灯光区分卖场各区域的功能、主次，给顾客一种心理暗示。如橱窗用指向分明的灯光来吸引顾客；用明亮的灯光让顾客仔细看清货架上服装的细节；用柔和的灯光在服务区营造温馨的感受。

在重要部位加强灯光的强度，一般部位只满足基本的照度。这样用灯光使整个卖场主次分明，并且富有节奏感，同时也可以控制电力成本。

根据其在卖场中的作用，卖场各部位灯光的主次一般按以下顺序排列：

橱窗→边架→中岛→其他

⑤ 与品牌风格吻合：针对不同的品牌定位和顾客群，其灯光的规划也有所不同。

通常一些大众化、定位中低端的品牌，往往追求速战速决的营销方式，所以灯光的照度较高，可以在短时间内提高顾客的兴奋度，促使消费者快速买单。同时由于货品的款式和数量比较多，所以在照明区域的分布上，大量以基础照明为主，和重点照明照度差距较小。定位高端的服装品牌由于定价相对较高，消费者多产品的选择也会比较慎重，要做出购买决定的时间也相对长一些，而这些服装往往风格特别，个性较强，所以基础照明的照度相对较低，加强局部照明的照度，使得这个卖场空间具有一种剧场式的效果，也营造出与众不同的购物氛围。

5. 光源的位置

不同位置的光源给商品所带来的气氛有很大的差别。

（1）从斜上方照射的光　这种光线下的商品，像在阳光下一样，表现出极其自然的气氛。

（2）从正上方照射的光　这种光可制造一种非常特异的神秘气氛，高档、高价产品用此光源较合适。

（3）从正前方照射的光　能完整展现服装的细节，但此光源不能起到强调商品的作用，立体感和质感较差。

（4）从正后方照射的光　在此光线照射下，商品的轮廓很鲜明，需要强调商品外形时宜采用此种光源，在离橱窗较远的地方也应采用此光源。

（5）从正下方照射的光　能造成一种受逼迫的、具有危机感的气氛。

在以上不同位置的光源中，最理想的是"斜上方"和"正上方"的光源。

在均衡分配卖场内的照明照度时，应以全体照明的店内平均亮度为1，店面橱窗为2～4倍，店内正面深处部分为2～3倍，商品陈列面为1.5～2倍，需加倍亮度的地方只要加上局部照明即可。

（六）展具设计

服装展具的形式较为多样，凡是能对服饰产品起到衬托、围护、吊挂、摆靠以及方向指示的都属于展具范畴。

① 按标准化程度分：有标准化展具组合系统和非标准化展具系统。

② 按材质分：有木质的、金属的以及人工合成材料等。

③ 按结构方式分，有梁架类、网架类、积木类、帐篷类、充气类等。

④ 按功能要求分，有展架类、展板类、橱柜类、屏障类、台座类以及五金零件等。

在服装陈列中，我们通常会按功能进行分类，下面介绍几个常见的展具类型。

（1）人体模特支架　分为具象型模特支架、意象型模特支架、抽象型模特支架。相对而言，具象型模特支架和意象型模特支架运用较为广泛。

（2）局部模特支架　分为头模支架、颈模支架、手模支架、脚模支架等。

（3）展架和展板　标准式组合式展架，通常在展览会中使用，卖场中使用较少；自由设计式展架，大多数服装品牌都会根据自己的要求设计与自身风格一致的展架，更具视觉冲击力。

（4）展台　是承托展品和装饰物品的重要展具，在卖场空间多以中岛、流水台的形式出现。

（5）展柜　保护和突出展品的道具，其种类较多，通常有立柜、中心立柜、桌柜等，在卖场中展柜多为靠墙设置，也称之为边柜，根据高矮的区别分为高柜、矮柜等。如图4-1-15、图4-1-16。

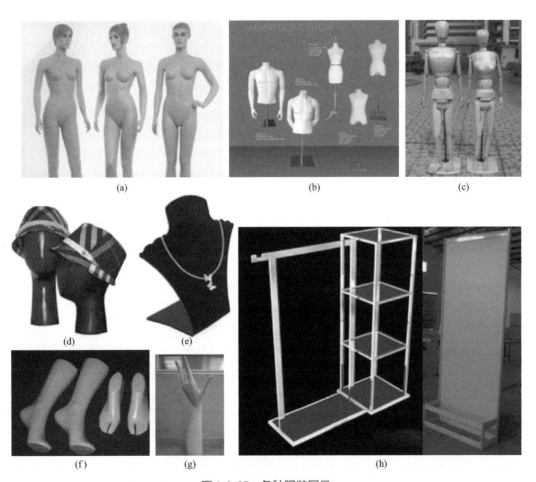

图4-1-15　各种服装展具

(a) 中岛台展示　　　　　　　　　　　　　　　(b) 展柜设计

图4-1-16　展具在服装卖场中的应用

三、卖场陈列市场调研

掌握了一定的服装陈列基本知识后，要进一步开展陈列设计工作，首先要了解竞争对手的卖场终端情况，才能更加有针对性地制订出符合自身品牌风格的卖场陈列策略。

（一）卖场陈列市场调研的意义

1. 制订卖场陈列方案的基础

企业要制订终端卖场的陈列方案，就需要对市场进行准确的了解和分析。企业可以通过终端卖场陈列调研，找到自身产品的潜在市场需要和销量的大小，了解货品库存、价格、款式特征等情况，了解消费者对产品的意见、态度和购买心理及习惯，了解卖场空间格局、环境和存在的问题，从而确定产品的陈列方案以及整体店铺形象。

2. 评估陈列策略的基础

通过卖场陈列调研，可以了解企业的陈列方案的实际效果和预期目标之间的差距，并找出造成差距的原因，改进、产生新的终端卖场营销方案。卖场陈列调研是企业研究市场的重要工具。如果企业不了解终端卖场陈列状况，就确定新的终端卖场陈列策略，就好比瞎子摸象一样，漫无目的。

3. 制订产品策略的基础

卖场陈列调研可以帮助企业发现市场需求，从而为企业制订产品策略，提供基础依据。如企业在做陈列市场调研时，会得到相应的长效产品信息、同类产品价格信息、同类产品传播策略等，为企业制订正确的产品营销策略提供重要的参考依据。

4. 企业确定发展方向的基础

卖场陈列调研可以帮助企业真正发现终端消费者的最大需求，并检测市场上现有产品结构及陈列营销策略是否能够满足需求。如果顾客需求尚未满足，那正是企业可以开拓的潜在市场。借助终端市场调研，企业能及时发现并抓住新的市场机会，调整制订新的市场策略，开发新产品，开拓新市场，为企业确定发展方向提供基础依据。

5. 帮助陈列人员了解、掌握其他品牌的陈列方式及品牌战略

卖场是品牌的终端销售场所，通常卖场陈列风格应与品牌风格相一致，终端卖场陈列

也应与当季的产品主题相吻合。通过卖场陈列调研，可以界定出目标品牌的品牌风格、理念以及当季产品的主题、色彩。陈列作为最有效的营销方式之一，也能体现出品牌的营销策略。通过调研目标品牌的陈列方式，也能使陈列人员学习到优秀品牌的陈列技巧，了解竞争品牌的品牌战略和陈列方案。

（二）陈列市场调研的原则

市场调研作为一种研究手段，已经被广泛应用到各行各业，与卖场陈列相结合的市场调研则是一种全新的研究方法。信息收集和调研分析是卖场陈列市场调研的两个重要环节，在调研中应遵循以下原则。

1. 客观原则

这是做好卖场陈列调研的关键。参与调研的人员必须以公正和中立的态度对市场情报资料进行记录、整理和分析，尽量减少主观偏见。应该使调研的信息或数据真实、客观，才会让整个调研过程有时效性。

2. 系统原则

卖场陈列调研的系统原则是指在进行卖场陈列调研时，必须做好周密的计划和安排，包括信息资料的来源，收集方法以及采用的分析方法，所研究信息的价值，时间进度的安排，以保证调研工作有序进行。

3. 科学原则

科学原则要求调研要在系统和客观的基础上使用科学理性的方法进行调查和研究分析，以得到准确有效的结果。

4. 实用原则

由于卖场陈列的调研不同于企业做的其他市场调研，有其自身的特点，市场调研的方法很多，应结合卖场陈列应用更加具体、实用的方式方法。

5. 低成本原则

卖场陈列调研成本是企业整体成本的一部分，或者说是产品成本的一部分，要获得更多的利润，就必须在保证质量的同时想办法降低成本，因此，在卖场陈列调研的过程中，应提前制订调研工作计划，减少不必要的投入，尽可能地提高工作效率。

6. 多渠道原则

多渠道原则强调企业应灵活地采取各种有效的方法和手段进行市场情报的收集。如实地市场调研、网络资料收集、第三方信息购买等。

（三）卖场陈列市场调研的主要内容

1. 卖场环境分析

（1）店铺所处城市。

（2）店铺所处商圈。

（3）周边客户及购买力分析。

（4）地区功能性分布。

分析卖场的周边环境，可以界定该卖场所属类型。一般卖场级别越高，所选择的地段会越好，不同级别的卖场，陈列策略侧重点也不一样。

2. 品牌分析

（1）品牌历史。

（2）品牌定位　品牌理念、风格、品类、产品价格、推广方式、目标客户群等。

（3）举例类似品牌进行比较。

品牌的调研和风格理念的界定，为卖场陈列调研提供了依据，卖场陈列最终目的是促进产品的销售和品牌文化的传播。因此了解卖场产品的相关信息，有助于发现卖场陈列营销思路。

3. 产品

（1）产品设计风格。

（2）产品数　单店最大/最小铺货量。

（3）产品特点　是否适合做挂装或者叠装等。

（4）产品线的广度和深度　款式数、颜色数、色款数。

陈列是为了更好地展示产品，只有了解了产品，才会用最适合的方法来进行展示，将产品的特征、性能展现在消费者面前。

4. 市场竞争

（1）竞争品牌举例。

（2）优劣势对比分析。

现如今，一个服装品牌想要做到差异化竞争已经相当困难，在激烈的市场竞争中，只有深入了解自己的竞争对手，才能知道自身的优势与劣势，从而进一步建立适合自己的品牌形象和终端形象。

5. 店铺空间规划

（1）店铺面积　可区分大、中、小店，划分标准，列出区间。

（2）店铺朝向和空间规划　店铺内部布局、橱窗位置。

（3）货架分布和陈列区域分布。

（4）灯位图。

（5）周边品牌分布情况。

调研卖场面积大小，可以界定该卖场属于哪一个级别，调研卖场朝向和邻近卖场情况、卖场内部空间规划和陈列布局、橱窗设计等，可以界定卖场的陈列实施方案，通过调研和资料收集，运用掌握的陈列原则和陈列形式、顾客行为等分析卖场的优缺点并能提出建议。

6. 卖场陈列规划

（1）色彩手法的运用　近似、对比、彩虹、呼应。

（2）构成手法的运用　平衡感把握、节奏把握、"三易原则"的把握。

（3）VP\IP\PP区的划分和展示情况分析。

（4）流水台、模特、正挂、侧挂、叠装、饰品架等的分类分析。

（5）灯光及人体工程学运用。

（6）通道设置分析。

（7）店堂音乐和气味分析。

（8）销售人员外形及着装分析。

（9）卖场陈列维护。

通过对具体的品牌产品陈列调研，运用已学的基础知识，如基本陈列技巧、人体工程学、美学、色彩学等，对卖场陈列做出分析，总结缺点并提出相应的修改方案。同时注意观察卖场陈列的维护情况，如卖场软硬件的维护、卖场形象维护、道具维护、照明设备维护等，好的陈列维护能让良好的卖场形象得到延续。

7. 卖场客流情况

（1）客流量　单位时间内经过该卖场的顾客人数。

（2）进店量　单位时间内进入卖场的顾客人数。

（3）进店率　单位时间内进入卖场的顾客人数与经过卖场的顾客人数的比例。

（4）试穿率　单位时间内试穿服装产品的顾客数与进入卖场的顾客人数的比例。

（5）成交率　单位时间内购买服装产品的顾客数与进入卖场的顾客人数的比例。

（6）连带销售　单位时间内，购买产品总数与销售单数的比例。

（7）顾客流动路线　单位时间内，顾客在卖场中行走的路线。

卖场客流的调研，一定程度上能反映卖场所在位置的兴旺程度以及陈列对于销售的影响。

任务实施

案例一、E.LAND品牌陈列分析

一、所调研品牌简介

E.LAND品牌简介如表4-1-1。

表4-1-1　E.LAND品牌简介

品牌历史	1980年9月23日"ENGLAND"时装店； 1994年进入韩国唯一的2001OUTLET流通行业； 1994年衣恋时装（上海）有限公司成立
品牌文化和理念	十余年来，以简约优雅的独特风格，糅合东西方都市和节奏，充分体现高雅的时尚生活品位。 文化：淳朴的美是最美的，以喜悦的生命力创造更美好的生活
品牌风格	简约优雅
品牌标识	E.LAND
产品类别	小外套、短裙、连衣裙、裤装、礼服裙、针织衫等
产品特点	面料以毛、丝、棉为主，剪裁追求简约，颜色以黑、白、灰、金、银、大地色等高雅轻盈的色系为主
目标顾客定位	高消费人群
价格定位	外套在2000～4000元不等，短裙在1900～3000元不等，礼服在5000元以上
全国店铺数量及主要城市分布状况	香港、北京、杭州，目前内地仅两家店面

二、店铺形象

E.LAND 店铺形象如表 4-1-2。

表 4-1-2　E.LAND 店铺形象

店铺 LOGO	E. LAND
店面装修（特点）	简洁时尚、清雅、明快
店面卫生及整洁度	整齐干净，很整洁
样宣（形式）	品牌手册
店员形象与服务	形象大方，服务热情

三、所调研店铺陈列设计评估

E.LAND 店铺陈列设计评估如表 4-1-3。

表 4-1-3　E.LAND 店铺陈列设计评估

卖场色彩评估	卖场整体空间色彩感觉	协调，色彩能互相穿插，整体感很强，讲究搭配
	服装及饰品色彩搭配	饰品大多采用银色，设计简单大方，与服饰的简约风格相呼应。
卖场产品陈列评估	陈列设计主题（季节）	冬季，黑灰紫色块，米咖金色块，红色穿插其中，礼服重点展示，精品柜独立陈设
	陈列分区情况	礼服区、精品区、套装区、休闲区
	主要陈列器架	流水台、层板、模特、展示柜
	卖场通道规划评估	合理，整体摆放能使顾客沿着预设通道行走，兼顾每个角落的服饰展示
	主要陈列方式及特点	大多搭配成套，侧挂、正挂结合，重点款式用模特展示。注意色彩的协调及配饰的运用
卖场灯具、灯光评估	整体的灯光氛围（效果描述）	整体以白光为照明，整个殿堂显得很明快，但不刺眼，不会有清冷的感觉，比较柔和。
	灯具的类型名称	射灯、筒灯、装饰吊灯。
	灯光、基本照明是否合适，重点照明是否突出	基本灯光很合适，重点照明除了流水台比较明显，其他重点照明比较欠缺
卖场氛围调研	pop 应用（位置、数量）	门口右侧一张 POP
	卖场音乐（类型、效果）	无
	视频播放（内容）	无
	卖场气味（描述）	无
橱窗陈列调研	橱窗的位置及面积	橱窗位于大门左侧，呈弧形结构，面积大约占总店面的 1/5
	橱窗的主题创意	采用商品性橱窗，利用放大的书作为装饰，展现出了品牌的文化价值
	陈列色彩运用	大概分出米色穿插黑灰色，金色米黄色，黑白灰穿插红色这几大色块
	灯光运用	采用射灯及筒灯，收银台上用装饰吊灯照明
	陈列道具的使用情况	层板和流水台摆放各式饰品，店内模特展示礼服，橱窗模特展示最新款式，精品柜陈列精品服饰
	橱窗对顾客的吸引度	较好，白色背景砖墙面与黑色或有彩色形成强烈反差，给顾客一个视觉上的冲击力

四、卖场空间信息采集

（1）卖场平面图 包括橱窗、货架、通道走向、收银、试衣间等设施的位置，卖场色彩分布及货品分区，如图4-1-17。

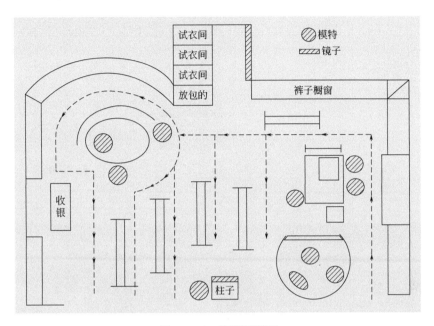

图4-1-17 卖场平面图

（2）灯光布局图 包括橱窗、货架、通道走向、收银、试衣间等，如图4-1-18。

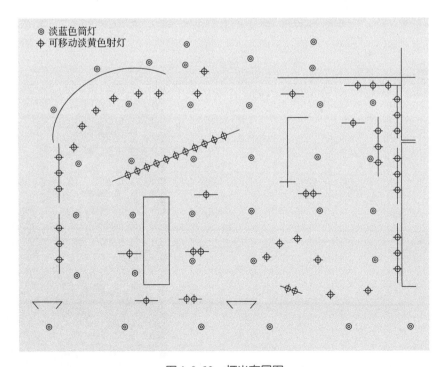

图4-1-18 灯光布局图

（3）橱窗陈列图　草稿图绘制，如图4-1-19。

图4-1-19　橱窗陈列图

（4）E.LAND的整体店面　如图4-1-20。

(a)　　　　　　　　　　　　　　(b)

图4-1-20　E.LAND的整体店面

（5）无玻璃式橱窗　下面放货物，如图4-1-21。

图4-1-21　无玻璃式橱窗

案例二、"Levi's"品牌陈列调研

品牌陈列调研具体内容可以由商圈评估、商场基本情况分析、品牌简介、店铺销售状况、店铺终端形象、卖场陈列设计评估、卖场灯具灯光评估、卖场氛围评估、卖场橱窗评估、卖场平面图、综述总结等部分组成。具体调研内容如下。

一、商圈评估

商圈评估如表4-1-4。

表4-1-4　商圈评估

商圈级别	√市区高档商业区　□市区次商业区　□市郊商业聚集区
商圈类型	□商办　□商住　√娱乐休闲　□文教　□住宅
发展潜力	√强　□尚佳　□平稳　□走下坡　□不良
建筑条件	√新颖时尚　√豪华大气　□普通　□破旧
主导行业	√服装　□饮食　□通信　□电器　□文教用品 □家具　□饰品　□小商品　□其他
交通状况	√非常好　□好　□普通　□短期不佳　□不良
道路条件	√双向线道　□单行道　□步行街
辐射性	□强　√尚佳　□一般　□差
繁华程度	√人口集中特别繁华　□外来人口较多一般　□普通

二、商场基本情况分析

商场基本情况分析如表4-1-5。

表4-1-5　商场基本情况分析

商场地址	位于莱蒙商业街与南大街步行街交汇处		
社会地位及知名度	社会知名度高，群众满意度高，信任感强		
商场周边环境描述	周围齐集美食、潮玩、酒吧、中影影院等配套。百货30000m²，地上1～6层，每层5000m²，7层规划屋顶花园、餐饮娱乐区。地下拥有主城区最大停车场		
商场主要品牌	主要品牌类型和档次	品牌类型：中高档次的休闲、职业、奢华名品、运动家居等	
	列举有代表性品牌	百丽、Nine West、Lee、CK Jeans、江南布衣、Only、G-STAR等	
店铺营运时间	□16小时　√12小时　□10小时　不定		
商场人流状况	□顾客人流拥挤　√顾客人流较多　□一般　□顾客稀少		
客群类型	主要购买人群及特点	面向18～40岁的享受潮流生活方式，在意舒适购物体验的时尚年轻人群，商品选择迎合年轻人对于个性、休闲、运动概念的追崇	
所调研品牌店铺所在的位置及面积	位于百货大楼3楼的"潮流时尚区"，紧临"Lee"，"Jack&Jones"，"GXG"等时尚男装品牌		
店面类型	专柜	经营模式	□直营　√代理

❧ 三、品牌简介

品牌简介如表4-1-6。

表4-1-6　品牌简介

品牌历史	由德国人Levi Strauss于1853年成立的Levi's，堪称牛仔裤始祖。百多年来推出过无数成功设计，经典款式首推501系列。20世纪60年代，Levi's在欧洲大幅度拓展业务，随后便席卷了整个欧陆，营业额和名气随之攀升。到了20世纪七八十年代，Levi's在款式演变上一直跟进潮流。踏入20世纪80年代后期，Levi's首创直身剪裁，Levi's 501又掀起了另一个牛仔裤潮流，连带20世纪90年代也受此潮流影响。自20世纪90年代起，品牌开始推出多个崭新系列，宣传手法更是不断创新。其产品适合18岁以上的各个年龄层，在美国还有很多老年人会选择这个品牌
品牌理念和品牌文化背景	设计独特、工艺精湛、板型优质、个性独立。 Levi's的现代系列中也有三大分支，分别以不同颜色的商标小旗做区分： （1）红标　以红色的布标，绣上白色字体的规格是最具有原创精神、历史最悠久的象征性识别，价格带偏高。 （2）白标　白标的款型都是流行性偏高的商品，紧密结合潮流。 （3）橙标　此为针对低价位的需求所开发出来的商品。 （4）银标　商品的流行度也是较高，现在几乎已成停产状态，价格与红标不相上下
品牌风格	简约，款式经典，剪裁合体，个性独特
品牌标识	**LEVI'S** ®
产品类别	男装、女装、配饰等
目标顾客定位	20～35周岁的成熟、时尚的男性、女性
价格定位	牛仔裤大多在1000～2000元，T恤在400～1000元
全国店铺数量及主要城市分布状况	Levi's在全国有300多家分店，遍及上海、北京、深圳、广州、杭州等主要一、二线城市

❧ 四、店铺销售状况

店铺销售状况如表4-1-7。

表4-1-7　店铺销售状况

进店人数	30人左右
购买情况	90%的顾客只是浏览货架上的商品，10%的顾客选择试穿，5%的顾客决定购买（达成销售的顾客多数是Levi's的长期顾客）
顾客感受	90%以上的顾客认为选择Levi's的牛仔裤具有绝对的名牌效应，做工精良，款式时尚，但也有一些顾客感觉它的部分款式还是比较适合欧美人的体型，还有3%的顾客目标明确，进店之前已经确定了要挑选的款式
销售数据统计	约为5%
货品配置统计	货量充足，设有专门配送，产品更新速度较快

❧ 五、店铺终端形象

（1）LOGO　红底白字，开头字母"L"为大写，其余为小写字母，风格简洁。

（2）店面设计 整个店铺装修以棕色和黄色为主色调，顶层安置木质结构吊顶，与店铺主色调形成色彩呼应。墙面与地板均以棕色木板铺制，将原结构立柱的一面作为形象墙，介绍品牌历史。如图4-1-22。

图4-1-22 店面设计

（3）陈列器具 木质展台，固定通挂，一字形钢架等。

（4）店面卫生及清洁度 卫生，整洁，干净。

（5）店员形象与服务 黑色棉制长袖圆领衫加深蓝色Levi's牛仔裤。服务周到，态度温和且热情。

（6）综合分析 红白标志色，纯净的白炽灯光，鲜明突出的品牌风格。容易吸引喜欢潮流的年轻人。

六、卖场陈列设计评估

（1）卖场色彩评估 棕色和黄色为主，亮色点缀其中。多采用棕色木质装饰，凸显了牛仔的粗犷与硬朗，凸显了品牌特征。

（2）卖场产品色彩配置 整个卖场产品的色彩以牛仔系列的蓝为主色调，不同区域会有白、黄、红、墨绿、驼色等点缀色。

（3）卖场产品陈列评估

① 陈列主题设计：牛仔裤始终是Levi's的主推产品，卖场产品多数采用吊挂的陈列方式，成套服装的出样很多（正挂），卖场内并未安排模特出样。

② 陈列区分情况：卖场陈列是按男装和女装分区设计的。店面入口的右手边为男装区，左手边是女装区，二者面积比例大概为2∶1，中区陈列以可移动挂通为主。

③ 主要陈列方式及特点：提供多组成套搭配组合。组合方式 a. 休闲棉服外套＋长袖棉衫＋牛仔裤；b. 长袖棉衫＋牛仔裤。

④ 更衣室评估：有多间，较小，外有镜子。

⑤ 整齐干净程度：干净，整洁。

⑥ 通道规划评估：较宽敞，店内摆放2～3个移动式衣架。

七、卖场灯具灯光评估

（1）灯具类型　卖场照明灯具多采用的是射灯，分轨道式和复式两种。

（2）灯光　基本照明没有炫光，感觉比较舒适，显色性尚可，重点照明还是很明确。

（3）灯光氛围　光线柔和、均匀,使商品保持原有色彩,不失真。橱窗内采用局部照明的方法来强调展品的立体感,以突出主题展示效果。

八、卖场氛围评估

（1）POP运用　采用店铺入口处的海报与标示牌。

（2）音乐　无。

（3）视频　无。

（4）味道　无。

九、卖场橱窗评估

（1）主题创意　激情，狂野，对生活的热情。

（2）色彩的运用　橱窗的模特服装搭配主题一致，均为浅色系，总体色彩搭配和谐。

（3）灯光　采用顶部射灯，灯光颜色偏暖，显色性好。

（4）道具　人模、生活道具、背包等饰品。如图4-1-23。

图4-1-23　卖场橱窗

十、卖场平面图

卖场平面图如图4-1-24。

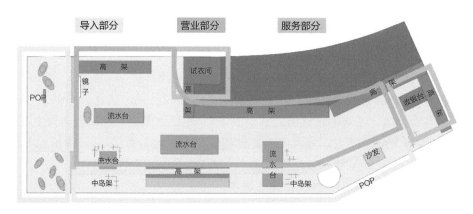

图4-1-24　卖场平面图

十一、综述总结

1. 陈列特点

① 店面、商品展示的颜色都是以牛仔蓝为主，突出了舒适、随性的产品特点。

② 店面商品货架摆放整齐、通道畅通。

③ 店铺长久保持"干净、个性、洒脱"的形象，所有货品的陈列看上去干净整洁。

④ 模特的形象都能充分表达出Levi's个性、简约的形象。

⑤ 每一季，Levi's都会更换充满个性的橱窗展示。

2. 个人建议

① 店内服装陈列在色调上的把握应谨慎，没有呼应和联系的色调应尽量避免摆放在一起，显得凌乱不够统一。

② 建议把商品的摆放量减少，充分体现出品牌简约时尚的特色，进一步促进消费者对品牌的购买欲。

③ 橱窗的颜色也应加以少许突出年轻时尚的亮色，这样可以与整体的店面风格相和谐，使人感觉店内充满活力，感性，洒脱不羁，进而对品牌有了进一步了解。

④ 门口POP图像尽量丰富，不要太多重复。

思考与训练

1. 在调研一个服装品牌时，该从哪些方面进行调研？学会总结其优缺点。

2. 通过服装陈列基础知识的了解，思考作为一个陈列师在做陈列时该从哪里入手？

3. 通过服装陈列市场调研，分析某一品牌的卖场形象是否与品牌形象相符，表现在哪些方面？

4. 对于调研内容，能独立制作出调研总结，要求制作出图文并茂的PPT。

任务二　服装卖场空间规划

学习目标

1. 掌握卖场空间规划的方法。
2. 能根据不同的空间完成卖场整体空间规划方案。

任务提出

了解卖场空间的构成形式，并掌握卖场空间规划的方法，能合理地对卖场进行区域划分，同时模拟一个品牌，为其规划卖场空间，能绘制出卖场效果图或平面图。

------------------------------- 任务分析 -------------------------------

了解并掌握服装卖场空间规划，可以从以下几个方面进行解析：

1．卖场的基本构成。

2．卖场空间内常见的展具。

3．卖场的通道路线设计。

4．卖场空间要素和规划步骤。

------------------------------- 相关知识 -------------------------------

　　卖场是商家和顾客进行交易的地方。这里，卖场的"场"有两种含义：第一种，适应某种需要的比较大的地方。第二种，物质存在的一种基本形式，能传递实物间的相互作用，如磁场等。其实在卖场中这两种形式的"场"都存在。传统商业经营中提到的"人气"，就是指卖场中的气氛，卖场的"人气"正是合理利用这两种有形和无形的"场"而形成的。要使一个卖场有"人气"，通俗的说要做好两点：一要有好的人缘，营业员和顾客要形成融洽交流的无形磁"场"；二要通过合理的规划和陈列，制造一个生动有趣的有形磁"场"，从而吸引顾客。

　　要使卖场富有磁性、吸引顾客，当然离不开美观、时尚的产品，辅之以有趣的造型、悦目的灯光、动听的音乐等元素。但首先必须有一个规划合理的空间。卖场规划合理与否，将直接影响到最终陈列的效果。

　　如果一个卖场的布局和规划本身就存在严重问题，那么即使产品、陈列做得再好，其效果也会大打折扣。另外，卖场不同于展览会纯粹用于产品展示，不仅要体现视觉效果，还要能体现出商业价值。因此在规划卖场时，不仅要考虑卖场的空间尺度和视觉因素，同时还必须考虑营销等方面的因素。一个优秀的陈列师必须具备一定的卖场空间规划知识。

　　首先，在规划卖场之前，要了解每一个卖场的主要组成元素以及基本功能。其次，在卖场装修阶段，要和卖场设计师进行沟通，或直接参与卖场规划方案的讨论。同时可以对一些已投入使用的卖场进行局部的合理调整。只有在一个规划合理的卖场中，陈列才可能做得更加精彩。

一、卖场构成

　　卖场构成有不同的分类方式。为了更简洁和实用，通常根据营销管理的流程进行划分。一般可以将它划分为三个部分：导入部分、营业部分和服务部分。

1．导入部分

　　导入部分位于卖场的最前端，是卖场中最先接触顾客的部分。它的功能是在第一时间告知顾客卖场产品的品牌特色、透露卖场的营销信息，以达到吸引顾客进入卖场的目的。服装是一种日用消费品，顾客很容易进行冲动性的购买。我们经常看到这样的情景，有时候顾客在橱窗中看到一个吸引人的款式就直接进店购买。因此卖场导入部分是否吸引人，规划是否合理，将直接影响到顾客的进店率以及卖场的营业额。通常导入部分由门头、橱窗、POP看板、流水台、出入口等要素构成。

　　（1）门头　通常由品牌标识或象征图案组成，用以吸引顾客。如图4-2-1。

　　（2）橱窗　由模特或其他陈列道具组成，形象地表达品牌的设计理念和卖场的销售信息。如图4-2-2。

图4-2-1　英国著名高级定制品牌店门头

图4-2-2　爱马仕的系列橱窗

（3）流水台　流水台是对卖场中的陈列桌或陈列台的通俗叫法，通常放在入口处或店堂的显眼位置。有单独摆放，也有用两三个高度不同的陈列台组合而成的子母式（字母套台）。主要用于摆放重点推荐或能表达品牌风格的款式，用一些造型组合来诠释品牌风格、设计理念以及卖场的销售信息。在设有橱窗的卖场里，流水台起到和橱窗里外呼应的作用，并更多地扮演着直接传递销售信息的作用。在一些没有设立橱窗的专柜中，流水台还要承担起橱窗的一些功能。如图4-2-3。

（4）POP看板　放在卖场的入口处，通常用图片和文字结合的平面POP告知卖场的营销信息。如图4-2-4。

图4-2-3　某品牌中岛台设置

图4-2-4　某品牌POP看板

（5）出入口　由于面积的限制，通常服装店的出入口是出口和入口合二为一的。不同的品牌定位，其出入口的大小和造型也有所不同，但必须满足顾客进出方便，同时顾客会通过出入口来观察店内的产品，因此在条件允许的情况下尽可能地将出入口的开度设置得大一些。如图4-2-5。

图4-2-5　某品牌的门头设计

2. 营业部分

如果将导入部分比作一出戏的序曲，是卖场整个营销活动的铺垫，那么营业部分是直接进行产品销售活动的地方，也是卖场中的核心，营业部分在卖场中所占的比例最大，涉及的内容也最多，营业部分规划的成败，直接影响到产品的销售。营业部分主要由各种展示器具道具组成。

（1）服装展示器具分类　不同种类的服装品牌根据自己的品牌特点和服装特点会配备一些不同的展示器具。各个品牌对这些展示器具有很多不同的叫法，有的比较混乱，因此在此做一个相应的解释，以便于识别。

① 按形状分：用框架组成的通常称为架，两侧封闭的通常称为柜，如西装的陈列通常用柜式。架按其造型又可分为：

风车架：造型像风车，用于挂放服装和裤子的架，如图4-2-6右下角。

圣诞树架：造型像圣诞树，用于陈列叠装的三层圆盘架。

② 按高低分：

高架（柜）：通常高度在200～250cm的展示道具。

矮架（柜）：通常高度在130～150cm的展示道具。

③ 按摆放的位置分

边架（柜）：摆放在专柜靠墙的展示道具。

中岛架（柜）：摆放在专柜中间位置的展

图4-2-6　某服装品牌的服装展示道具

示道具。

④ 按功能分：

饰品柜：用于陈列装饰品的柜子。

鞋柜：用于陈列鞋子的柜子。

（2）服装专柜常用的展示道具　在实际的应用中，展示道具的名称只要能明确地和其他道具进行区分，简单易记就可以。下面就企业中常用的一些展示道具进行详细的解释，为了实用起见，其名称也采用企业常用叫法。

① 高架（柜）：又称边架（柜）。通常沿墙摆放，高度通常在200～250cm，由于其有较大的空间，可以进行叠装、侧挂、正挂等多种陈列形式，能比较完整地展示成套服装的效果。由于其高度在人的有效视线范围内，通常在卖场中高柜上的服装要比其他形式货架的销售额要高。

顾客的有效视线范围和取放服装的便捷性是确定高柜高度的主要因素。另外一些中、低档价位休闲装品牌还需要考虑货架的储货率，因此其高柜的高度通常比高价位的服装品牌要高。

② 矮架（柜）：泛指放置在装柜中高度相对较矮的货架。由于通常放置在卖场的中部，所以也称为中岛架。矮架的种类包括：陈列服装和饰品的矮柜、风车形矮架、圣诞树形矮架等形式。

矮架一般放置于卖场的中间，为了不使卖场内的空间显得太拥挤，以及遮挡视线，其高度一般应比眼睛的高度要低，在商场中的矮架高度通常限制在130cm以下。

③ 风车架：由于其形状像风车，故名。风车架的挂竿有3～4个方向，可以兼顾顾客不同角度的视线，展示比较灵活，可以用来展示上装或下装。

④ 裤架（筒）：包括圆形裤架以及由高、矮货架分隔成的裤筒等，专门用于集中陈列裤子。

⑤ 饰品架：专柜中的饰品可以和服装配套陈列。配套陈列的好处是可以使服装的搭配变得丰富，也可以增加销售额，缺点是不能将所有的品种罗列出来。将饰品全部陈列出来，特别是为了方便对某些贵重饰品的管理，在专柜里会专门设置饰品柜。体积大的饰品可以开架陈列，通过包架、鞋架、帽架、丝巾架等来陈列。一些小的饰品或贵重的饰品，如眼镜、首饰、丝巾、领带、皮夹等，可以陈列在封闭式的玻璃饰品柜中。

3. 服务部分

服务部分是为了更好地辅助专柜的销售活动，使顾客能更多地享受品牌超值的服务。在市场竞争越来越激烈的今天，为顾客提供更好的服务，已成为许多品牌的追求。主要包括试衣室、收银台（工作台）、仓库等部分。

（1）试衣室　试衣室是供顾客试衣、更衣的区域。试衣室包括封闭式的试衣室和设在货架间的试衣镜。从顾客在整个专柜的购买行为来看，试衣室是顾客决定是否购买服装的最后一个环节。

（2）收银台（工作台）　收银台（工作台）是顾客付款结算的地方。从专柜的营销流程上看，它是顾客在专柜中购物活动的终点，但从品牌的服务角度看，它又是培养顾客忠诚度的起点。收银台（工作台）既是收款处也是一个专柜的指挥中心，通常也是店长和主管在专柜中的工作位置。

（3）仓库　在专柜中附设仓库，可以在最短的时间内完成专柜的补货工作，仓库的设置主要视每日专柜中的补货状态以及面积是否宽裕而定。

（4）休息区　逛街购物已经成为现代人生活的一部分，从体力上来说也是比较辛苦的，因此，为消费者提供舒适的休息空间是非常有必要的，同时也能增加消费者在店内停留的时间，大大增加购买的可能性。

二、空间要素

1. VP（visual presentation）演示空间

顾客视线最先到达的地方，例如橱窗、演示展台等，这样的地方被称之为演示空间（VP）。是销售视觉情景表达，视觉效果最高的区域，主要通过橱窗、中心舞台表现品牌定位、店铺风格、产品主题，如图4-2-7。

图4-2-7　演示空间设计

2. PP（point of sale presentation）展示空间

销售的卖点表达，顾客较容易看到的店内的区域，展示空间是"商店内部角落的脸"，是协调和促进相关销售的有魅力的空间，是商品陈列计划的重点，起到引导销售的作用。主要通过墙面、道具和货架的中、上段部分来展示商品，具有就近原则，表明商品的特点，促进销售的多空间展示，如图4-2-8。

3. IP（item presentation）陈列空间

VP吸引顾客的视线，诱导他们走入卖场，PP是再一次确认，进行联动性消费联想；陈列空间（IP）则是达到销售的最终目的。销售类别表现，单品区域通过货架上的整理分类陈列，表现易看、易拿、易选的多品类商品，如图4-2-9。

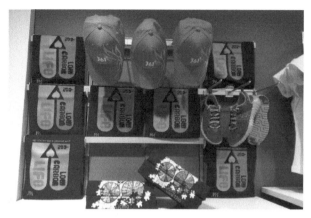

图4-2-8　展示空间设计

图4-2-9　陈列空间设置

三、卖场规划

　　一个卖场能否吸引顾客进入并引起购物欲望，除商品本身外，合理的卖场设计、舒适的购物环境，也是重要元素之一。合理的卖场规划也会提高卖场的营业效率和营业设施的使用率。曾经有一个外国零售研究机构专门就卖场吸引力对顾客进行调查，被调查者在回答"什么样的卖场能吸引你进入"这个问题时，在收回的调查问卷中，发现选择"购物环境清洁明亮"、"开放式容易进入"这两个答案分别占14％和25％。这个调查告诉我们，一个成功的卖场设计，不仅要考虑卖场环境的美观，同时还必须充分考虑卖场功能的合理性。在进行卖场规划时，设计师必须要从功能、美学、营销等各个角度进行全方位的综合考虑，然后再进行卖场整体规划。

　　在进行卖场规划时，可以按照下面步骤进行。

1. 分布区域

　　卖场的区域根据顾客的购物次序分布。卖场的空间布局复杂多样，各个经营者可根据自身实际情况进行选择和设计。一般的思路是先确定大的部分，如前面提到的导入部分、营业部分和服务部分三个部分。然后再进行更具体的货架和道具的分布。卖场的区域划分要简洁合理，同时各区域之间要有呼应。卖场的分区要从三个方面考虑。

（1）便于顾客进入和购物　卖场是为顾客服务的，卖场规划必须要以顾客为中心，每一处都必须充分考虑方便顾客的购买行为，如顾客平常的购物习惯路径，"看、取、试、买"等购物行为。另外，在现代社会里，顾客进入卖场的目的，不止是为了购买服装，还是一次时尚的旅行。因此，卖场不仅要拥有充足的产品，还要创造出一种适宜的购物环境。

（2）便于货品推销和货品管理　符合卖场销售规律的卖场规划，将会促进销售额的提高，又能提高工作效率，甚至能减少卖场中人员的编制。主要应考虑以下两个方面：

① 有效的货品推销：为了使卖场中的销售活动有起有伏，通常把卖场分为导入部分、营业部分、服务部分三个部分。各功能部分之间相互呼应，形成有机联系，使卖场中销售活动形成一环扣一环的局面。另外，通过对货架和服务设施的合理布局，使卖场中各个部位客流均匀，方便管理，避免各部分导购员忙闲不均现象，可以有充分的时间对顾客进行推销。还可以在顾客的试衣和购物的路径中，有意识地安排一些饰品和搭配的服装，促进顾客的连带销售。

② 简洁、安全的货品和货款管理：为了使卖场内的视线较好，通常在中间设立矮架，有利于货品安全的管理。将收银台、试衣室放在卖场的后半部，可以增加货品和货款的安全性。

③ 便于货品陈列的有效展示：目前大多数的服装设计，都有一定的系列性。在卖场进行陈列时，也要按系列进行分组陈列。因此在卖场规划中，还要还要考虑货柜之间的组合，即货架的摆放要方便陈列的组合展示。

布局合理的卖场既要体现出功能的合理性，还要体现出艺术的美感，反应卖场独特的经营理念和风格。如视觉方面要考虑整个卖场中的货柜、道具分布的均匀度和平衡感。一个构思新颖的卖场，能在众多的卖场中脱颖而出，给消费者留下深刻的印象，如图4-2-10。

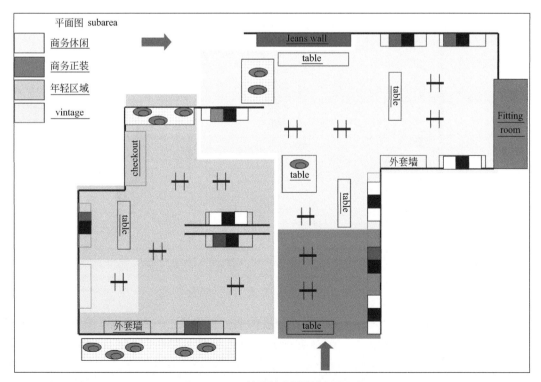

图4-2-10　某品牌卖场规划平面图

2. 规划通道

通道是指顾客和销售人员在卖场中通行的空间。合理的通道规划，可以使顾客舒畅地在卖场内浏览全部商品，并产生购物兴趣。

（1）通道规划原则　可以用四个字来概括，"便捷、引导"。卖场通道规划和城市道路规划非常相似，首先都必须考虑良好的通过性。在城市的道路规划中，规划部门要从道路的数量、分布、宽窄、主副道路的配置以及方便车辆的通过等方面考虑。这一点与卖场主副通道的规划和配置是一致的。"便捷"也是考虑的重要元素。在卖场入口处，店内通道的设计上都要充分考虑顾客的容易进入和方便通过。卖场里的通道也要留以合理的尺度，方便顾客到达每一个角落，避免产生卖场死角，如图4-2-11。

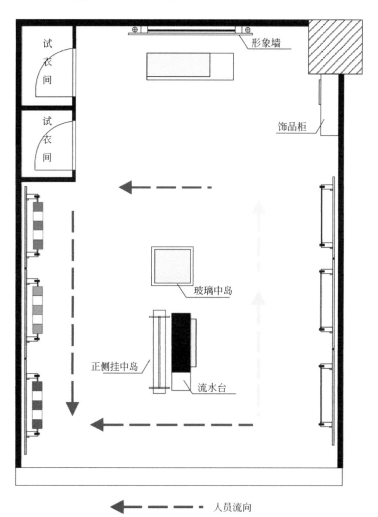

图4-2-11　卖场通道规划平面图

如东方人平均身宽为60cm，为了方便顾客的通行，卖场中的主通道宽度通常是以两个人正面交错走过的宽度而定的，一般在120cm以上。最窄的顾客通道宽度不能小于90cm，即两个成年人能侧身通过。仅供员工通过的通道，至少也应保持40cm宽度。收银台前要考虑顾客排队等候的人流量，可以根据卖场面积和品牌定位进行规划，一般应至少保持在

180cm的宽度。如果一个卖场的门口非常拥挤或卖场的通道非常狭窄，就会使顾客产生不愿意进入的念头。另外，卖场通道的设计还要考虑顾客在购物中停留的空间。一些重点的部位要留有绝对的空间，因为卖场最终的目的，不是让顾客通过而是停留。卖场通道设计还有一点和城市道路规划不同的是"吸引"作用，要引导顾客进入卖场每一个角落，在店内顺畅地选购商品。

现实中卖场的空间总是有这样那样不完美的因素，如有的卖场进深太深，会使顾客有不安全感，影响进店率；有些卖场容易出现顾客不易到达的"死角"，不利于商品销售。因此在卖场规划中对通道和货架的安排，要促使顾客按照设计的路径行走，从而达到让顾客浏览卖场全过程的效果。

（2）卖场的通道类型　卖场通道根据经营服装类型和卖场面积大小，可以规划成不同形状的通道形式，一般常见有以下类型：

① 直线型通道：一条单向直线通道，或先以一个单向通道为主，再辅助几个副通道的设计，顾客的行走路线沿着同一通道作直线往复运动，直线型通道通常是以卖场的入口为起点，以卖场收银台作为终点的通道设计方案。它可以使顾客在最短的路线内完成商品的购买行为。

直线型通道的优点是布局简洁，商品可以一目了然，节省空间，顾客容易找到货品，便于快速结算，缺点是容易形成生硬、冷淡和一览无遗的气氛。直线型通道设计适合小型的卖场即对卖场的面积、利用率较高的卖场，但不太适合进深特别长的卖场，因为会给人一种非常伸长的感觉。

② 环绕型通道：主要通道的布局是以圆形环绕整个卖场。动线指顾客和销售人员在卖场中经过的路径。环绕型通道布局有两种。

R型：两个入口，围绕着中心岛的中间通道观看商品的动线。

O型：一个入口，围绕着中心岛的中间通道观看商品的动线。

其特点是有指向性，通道的指向直接将顾客引导主卖场的四周，使顾客分流并迅速进入陈列效果较好的边柜；通道简洁且有变化，顾客可以依次浏览和购买服装。这种通道设计适合于营业面积相对较大或中间有货架的卖场。

③ 自由型通道：自由型通道设计有两种，一种是货架布局灵活，呈不规则路线分布的通道。另一种是卖场中空，没有任何货柜的引导，顾客在卖场中的浏览路径呈自由状态。

自由型通道的优点是便于顾客自由浏览，突出顾客在卖场中的主导地位，顾客不会有急切感。顾客可以根据自己的意愿随意挑选，看到更多商品，增加购买机会。它的缺点是空间比较浪费，其次是无法引导顾客的购买路线，在客流比较大的卖场容易形成混乱。因此自由型通道设计通常用于价位相对比较高、客流量较少的、面积较小的卖场。

（3）入口设计　由于开放程度和透明程度给人的感觉不同，根据品牌定位不同，入口的设计也不同。通常，低价位品牌大多采用敞开式且开度较大、平易近人的入口设计，主要原因是卖场客流量较大，并且这些品牌的顾客群在卖场中做出购买决定的时间相对较短，对环境要求相对较低。而中、高档品牌大多采用开启式且开度较小、尊贵感觉的入口设计，是由于每日的客流量相对较少，其购物群做出购物决定的时间相对较长，并且需要一个相对安静的环境，如图4-2-12。

图4-2-12　某品牌的入口设计

另外，还要根据门面大小来考虑入口设计。通常门面较窄的卖场适合用敞开式和半敞开式的橱窗形式，入口宽度适中、明亮通透，顾客能看清店内重点陈列的商品以及其他商品，使顾客产生进店选购的欲望。

入口无论大小，必须是宽敞、容易进入的，同时还要在门口的导入部分留以合理的空间。设立在商场内部专柜的入口设计，主要通道的入口最好直通顾客流动的方向，如电梯的出口，并陈列具有魅力和卖点的商品，以吸引更多顾客。

3. 排列货架和道具

卖场货架和道具的排列要整齐有序，可以有适当的变化，但要掌握分寸，不要太零乱；货架可以构成通道，并对顾客具有引导性；卖场中各种货架在形态和功能上可穿插，使卖场中货架的高低有起伏感，增加卖场的变化。

高架尽量沿墙放置，以充分利用卖场空间。饰品柜可以分布在试衣室或收银台附近，以便管理并增加二次消费。货架之间要形成一定的关联，包括相邻的货架以及二次消费。货架之间要形成一定的关联，包括相邻的货架以及高、矮架之间的组合，使后期陈列时便于形成一个系列销售区。除装饰柜外，高架尽量避免以单柜形式独立分布，因为这样不利于后期的组合陈列，如图4-2-13。

4. 统筹安排服务设施

（1）规划试衣室　试衣室通常放在卖场的深处，其原因主要是可以充分利用卖场空间，不会造成卖场通道堵塞，同时可以保证货品安全，另外可以有导向性地使顾客穿过整个卖场，使顾客在去试衣室的路中，经过一些货柜，增加二次消费的可能。试衣室的位置要方便顾客寻找，在试衣室的附近可以多安装几面穿衣镜，便于顾客试衣。试衣室的数量要根据卖场规模和品牌的定位具体而定，数量要适宜。如果数量太多，不仅浪费卖场的有效空

图4-2-13 某品牌货架道具布置

间，还会给人生意萧条的感觉。数量太少，会造成顾客排队等候，使卖场拥挤。因此价位低、客流量较大的品牌店试衣室的数量要多些；价位高、人流量较少的品牌店，试衣室的数量要少些。试衣室在空间尺寸的设计要让顾客在换衣服时四肢可以舒适地伸展活动，通常其平面的长度和宽度应不少于100cm。

试衣镜作为试衣区的重要配套物，应该值得重视。因为顾客是否购买一件服装，通常是在镜子前做出决定的。如果将整个卖场中的营销活动比作一场足球的话，这就是进球的地方。镜子要安放在合适的位置，放在试衣室里可以使顾客安心试衣，但缺点是可能占用时间长，也不利于导购员的导购活动，所以大众化的品牌店，一般都将镜子安放在试衣室门外的墙上或其他地方。

试衣室和试衣镜前要留有足够的空间，分布要合理，要使顾客平均分散开来，因为这里经常会有顾客的朋友和导购员的逗留，应防止试衣的顾客挤在一起。

（2）规划收银台 收银台通常设立在卖场的后部，主要是考虑顾客的购物动线、货款安全、空间的合理利用以及便于对整个卖场的销售服务进行调度和控制。

卖场收银台的设置主要以满足顾客在购物高峰时能够迅速付款结算。根据不同的品牌定位，收银台前还要留以充足的空间，以满足节假日顾客多的情况。一些中、低档的服装品牌，还要考虑顾客在收银时的等待状态。同时为了提高营销额，收银台中或附近可放置一些小型的服饰品，以增加连带消费。

-------------------------------- **任务实施** --------------------------------

案 例

模拟一个服装品牌，根据品牌特点、定位，为其规划卖场空间，绘制出平面图或立面图。如图4-2-14、图4-2-15。

品牌服装策划（第二版）

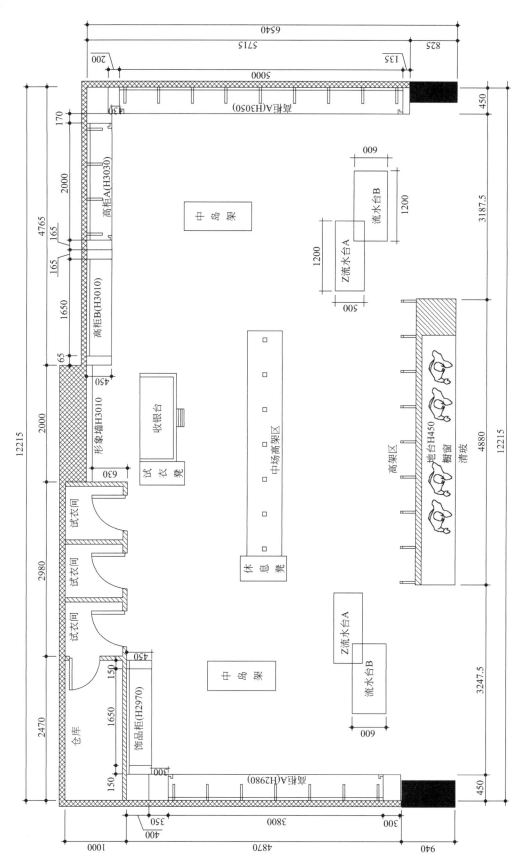

图4-2-14 卖场平面图

图4-2-15　卖场效果图

思考与训练

通过市场调研，了解分析卖场风格与卖场空间的关系，并分析如何能达到最佳的促销效果。

任务三　服装产品陈列策划

学习目标

1. 掌握服装产品陈列展示的基本方法。
2. 熟悉陈列的方式及操作规范。
3. 能独立完成一个陈列墙的产品陈列。

任务提出

陈列设计人员对装修好的卖场进行区域划分，并对将要销售产品根据品牌SI规划，进行陈列墙的产品陈列设计与实物陈列。

任务分析

在完成这项任务的时候，首先必须了解服装产品陈列及摆放方法，熟悉操作规范，以及基本表现手法。进行成列设计时应与形式美与陈列形态相结合，对陈列形态的具体内容进行深入分析，注意实物的陈列形态、陈列形态的构成原则、陈列形态的构成方式，熟悉常见的陈列形态。

品牌卖场的空间中，具有多个边场，即陈列墙。多个陈列墙的设计应该统一在同个品牌风格，同时需要能显示产品的搭配规划与主题风格。在操作过程中先绘制出平面图，并进行风格调整，最后进行实物陈列。

-------------------- **相关知识** --------------------

陈列形态构成

1. 陈列形态构成概念

形态是指事物的形状或表现。服装卖场的陈列形态构成，就是服装在卖场中呈现的造型和组合方式。

每件服装本身就有不同的造型——款式。服装设计师在设计每件服装款式时，是以人体穿着状态为目标的，主要考虑如何适合顾客的人体尺寸和穿着效果。但是当服装从生产线下来后，需要作为商品在卖场中等待顾客的选购。在这个"等待"阶段，服装在卖场中呈现的状态，不可能都和人体的穿着效果相同。服装可能用折叠、挂在货架上或穿在模特上等各种方式进行展示。

这些陈列方式，除了人模陈列、正挂陈列和真人的穿着效果基本接近外，其他陈列形式和真人的穿着方式相差都比较大。因此，如何使服装在"等待"阶段时能吸引顾客，就成为一个陈列师所要完成的重要课题。我们可以将一件服装折得规规矩矩，也可以"随意"地放置在橱窗里，两种造型给人们的视觉感受是不同的。卖场形态构成就是根据形态变化多的原理和特点，对卖场中的服装进行重新组合和塑造来达到吸引顾客，引起购物欲望。

因此，陈列师可以对商品的陈列进行二度的创作，特别是在采用非人模陈列形式时，

图4-3-1　有序的叠装陈列

其手法可以更灵活、更大胆。但无论如何变化，陈列的形态构成都必须充分展示服装的美感、款式特点以及品牌风格。

2. 陈列形态构成原则

有两个以上的元素，就有组合的可能。在服装卖场中，既涉及货架的组合，还有货品之间的组合，也有道具和货品的组合。陈列的形态组合要从美学、管理和销售等诸多因素来考虑。不同服装品牌的陈列形态规范和标准可能有一些差别，但基本上应遵循以下几项原则。

（1）保持秩序感　没有一个顾客愿意在杂乱无章的卖场中停留，特别是在品牌林立的今天。整齐和有秩序的卖场不仅可以使顾客在视觉上感到整洁，同时也可以帮助顾客迅速地查找商品，节省时间。因此，卖场中货品的造型，首先要打理得整整齐齐；货品进行分类放置，排列要有次序和规律，整个卖场要保持一致的尺寸顺序，使顾客可以迅速地寻找新的尺码。侧挂时，采用从左到右，由小到大的原则，这也是从顾客视觉的次序性和选购物品的便捷性来考虑的，如图4-3-1。

（2）体现整体性　卖场中每个货品的形态和造型一定要与

卖场整体的布局和效果相配，有些陈列师喜欢把卖场中的各个部位都做成各种风格不同的效果，虽然布局效果很好，但是从整个卖场看却非常烦琐，缺乏整体感。国外很多的陈列都做得非常简洁，这并不代表陈列师不懂得造型，而是懂得货架上的服装只是合唱团的一员，必须和整个队伍形成一体。一味地强调自我，只能破坏整场演出的效果。

（3）展示美感　陈列的主要目的是为了吸引顾客的目光，激起顾客的购买兴趣。"白领"前总陈列师田燕曾说过，"产品再好，陈列得跟抹布似的，顾客看不出好来。将这块抹布熨得平平的，再戴上花，就可以卖一千块钱。"由此说明只有一个美的物体才能吸引人，陈列的首要任务就是要将服装的美感展示出来，美的陈列才可以使产品增值，如图4-3-2。

图4-3-2　某品牌卖场陈列美观、有序

（4）符合品牌风格　陈列的造型必须和品牌的风格相吻合。品牌风格就如人的性格，每一个品牌都应有自己独特的陈列形态和风格。我们应不断地探索，寻找一些适合自己品牌的陈列造型和风格。

（5）满足货品的商业排列规则　组合的方式要合理且能带动销售，使顾客的购买方便，让导购员的销售和管理便捷。

如在休闲装的陈列中，将正挂、侧挂、叠装三种陈列形式组合在一个陈列面中，正是吻合了顾客购物时"看、试、买"几个购物环节，使顾客购物感到便捷。而在西装陈列中经常采用搭配陈列方式，就是在一个陈列柜中有意识地进行上下装及配饰品的搭配陈列。主要是为了方便顾客的搭配，同时可以进行引导性的连带销售。

3. 陈列形态构成方式

服装是一种软雕塑，因此有人把服装设计师称为人体艺术家。其实从另一种角度看，陈列师也是一名雕塑家。是一名卖场的"雕塑家"。作为卖场的"雕塑家"，要对卖场中的服装进行二度塑造，前提是必须充分了解服装本身的特点。了解陈列形态构成的美学原理，同时要掌握基本的陈列技巧，才能把陈列工作做得游刃有余。美妙的造型可以将服装变得像一件艺术品，即使在静止的状态下，也能呈现一种美感，并且用无声的语言来引起顾客的购买兴趣。

（1）形态构成基本原理 不同的形状会给人不同的感受，卖场陈列的形态构成首先要从平面构成的基本原理来分析。物体的粗细、长短、形状、排列的不同都会使人产生不同的感受，还可以通过改变物体的构成元素来达到陈列风格上的变化。通过改变线的距离、长短、面积大小、方向等会增加卖场中的陈列氛围。

通过对卖场中各种构成元素的组合，可以获得丰富多彩的效果，这些变化万千的效果总体上可以规划为两种风格：一种呈现秩序的美感；另一种呈现打破常规的美感。前者给人一种平和、安全、稳定的感觉；后者便显个性、刺激、活泼的感觉。每个人都有最求安宁、和谐的心理。一个吸引顾客的卖场应该是明亮、舒适、有秩序的。卖场中首先要有一种序列感。不仅货架要规划整齐，服装的陈列形式也要有规则。如店铺中常见的叠装、侧挂等陈列方式就必须把服装折叠得整整齐齐，挂得井井有条。这种陈列风格通常作为店铺中的主要陈列方式，一般用在货架上，如图4-3-3。

图4-3-3　某品牌边场陈列墙的设置

但事物总有相反的方面，过于规则卖场常常会显得比较呆板。因此，陈列师的工作就是要在一个规则的卖场中制造一些变化，使其产生一些生动的效果，从而吸引顾客的目光，常见的手法是在店铺中进行布局的点缀性陈列。这种陈列风格，效果比较随意活泼，通常用于流水台、橱窗或货架等细节。

两种风格的陈列形式要进行合理的穿插和结合，同时要掌握其相互之间的比例，过于规则会显得呆板，过于随意则会显得凌乱；两种风格的陈列形式都可以出现在卖场中，但从人们审视美的习惯来看，有秩序的美感在卖场中应用更广泛些，因为它比较符合人们的欣赏习惯。同时，在一个服装款式缤纷多彩的卖场里，我们更需要的是一种宁静、有秩序的感觉。

（2）陈列组合方式 从卖场陈列的形式美角度分析，目前服装卖场中常用的陈列的组合方式有对称、均衡、重复等几种。

① 对称法：即以一个中心为对称点，两边采用相同的排列方式。这种陈列形式的特征是具有很强的稳定性，给人一种规律、秩序、安定、完整、和谐的美感，因此在卖场中被大量应用。

对称法不仅适合比较窄的陈列面，同样也适合一些大的陈列面。但是在卖场中过多地采用对称法，也会使人觉得四平八稳，没有生机。因此，一方面对称法可以和其他陈列形式结合使用；另一方面，在采用对称法的陈列面上，还可以进行一些小的变化，以增加陈列面的形式感。

② 均衡法：卖场中的均衡法打破了对称的格局，通过对服装、饰品的陈列方式和位置的精心摆放，获得一种新的平衡。均衡法既避免了对称法过于平和、宁静的感觉，同时也在秩序中营造出一份动感。另外，卖场中均衡法常常采用多种陈列方式的组合，一组均衡排列的陈列面常常就是一组系列的服装。

所以在卖场用好均衡法既可以满足货品排列的合理性，同时也给卖场的陈列带来几分活泼的感觉。

③ 重复法：是指服装或饰品在单个货柜或一个陈列面中，将两种以上不同形式的服装或饰品进行交替循环陈列的一种方式。交替循环会产生节奏，让我们联想到音乐节拍的高低、强弱、和谐，因此卖场中的重复陈列常常给人一种愉悦的韵律感。

（3）陈列形态构成的综合变化　掌握形态构成的基本原理和陈列的组合方式后，我们还可以进行灵活的变化，在变化中可以将几种组合方式综合运用，同时注意这个陈列面的平衡和节奏感，并从美学、销售管理的角度进行综合考虑，如图4-3-4。

图4-3-4　陈列形态变化

4. 卖场中常见的陈列形态

根据品牌定位和风格的不同，卖场的陈列形态也各有不同，常见的主要有：叠装陈列、侧挂陈列、正挂陈列、人模陈列、装饰品陈列。

（1）叠装陈列　就是将服装用折叠形式进行展示的一种陈列方式，如图4-3-5。

图4-3-5 叠装陈列方式

① 叠装陈列特点

a. 充分利用卖场空间，提供一定的货品储备。

b. 能展示服装部分效果，大面积的叠装组合还能形成视觉冲击。

c. 丰富陈列形式，和其他陈列方式相配合，增加视觉的变化。

d. 体现本系列的色彩搭配。

叠装陈列在休闲装卖场中使用较多，主要由于休闲装的款式和面料都比较适合采用叠装形式。一些大众化的休闲品牌，价位较低，日销量较大，店铺中需要有一定数量的货品储备，为了达到充分利用卖场的目的，也大量采用叠装的陈列形式。另外，休闲装追求一种量感的风格，叠装容易给人一种货品充裕的感觉。其他类型的服装也可以采用叠装的陈列形式，但陈列形式和目的会有些差异。如一些高档女装品牌采用叠装主要是为了丰富卖场中的陈列形式。

叠装陈列必须整齐，所以整理服装比较费时。在休闲装中通常同一款叠装的服装都有挂装出样，来满足顾客试衣的需求。

② 叠装陈列基本规范

a. 每件服装均需拆去外包装，要做到平整，肩位、领位要整齐，吊牌不外露。

b. 每叠服装折叠的尺寸要相同，如每叠服装尺码不同，尺码排列从上至下，由小到大。

c. 应尽量将图案和花色展示出来，同时上下要整齐。

d. 叠装陈列附近应同时展示同款的挂装，使顾客能更详细观看或进行试衣。

e. 层板上每叠服装的高度一致，为了方便顾客取放，每叠的上方一般至少要留有1/3的空间。

f. 层板上各叠服装之间的间距，既不要太松，也不要太挤，通常不要少于一个拳头。

g. 叠装适合面料薄厚适中、不容易产生折痕的服装。西装、西裤、裙子以及一些款式比较不规则的服装一般不宜采用叠装。

③ 上衣折叠规范

a. 每款服装折叠的规格应统一，并考虑长宽比例的协调。可利用自制的叠衣板辅助折叠使规格统一，一般成人休闲装的叠衣板尺寸为27cm×33cm。有的服装由于面料比较薄，为了增加服装折叠后的效果，作为出样用的叠装还可以在服装内衬叠衣纸（铅画纸）。叠衣纸的长度应比叠衣板长，为27cm×39cm。纯女装的叠装尺寸可略小于这个尺寸，但要注意长宽比例的美感，比例要协调。一般长宽的比例为1：1.3左右比较合适。

　　b. 折叠后领子和胸部的重要细节能完整地展示。领子和前胸通常是上衣设计的重点部位，因此经过折叠后应能展示其设计风格，通常折叠或两个领子边应留有2cm的余量。

　　④ 下装折叠规范：下装包括裤子和裙子。其设计点基本在腰部、臀部以及下摆。因此折叠时应尽量能做到展示这些部位的设计要点。

　　（2）侧挂陈列　就是将服装侧挂在货架横竿的一种陈列形式，如图4-3-6。

图4-3-6　侧挂陈列方式

　　① 侧挂陈列特点

　　a. 体现组合搭配，方便顾客进行类比。顾客可以从货架上同时取放几件服装进行比较，另外也便于导购员对服装进行搭配介绍。

　　b. 服装占用的空间面积小，卖场储货的利用率高。

　　c. 服装整理简单，取放便捷。放入和取出货架都很方便，因此休闲装经常用侧挂方式。

　　d. 保形性较好。侧挂陈列服装是用衣架挂放的，这种陈列方式非常适合一些对服装平整性要求高的高档服装，如西装、女装。

　　侧挂陈列还特别适合一些服装款式较多的品牌，女装陈列通常就是以侧挂作为卖场中主体的陈列方式。侧挂陈列的这些优点，使它成为各类服装品牌最主要的陈列方式。侧挂陈列的缺点是不能直接展示服装的细节。在一般的情况下，顾客只能看到服装的侧面，只有当顾客从货架上取出衣服后，才能看清服装的整体面貌。因此采用侧挂陈列时一般要和人模出样和正挂陈列相结合，如没有上述形式，导购员就必须要做好顾客的引导工作。

　　② 侧挂陈列规范

　　a. 衣架、裤架上的服装款式应统一，挂钩一律朝里，以保持整齐和方便顾客取放。

b. 衣架、裤架相间的排列组合会形成有趣的效果。

c. 衣服要熨烫、整理得整齐、干净。扣好纽扣，拉上拉链，系上腰带以及其他部件，吊牌不外露。

d. 套头式的罗纹领针织货品，衣架需从下摆放入，以防止罗纹领变形。

e. 服装的正面一般朝左方，由左至右依序陈列，因为顾客用右手取商品较多。

f. 裤装采用"M"式和开放式夹法。陈列全长度西裤时，采用"M"式夹法（把裤腰两侧往里折少许，两边各呈"M"型，如图4-3-7），可以正挂，也可以侧挂。陈列半长度裤子，只可采用侧挂。

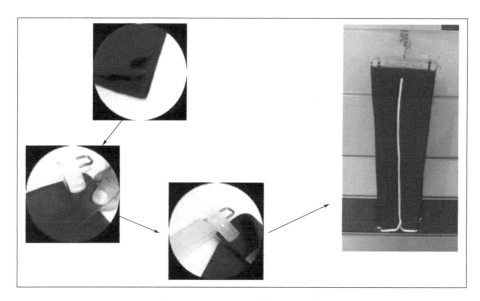

图4-3-7　裤子的"M"式夹法

g. 卖场中的侧挂货品陈列整体要有序列的规范性，即有一个统一的长短和尺码的排序规范。

h. 数量规范。侧挂陈列既要避免太空也要避免太挤。通常用手把衣服推向一边时，服装紧密排列后以约留出1/3的位置比较适宜。

i. 考虑和其他陈列方式的组合。侧挂既有出样的作用，同时还起着供顾客试衣的样衣作用，因此侧挂陈列应靠近本系列的叠装，以方便顾客试衣。

（3）正挂陈列　就是将服装以正面展示的一种陈列形式。如图4-3-8。

① 正挂陈列特点

a. 能进行上、下装和饰品的搭配展示，强调商品的款式、细节风格和卖点，吸引顾客购买。

b. 取放比较方便，可以兼顾作为顾客试衣用的样衣。

c. 展示和储货兼之。有些正挂的挂钩上可同时挂几件服装，既有展示作用，也有储货作用。

正挂陈列兼顾人模陈列和侧挂陈列的优点，又弥补侧挂陈列不能充分展示服装、人模陈列易受场地限制的缺点，是目前服装店铺重要的陈列方式之一。

图4-3-8　正挂陈列方式

② 正挂陈列规范

a. 衣架款式统一，挂钩一律朝左，方便顾客取放。

b. 可进行单件的服装陈列，也可进行上、下装的搭配。上、下装搭配陈列时，上、下装的套接位置一定要到位。上装是否外露或塞进下装中都要设计好，要有动态感，吊牌不外漏。

c. 要考虑和相邻服装风格、长短的协调性。

d. 如有上下平行的两排正挂，通常将上装挂在上排，下装挂在下排。

e. 可多件正挂的挂通，应用3件或6件进行出样，同款同色尺码由外至内，由大到小排列。

（4）人模陈列　就是把服装穿在模特人台上的一种展示方式。人模的造型比较多，从风格上划分有写实和写意两种，前者比较接近真实的人体，后者比较抽象。从形体上分还有全身人模、半身人模，以及用于展示帽子、手套、袜子等服饰品的头、手、腿的局部人模等。如图4-3-9。

① 人模陈列特点：人模陈列的优点是将服装用最接近人体穿着状态的方式进行展示，可以使服装的细节充分展示出来。人模陈列的位置通常是在店铺的橱窗里或店堂的显眼位置。用人模出样的服装，通常其单款的销售额要高。因此店堂里用人模出样的服装，也往往是本季重点推荐或最能体现品牌风格的服装。

图4-3-9　人模陈列方式

　　人模陈列也有其缺点，主要是占用的面积较大，其次是服装的穿脱很不方便，遇到有顾客看上模特身上的服装，而店堂货架上又没有这个款式的服装时，营业员从模特身上取衣服就很不方便。使用人模陈列要注意一个问题，就是要恰当地控制卖场中人模陈列的比例。人模就好比是舞台上的主角和主要演员，一场戏中主角和主要演员只可能是一小部分，如果数量太多，就没有主次，如果服装的主推款确实比较多的话，可以采用在人模上轮流出样的方式。

　　② 人模陈列规范

　　a. 同组的人模风格、色彩应相同。

　　b. 除特殊设计外，人模上、下身均不能裸露。

　　c. 配有四肢的人模，展示时应安装四肢。

　　d. 不要在人模上张贴非装饰性的价格牌等物品。

　　（5）装饰品陈列

　　① 装饰品陈列特点：虽然装饰品价位相对较低，但如果进行合理的陈列，不仅可以丰富卖场的陈列效果，同时可以增加连带的销售。装饰品的特点是体积较小，款式、花色相对较多。在陈列的时候要强调其整体的序列感。陈列时可以和服装进行组合陈列，也可以单独陈列。单独陈列时要积点成面，防止琐碎。

　　② 装饰品陈列规范

　　a. 在卖场中单独开辟饰品区进行展示，可安排在收银台或试衣室旁，以便顾客连带购买。

　　b. 重复陈列可以产生强烈的视觉冲击。

　　c. 与人模和正挂服装进行搭配陈列，丰富系列与空间。

　　d. 饰品要分类陈列，要强调整体性，化繁为简。

　　e. 包内应放上填充物，使包完全展示它的形状，包带放在背面不外漏，包的吊牌不外露，放置在包里内面的小口袋里。

f. 眼镜应放于饰品柜中，先按款式分开，再根据颜色有条理地摆放。

5. 陈列方式比较

各种陈列方式都有其优点和缺点，每个品牌都必须根据自己品牌的特色，选择适合自己的陈列方式。如图4-3-10。

陈列方式	展示效果	卖场利用率	取放和整理便捷
人模陈列	★★★★★	★☆☆☆☆	★☆☆☆☆
正挂陈列	★★★★☆	★★☆☆☆	★★★☆☆
侧挂陈列	★★☆☆☆	★★★★☆	★★★★★
叠放陈列	★★★☆☆	★★★★★	★★★☆☆

图4-3-10　不同陈列方式比较

-------------------------------- **任务实施** --------------------------------

案　例

根据市场调研情况，模拟一个品牌为其制订1～2个边场（陈列墙）的平面图，如图4-3-11。

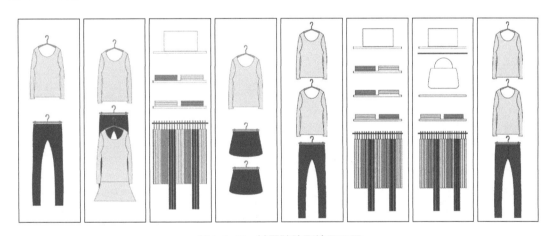

图4-3-11　某品牌陈列墙平面图

要求：

① 绘制方式可用电脑软件或手绘。

② 对市场做深入的调研，尽可能还原真实品牌的服装款式及配色。

③ 陈列平面图尺寸比例准确，切合实际。

思考与训练

结合绘制出的陈列墙平面图，能还原出真实的边场陈列，懂得如何使用相关展具展现较为美观的陈列形态。

任务四　橱窗展示设计

---- **学习目标** ----

1. 掌握橱窗设计的基本原则和手法。
2. 能独立完成橱窗设计方案制作。

---- **任务提出** ----

陈列人员根据现有品牌当季产品系列主题风格，为其制订橱窗展示方案，制作出橱窗模型，进行橱窗设计，展示本季产品的卖点。

---- **任务分析** ----

可根据品牌服装产品设计与策划项目，运用橱窗展示设计的基本处理手法，进行品牌橱窗的设计和规划，通过对品牌的分析、竞争品牌的橱窗调研、方案设计、道具选择等方面进行展开任务。整个任务的关键步骤有5点，各步骤的工作要点如下。

① 品牌分析：要切实掌握和领会品牌历史、理念、定位及产品特色等。

② 竞争品牌的橱窗调研：调研竞争品牌橱窗的特点，与本品牌风格是否吻合等，取长补短，突显个性。

③ 方案设计：根据市场调研情况，提炼主题，开发出1～2个方案，利用电脑绘图软件或手绘的方式制作出简单的橱窗方案效果图，并进行遴选。

④ 橱窗模型制作准备：材料选用包括KT板或雪弗板、美工刀、彩色卡纸、彩色杂志等，可以借助这些材料进行模型制作与模拟展示。

⑤ 橱窗道具选择：根据橱窗空间的大小，合理选择展具、模特、灯具等。

---- **相关知识** ----

橱窗既是门面总体装饰的组成部分，又是店铺的第一展厅，它以本店所经营销售的商品为主，巧用布景、道具，以背景画面装饰为衬托，配以合适的灯光、色彩和文字说明，是进行商品介绍和商品宣传的综合性广告艺术形式。

一、橱窗的发展

橱窗起源于欧洲，追溯起来大约有一百多年的历史，它的发展大约可以分为四个阶段。

第一阶段：1900年欧洲百货业开始兴起，19世纪40年代，随着新技术的出现，大规格的玻璃生产开始出现，法国巴黎的百货业马上利用大规格的玻璃作为商品展示的舞台，橱窗的概念随之产生。

第二阶段：20世纪20～40年代，欧洲的商家们开始重视如何将精美的商品展示在橱窗中，于是人体模特开始出现，并得到了广泛的应用。

第三阶段：20世纪40～60年代，由于战后购物狂潮的泛滥，促使各种促销手段的迅速发展，并开始走向专业化。橱窗已不再是简单的布置，而是朝着视觉营销的方向开始转变（图4-4-1）。

第四阶段：20世纪90年代，在欧美等发达国家，品牌旗舰店、概念店开始蓬勃发展起来，品牌旗舰店为了提升知名度及推广品牌，经营者聘用设计师、陈列师为其设计橱窗方案及陈列方案，以此来提升品牌竞争力；橱窗展示在这个时候得到了前所未有的发展，并一直延续至今，这无疑是零售行业及商业经济进步的一种标志。

二、橱窗的分类和作用

1. 橱窗的分类

① 从位置的分布进行划分：有店头橱窗、店内橱窗，如图4-4-2。

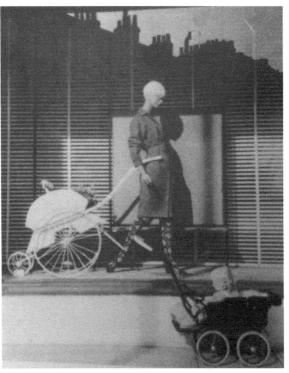

图4-4-1 20世纪60年代，设计师玛丽·匡特把他在英国伦敦的时装店的橱窗作为销售产品的重要窗口来展示

图4-4-2 左图为店头橱窗，右图为店内橱窗

②从装修的形式上划分：有通透式、半通透式、封闭式，如图4-4-3。

图4-4-3　从左至右分别是通透式、半通透式、封闭式橱窗

③从橱窗中的构成元素划分：每个橱窗根据设计需要的不同，通常会采用不同的构成元素，最常见的由人模、服装、道具、背景、灯光几种元素组成。

2. 橱窗的作用

橱窗是艺术和营销的结合体，它的作用是促进店铺的销售，传播品牌文化。因此，促销是橱窗展示的主要目的。为了实现营销目标，陈列师通过对橱窗中服装、模特、道具以及背景广告的组织和摆放，来吸引顾客、激发他们的购买欲望，从而达到销售的目的。

另一方面，橱窗又承担起传播品牌文化的作用。一个橱窗可以反映一个品牌的个性、风格和对文化的理解，橱窗正是一个非常好的传播工具，如图4-4-4。

图4-4-4　LOUIS VUITTON的橱窗设计

三、橱窗设计的基本原则

橱窗是卖场中有机的组成部分，它不是孤立的。在构思橱窗的设计思路前必须要把橱窗放在整个卖场中去考虑。另外，橱窗的观看对象是顾客，我们必须要从顾客的角度去设计规划橱窗里的每一个细节。橱窗设计前需要考虑的问题如下。

1. 考虑顾客的行走视线

虽然橱窗是静止的，但顾客却是在行走和运动的。因此，橱窗的设计不仅要考虑顾客的静止的观赏角度和最佳视线高度，还要考虑橱窗由远至近的视觉效果，以及穿过橱窗前的"移步即景"的效果。为了顾客在最远的地方就可以看到橱窗的效果，不仅要在橱窗的创意上做到与众不同，主题简洁，在夜晚还要适当地加大橱窗里的灯光亮度，一般橱窗中灯光亮度要比店堂中提高50%～100%，照度要达到1200～2500lx。另外，顾客在街上的行走路线一般是靠右行的，通过专卖店时，一般是从商店的右侧穿过店面。因此，在橱窗设计中，不仅要考虑顾客正面站在橱窗前的展示效果，也要考虑顾客侧向通过橱窗所看到的效果。

2. 橱窗和卖场要形成一个整体

橱窗是卖场的一个部分，在布局上要和卖场的整体陈列风格相吻合，形成一个整体，就像一本书一样，封面的设计风格必须和内页的版式相协调。特别是通透式的橱窗不仅要考虑和整个卖场的风格相协调，更要考虑和橱窗最靠近的几组货架的色彩协调性。

3. 要和卖场中的营销活动相呼应

橱窗从另一角度看，也如同一个电视剧的预告，它告知的是一个大概的商业信息，传递卖场内的销售信息，这种信息的传递应该和店铺中的活动相呼应。如橱窗里是"新装上市"的主题，店堂里陈列的主题也要以新装为主，并储备相应的新装数量，以配合销售的需要。

4. 主题要简洁鲜明，风格要突出

橱窗不仅要放在自己的店铺中考虑，还要把橱窗放到整条街上去考虑。在整条街道上，一个橱窗只占很小的一部分，如同一个影片中的一段，稍瞬即逝。顾客在橱窗前停留也就是小小的一段时间。因此，橱窗的主题一定要主题鲜明，重点突出，不需要面面俱到，要用最简洁的陈列方式告知顾客要表达的主题。

四、橱窗的设计手法

橱窗的设计手法有多种多样，根据橱窗尺寸的不同，我们可以对橱窗进行不同的组合和构思。小橱窗就是大橱窗的缩影，只要掌握了橱窗的基本设计规律，也就可以从容应对一些大型橱窗的设计了。

目前，国内大多数的服装品牌的主力店的店面，在市场的终端主要以单门面和两个门面为主，橱窗的尺寸也基本在1.8～3.5m之间。这种中小型的橱窗，基本上是采用两个和三个模特的陈列方式。因此，根据这种实际情况，本文着重以三个人模为例来介绍橱窗构成的基础组合方法。

1. 基本组合形式

模特道具和服装是橱窗中最主要的元素，一个非常简洁的橱窗也会有这两种元素，同时这两种元素也决定了橱窗的基本框架和造型，因此学习橱窗的陈列方式可以先从人模的组合排列方式入手。人模不同的组合和变化会产生间隔、呼应和节奏感，不同的排列方式会给人不同的感受。

在改变人模排列和组合的同时，我们还可以从改变人模身上的服装搭配来获得更多趣味性的变化。另外，在同一橱窗里出现的服装，我们通常要选用同一系列的服装，这样服装的色彩、设计风格都会比较协调，内容比较简洁。为了使橱窗的变化更加丰富，我们还需要对这个系列服装的长短、大小、色彩进行调整。人模和服装的组合，有以下几种基本组合方式。

（1）间距相同、服装相同　这种排列的方式，每个模特之间采用等距离的方式，节奏感较强，由于穿着的服装相同，比较抢眼。适合促销活动以及休闲装的品牌使用。缺点是有一些单调。为了改变这种局面，最常见的做法是移动人模的位置，或改变人模身上的服装进行调整。两种改变都会带来一种全新的感觉。

（2）间距不同、服装相同　由于变换了模特之间的距离，产生了一种音乐的节奏感，虽然服装相同，但不会感到单调，给人一种规整的美感。

（3）间距相同、服装不同　为了改变上述的排列单调的问题，我们可以改变模特身上的服装来获得一种新的服装组合变化。由于服装的改变使这一组合在规则中又多了一份有趣的变化。

（4）间距不同、服装不同　这是橱窗最常用的服装排列方式，由于模特的间距和服装都发生变化，使整个橱窗呈现一种活泼自然的风格。

（5）加上一些小道具和服饰品，使画面更加富有变化。

2. 综合性的变化组合

橱窗陈列在掌握基本的陈列方法后，接下去就是要考虑整个橱窗的设计变化和组合了。橱窗的设计一般是采用平面和空间构成原理，主要采用对称、均衡、呼应、节奏、对比等构成手法，对橱窗进行不同的构思和规划。同时针对每个品牌不同的服装风格和品牌文化，橱窗的设计也呈现出千姿百态的景象。其实橱窗的设计风格很难将它们进行严格的分类，因为有的橱窗会采用好几种设计元素。比较典型和常见的两种设计类型如下。

（1）追求和谐优美的节奏感　这类橱窗追求的是一种比较优雅的风格，橱窗的设计比较注重音乐的节奏，橱窗设计主要是通过对橱窗各元素的组合和排列，来营造优美的旋律感。

音乐和橱窗的设计是相通的。在橱窗的设计中音乐节奏的变化，具体的表现就是在人模之间的间距、排列方式、服装的色彩深浅和面积的变化，上下位置的穿插，以及橱窗里线条的方向等。一个好的陈列师也是对橱窗内各元素的排列、节奏理解得最深的人。

图4-4-5中的橱窗设计很好地将人模和服装紧密结合，六套服装相互呼应，符合形式美的同时合理地对橱窗内每个元素进行排列，营造出一种真实的购物气氛并使顾客快速地产生联想。陈列师通过服装和道具的一系列组合和排列，像魔术师一般，牵动着顾客的视线，加上模特方向的不同变化，使这个只有两个主色彩的橱窗呈现丰富的变化。

图4-4-5 某品牌的打折季橱窗设计

（2）追求奇异夸张的冲击感 夸张、奇异的设计手法也是橱窗设计中另一种常用的手法，因为这样可以在平凡的创意中脱颖而出，赢得路人的关注。这种表现手法往往会采用一些非常规的设计手法，来追求视觉上的冲击力。在这种手法中，最常用手法的是将模特的摄影海报放成特大的尺寸，或将一些物体重复排列，制造一种数量上的视觉冲击力，或将一些非常规的东西放置在一起，以期待行人的关注，如图4-4-6。

图4-4-6 LOUIS VUITTON与HERMES的橱窗设计

"你只有10秒钟的机会"这是橱窗设计课中经常提到的一句话。一般的服装店，门面的宽度一般在8m之内，按平常人的行进速度，通过的时间大约是10s，怎样在这短短的10s中抓住顾客的目光，就是橱窗设计中最关键的问题。橱窗的设计方法很多，一个好的橱窗设计师，除了需要熟悉营销和美学知识、具备扎实的设计功底外，更必须要时时刻刻站在顾客的角度去审视他的设计，只有这样才能做到——抓住顾客的目光。

-------------------------------- 任务实施 --------------------------------

案例、"梦幻主题"——"恋空"橱窗模型

主题说明：该橱窗设计针对某童装品牌，意在表达一种童趣、梦幻的感觉，宛如梦境一般，吸引孩子们的目光，同时也能引起家长的注意，从而产生一种内心的共鸣。如图4-4-7。

制作材料：KT板、彩色画报、涤纶棉、塑料膜等。

图4-4-7 某童装品牌橱窗设计

思考与训练

1. 分小组对不同的品牌进行卖场橱窗市场调研，总结其橱窗的特点、设计理念、风格等，并能归纳橱窗的流行趋势。

2. 根据调研内容，制作出橱窗陈列手册，制订橱窗布置规范。

参考文献

[1]［韩］李定好. 服装设计实务［M］. 刘国联，赵莉等译. 北京：中国纺织出版社，2007.

[2]［英］凯瑟琳·麦凯维，谵莱茵·马斯洛. 服装设计：过程、创新与实践［M］. 北京：中国纺织出版社，2004.

[3] 刘晓刚. 品牌服装设计［M］. 上海：中国纺织大学出版社，2001.

[4] 李当岐. 服装概论［M］. 北京：高等教育出版社，1998.

[5]［英］卓沃斯·斯宾塞，瑟蒙著. 服装设计：造型与元素［M］. 董雪丹译. 北京：中国纺织出版社，2009.

[6] 陈燕琳，刘君. 时装材质设计［M］. 天津：天津人民美术出版社，2002.

[7] 朱松文. 服装材料学［M］. 北京：中国纺织出版社，2001.

[8] 王淮，杨瑞丰. 服装材料与应用［M］. 沈阳：辽宁科学技术出版社，2005.

[9] 谭国亮. 品牌服装产品策划［M］. 北京：中国纺织出版社，2007.

[10] 任力，朱伟明. 品牌服装新产品开发流程的研究［J］. 浙江理工大学学报，2009, 03.

[11] 刘华. 产品企划总监实战录 服装产品规划管理要点［J］. 中国制衣，2010, 01.

[12] 刘华. 服装产品设计规划之前奏——市场调研和定位［J］. 中国制衣，2010, 03.

[13] 刘华. 服装产品设计规划之启发——灵感与主题［J］. 中国制衣，2010, 04.

[14] 刘华. 产品企划总监实战录 服装产品设计规划之有效的团队合作［J］. 中国制衣，2010, 05.

[15] 刘华. 产品企划总监实战录 服装产品设计规划之价值服务——产品培训［J］. 中国制衣，2010, 06.

[16] 刘华. 产品企划总监实战录 服装商品设计系列之二［J］. 中国制衣，2010, 09.

[17] 刘华. 产品企划总监实战录 服装商品设计系列之三［J］. 中国制衣，2010, 10.

[18] 刘华. 产品企划总监实战录 服装商品设计系列之四［J］. 中国制衣，2010, 11.

[19] 刘华. 时装零售业的视觉营销［J］. 中国制衣，2011, 02.

[20] 刘华. 时装零售业的视觉营销 店内视觉营销中的销售［J］. 中国制衣，2011, 01.

[21] 刘华. 时装零售业的视觉营销 橱窗系列之一［J］. 中国制衣，2010, 08.

[22] 刘华. 时装零售业的视觉营销 橱窗系列之二［J］. 中国制衣，2010, 09.

[23] 刘华. 时装零售业的视觉营销 橱窗系列之三［J］. 中国制衣，2010, 10.

[24] 蝶讯网.